U0915420

2024

长沙统计年鉴

CHANGSHA STATISTICAL YEARBOOK

长沙市统计局
国家统计局长沙调查队 编

中国统计出版社
China Statistics Press

图书在版编目（CIP）数据

长沙统计年鉴. 2024 = Changsha Statistical Yearbook 2024 / 长沙市统计局，国家统计局长沙调查队编. —北京：中国统计出版社，2025.2 —ISBN 978-7-5230-0649-8

Ⅰ. C832.641-54

中国国家版本馆CIP数据核字第2024XJ0862号

长沙统计年鉴2024

作　　者 / 长沙市统计局　国家统计局长沙调查队
责任编辑 / 钟　钰
装帧设计 / 孔江陵
出版发行 / 中国统计出版社有限公司
地　　址 / 北京市丰台区西三环南路甲6号
邮政编码 / 100073
电　　话 / 邮购(010)63376909　书店(010)68783171
网　　址 / http://www.zgtjcbs.com
印　　刷 / 长沙市雅高彩印有限公司
经　　销 / 新华书店
开　　本 / 890 × 1240毫米 1/16
字　　数 / 402千字
印　　张 / 20.5　　彩页0.75
版　　别 / 2025年2月第1版
版　　次 / 2025年2月第1次印刷
定　　价 / 280.00元

如有印装差错，由本社发行部负责调换。

户籍总人口（万人）

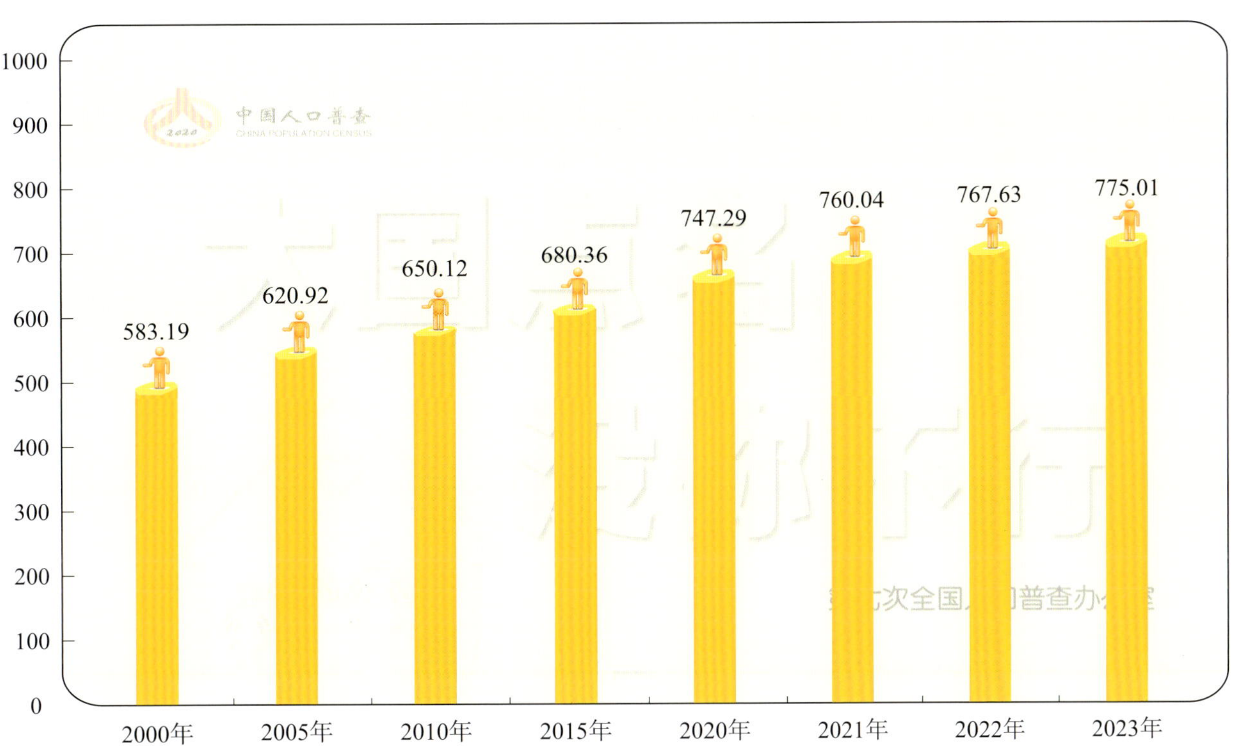

地区生产总值及增长速度（亿元、%）

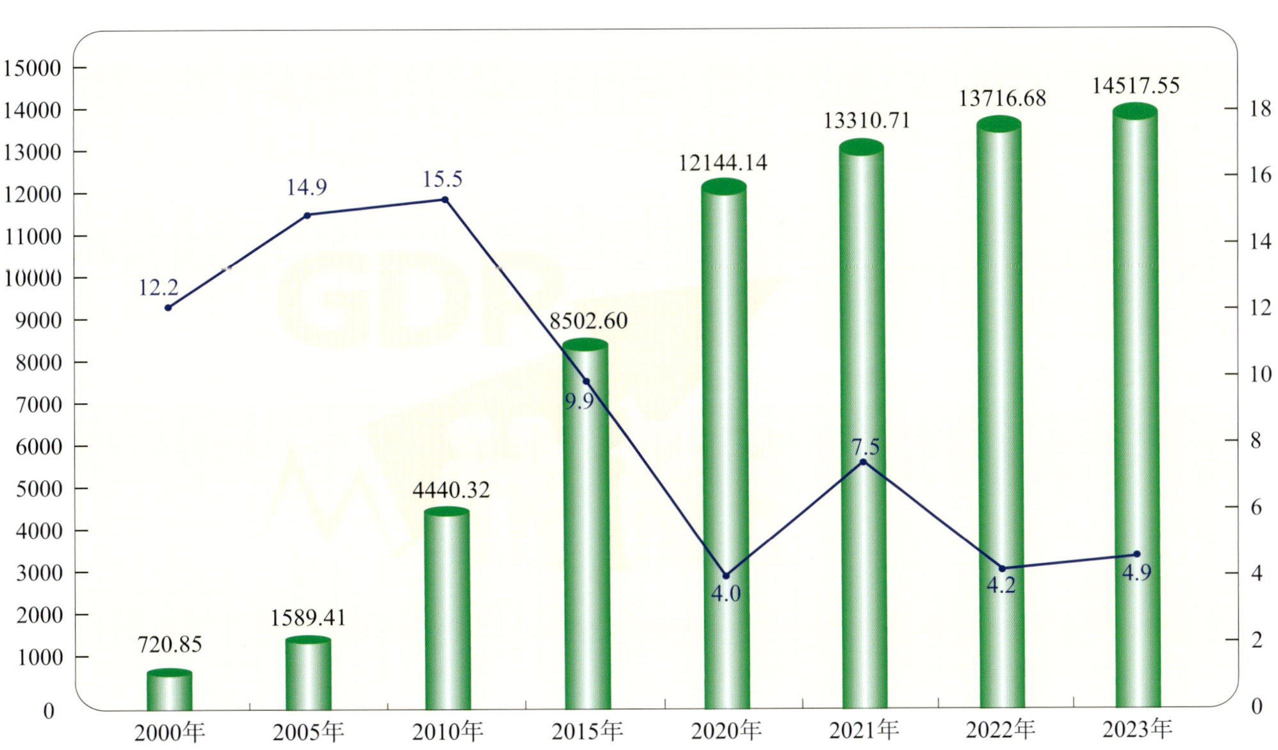

人均地区生产总值（元/人）

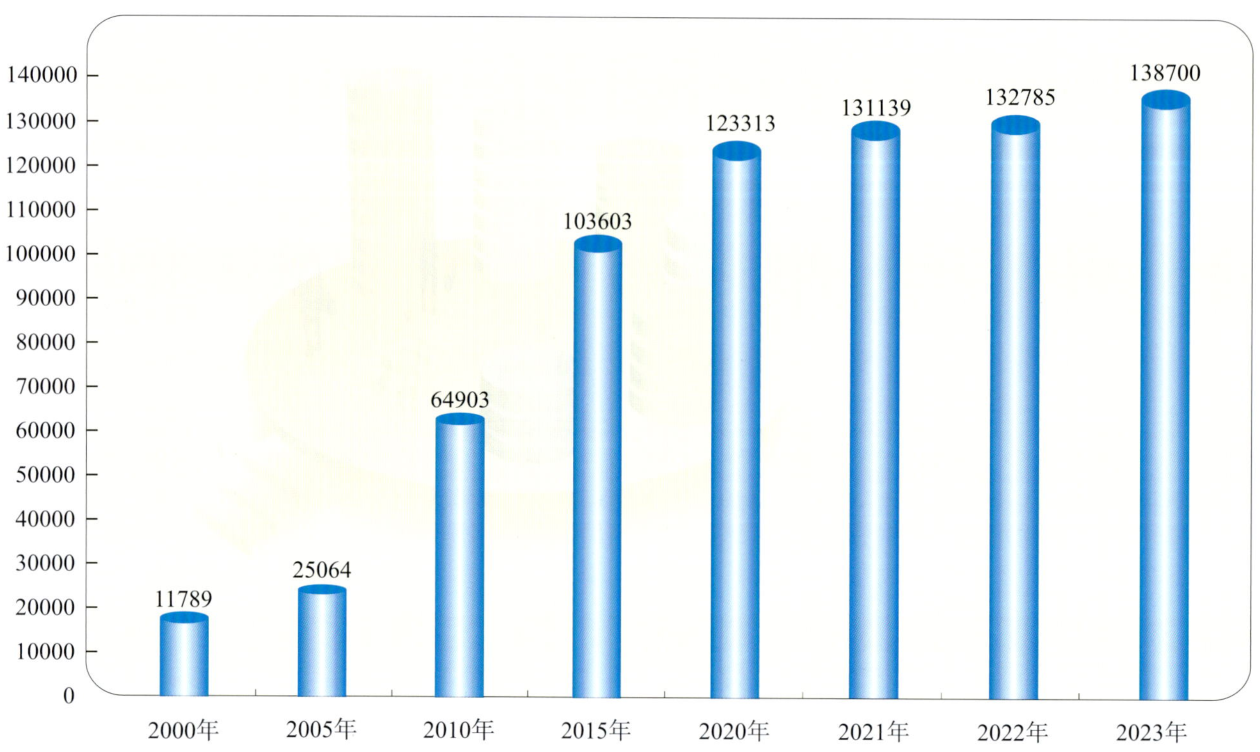

三次产业增加值（亿元）

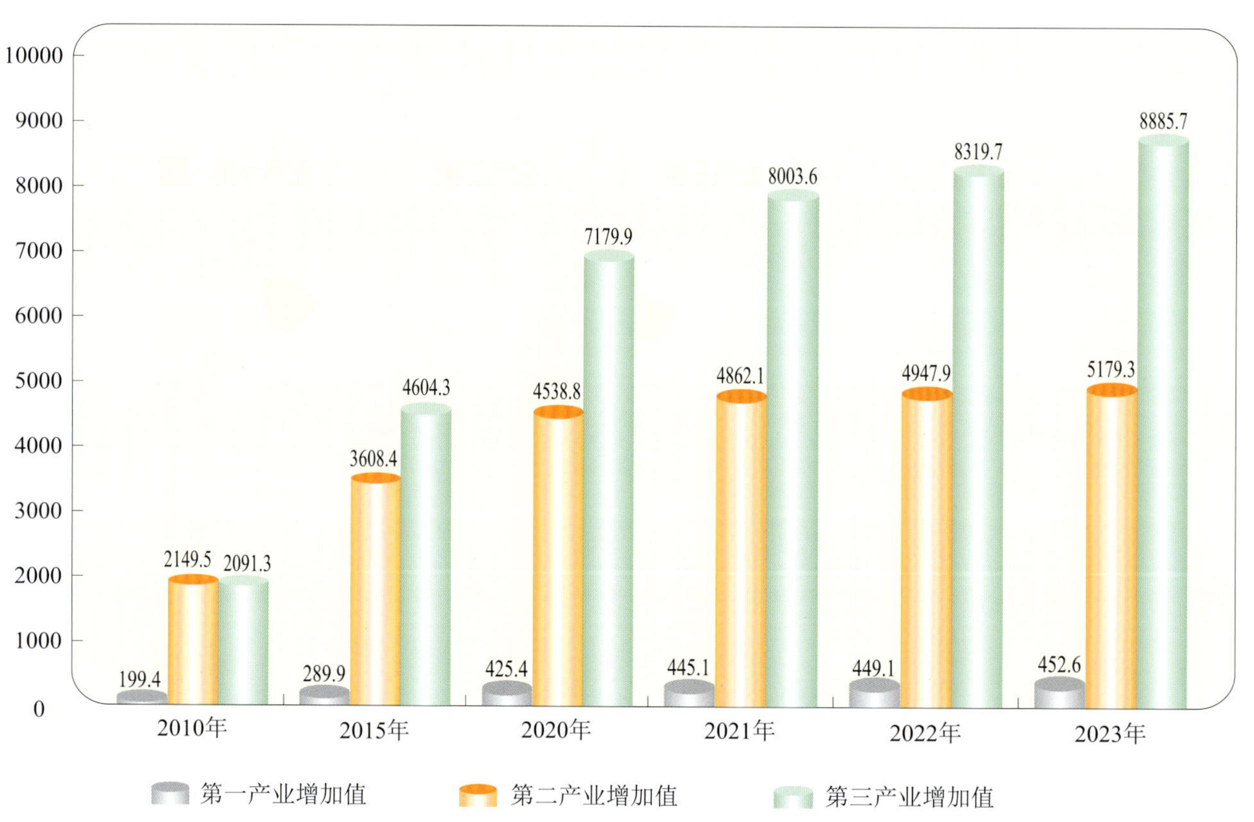

三次产业构成

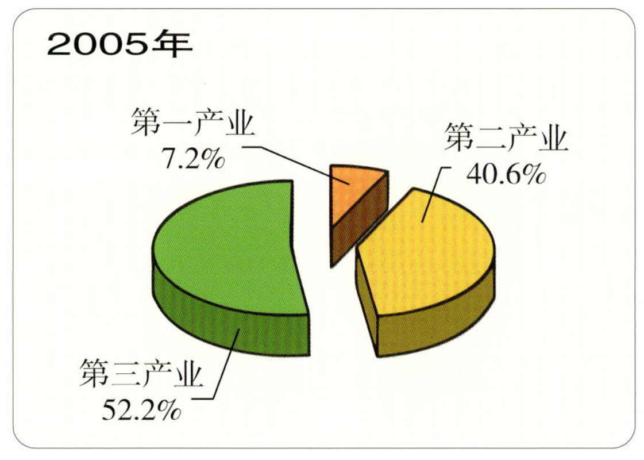

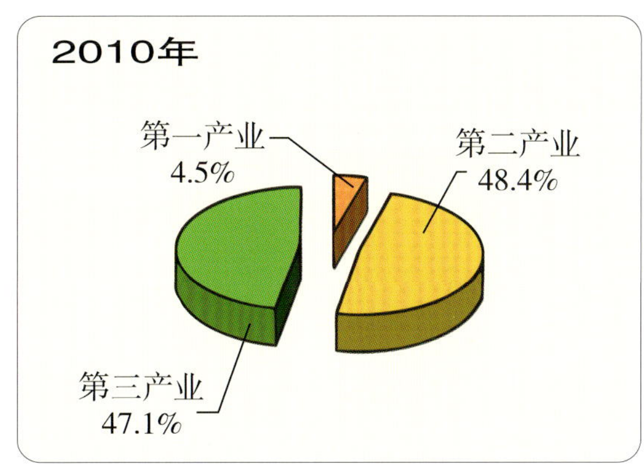

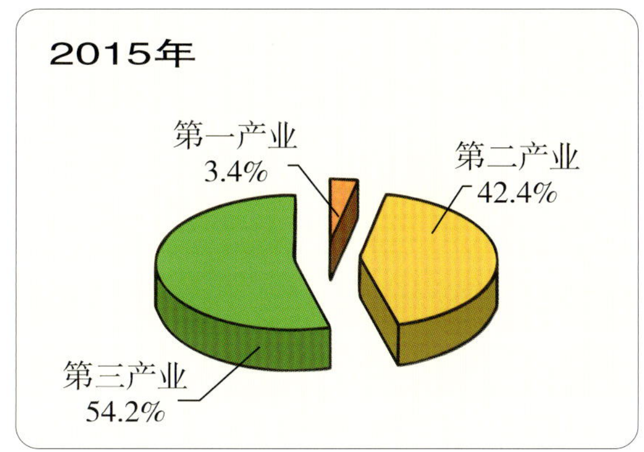

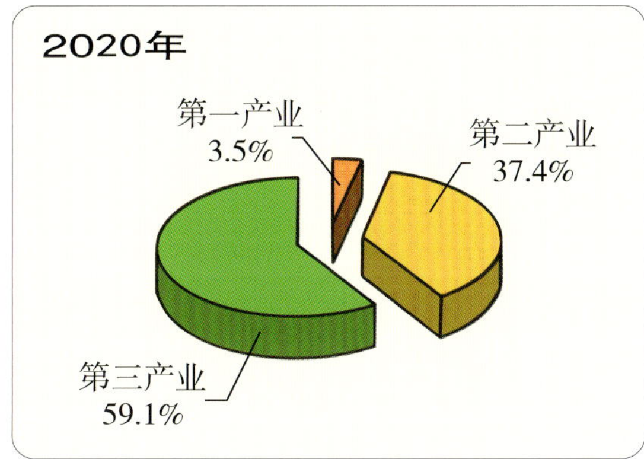

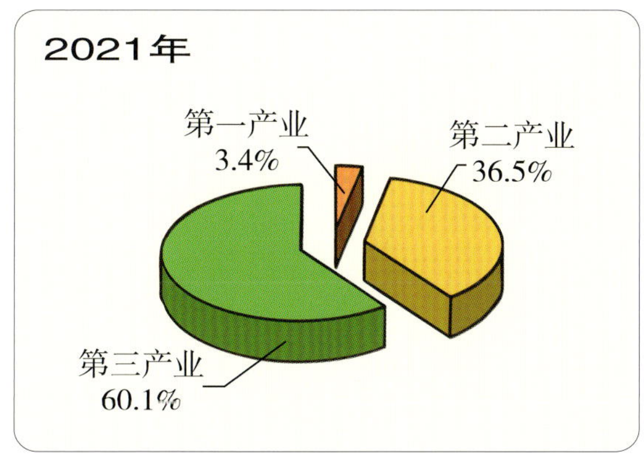

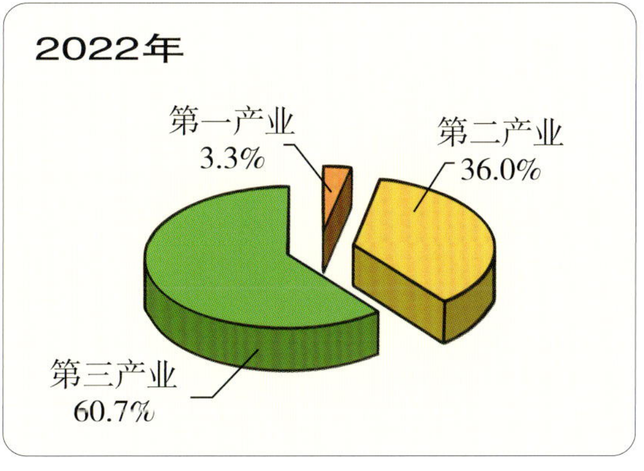

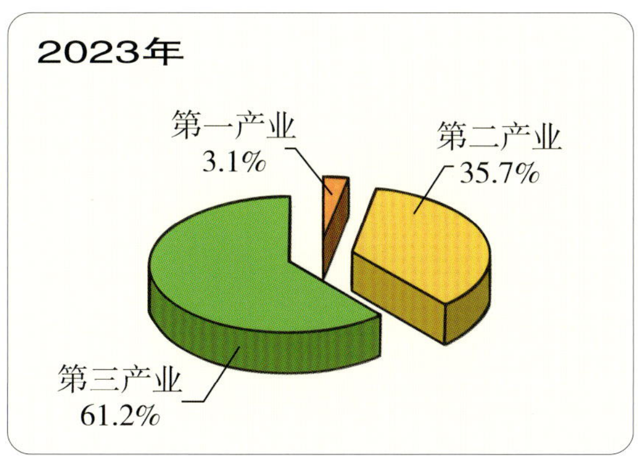

第一产业　第二产业　第三产业

农林牧渔业总产值（亿元）

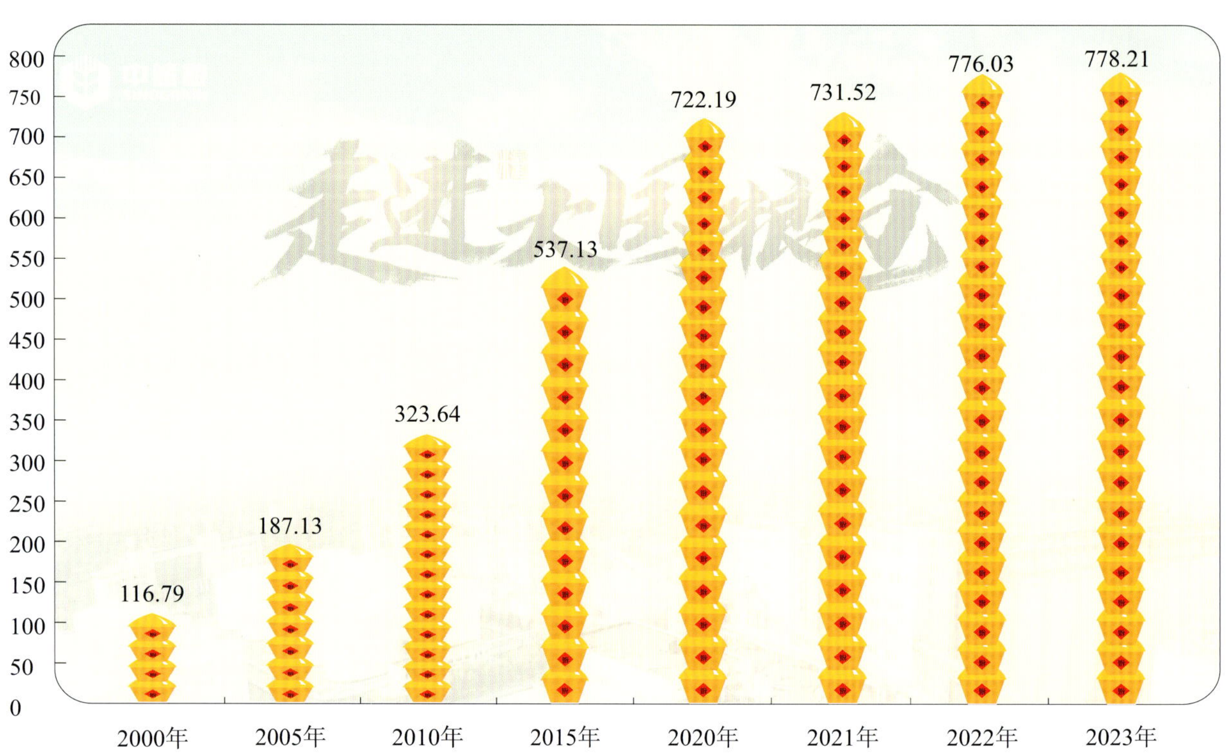

规模以上工业增加值增速（%）

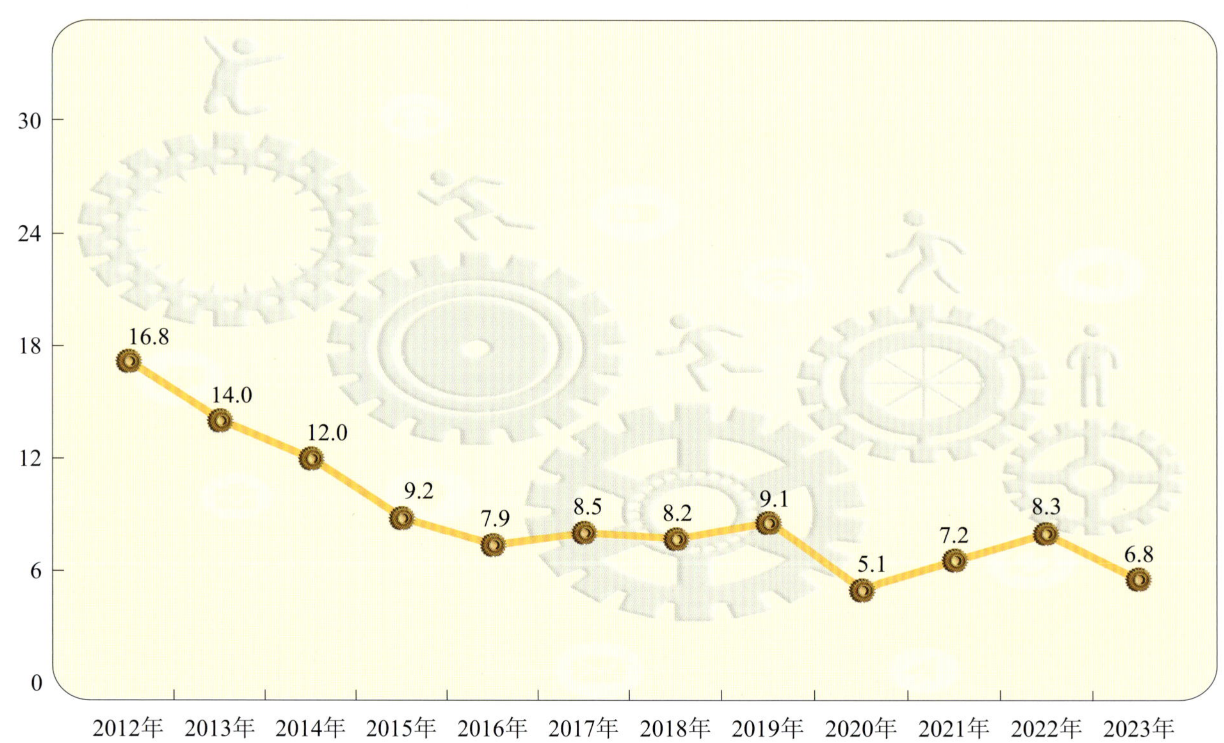

固定资产投资增速（%）

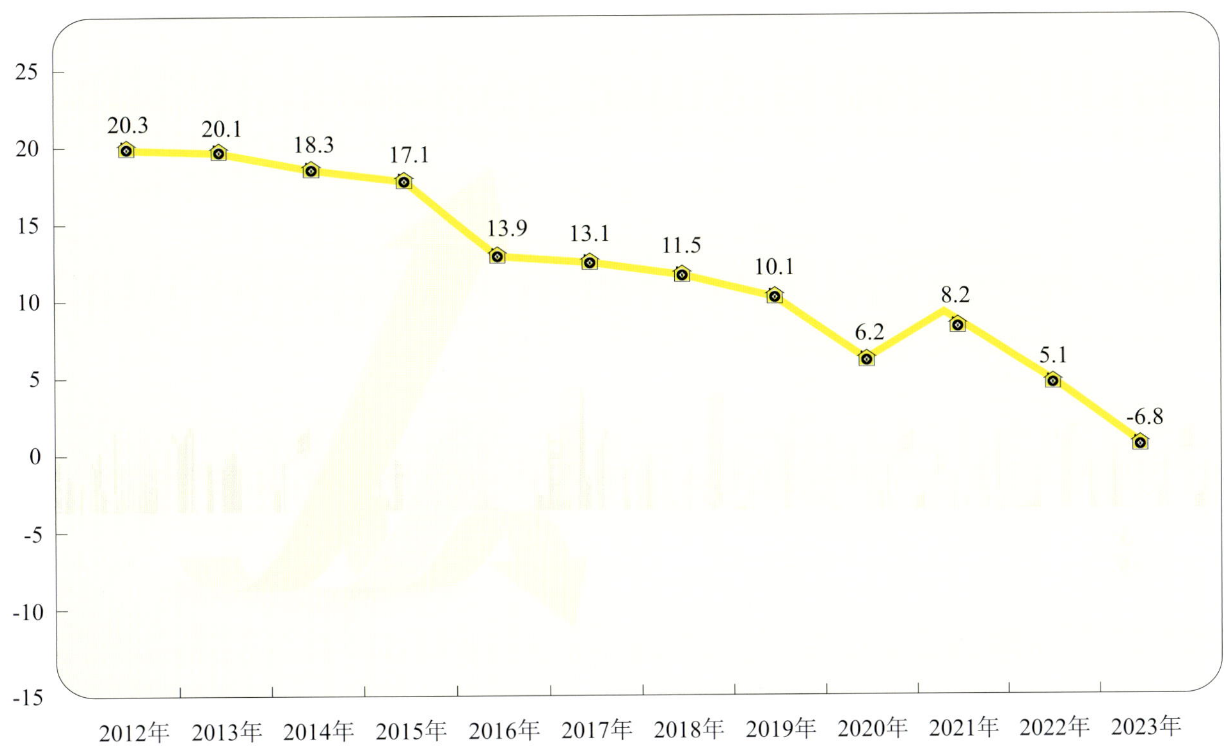

社会消费品零售总额（亿元）

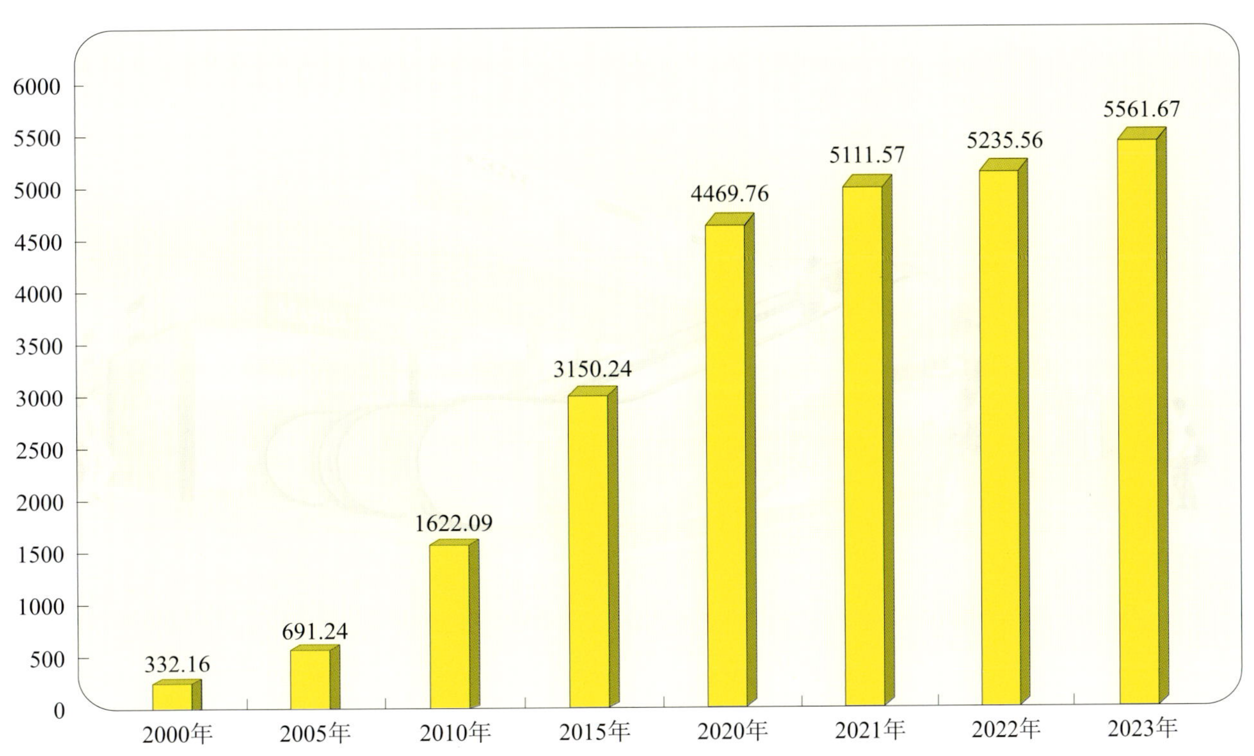

进出口总额（亿元）

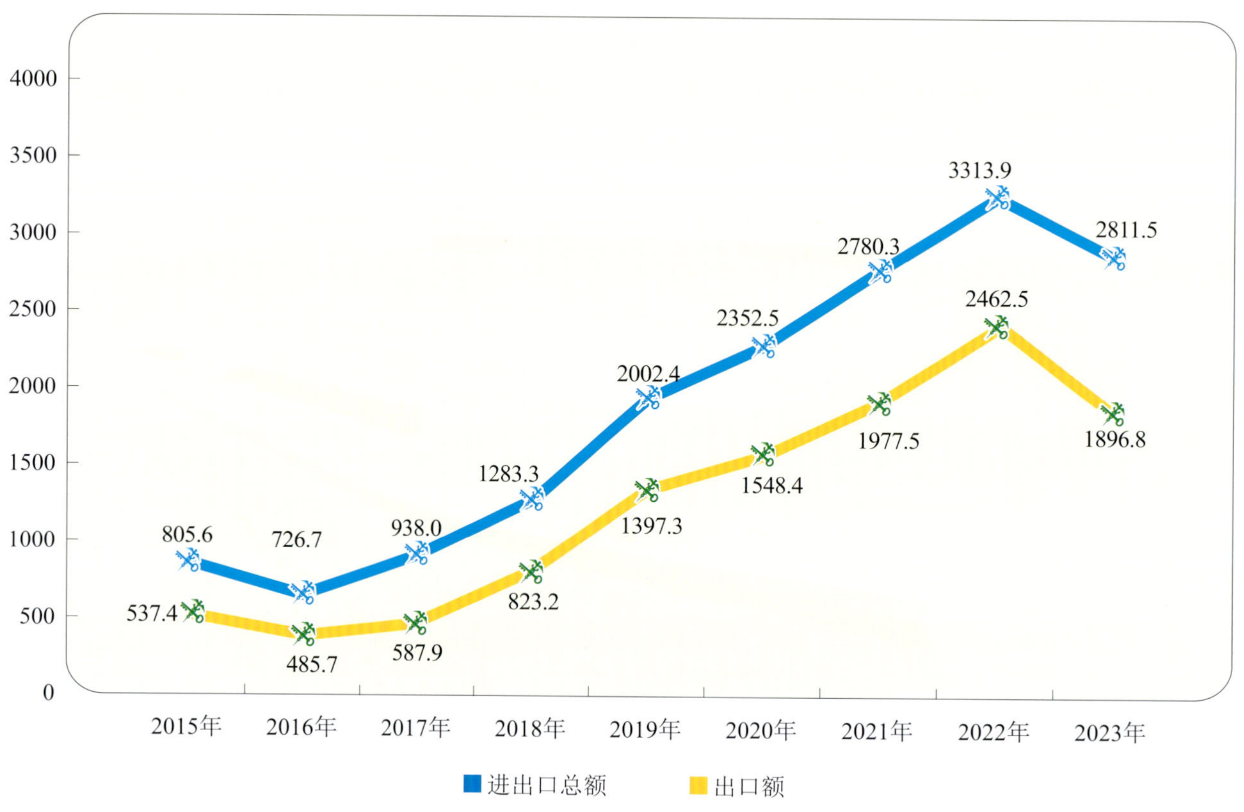

城乡居民储蓄余额（亿元）

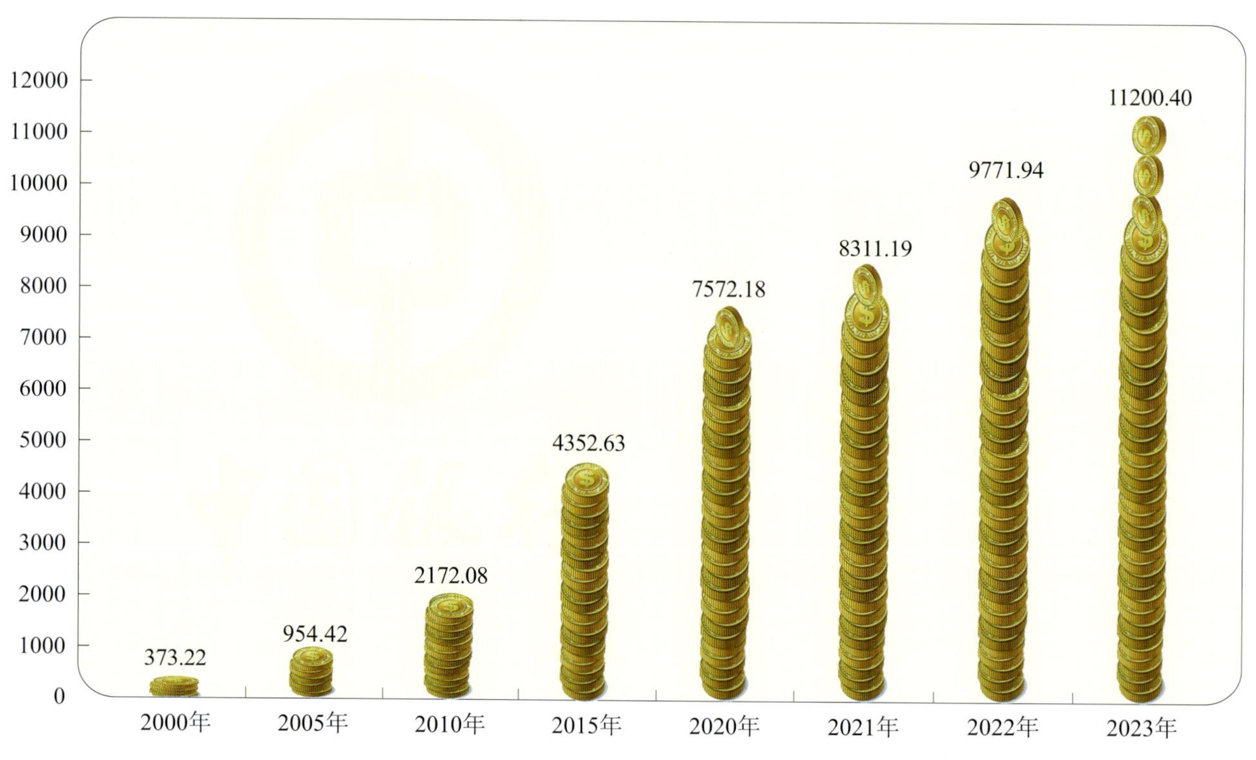

财政收入（亿元）

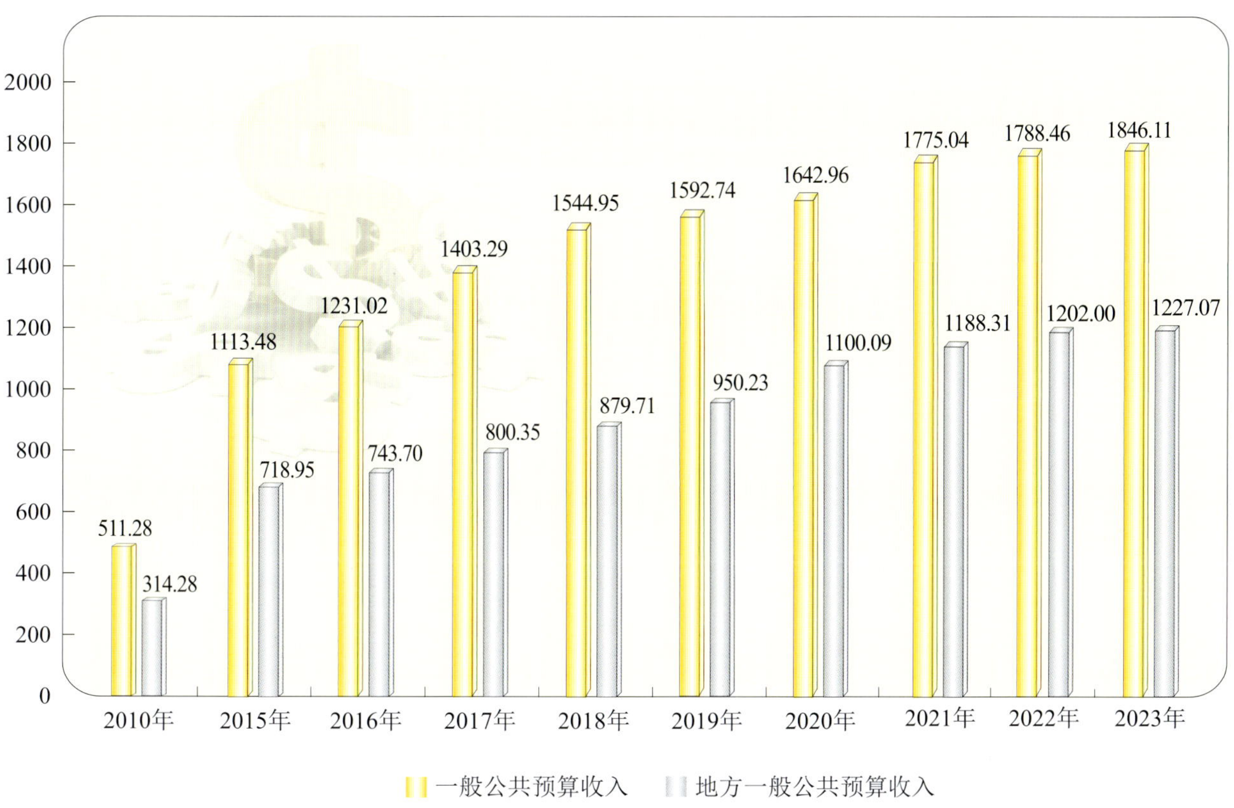

城市居民人均可支配收入（元）

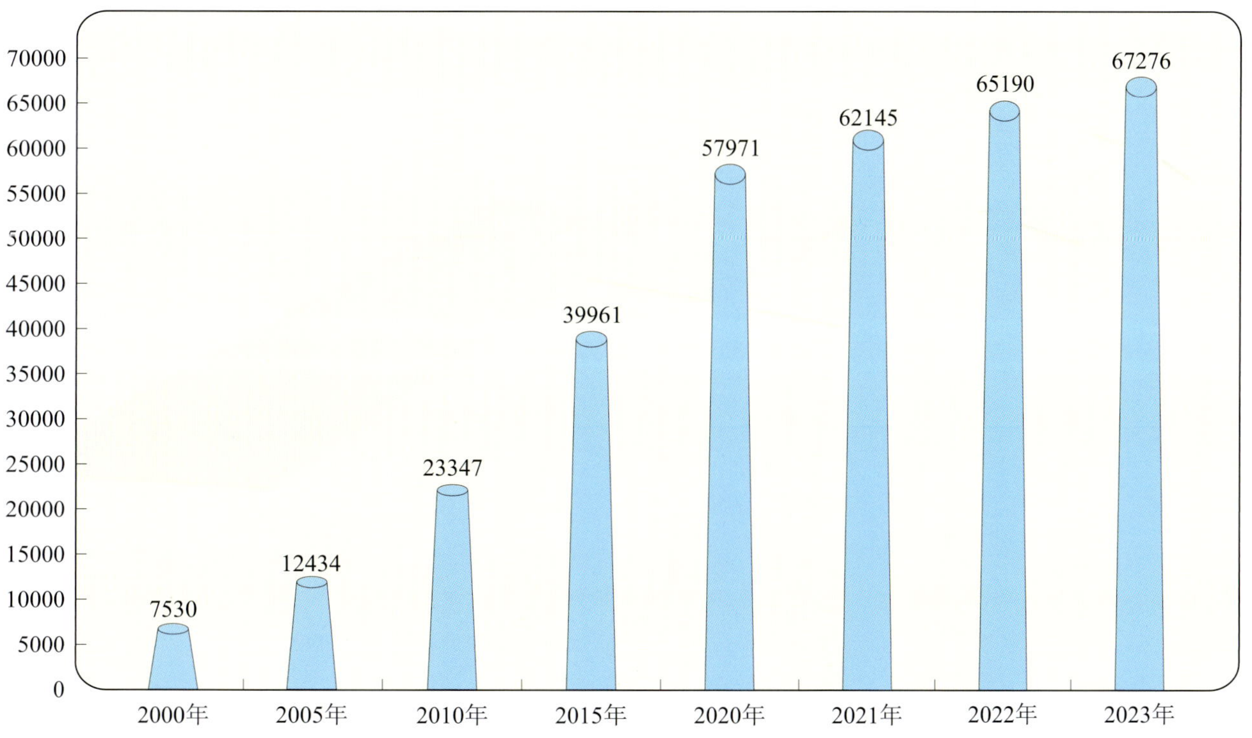

注：2012年以前为城市居民人均可支配收入，2013年开始为城镇居民人均可支配收入。

农村居民人均可支配收入（元）

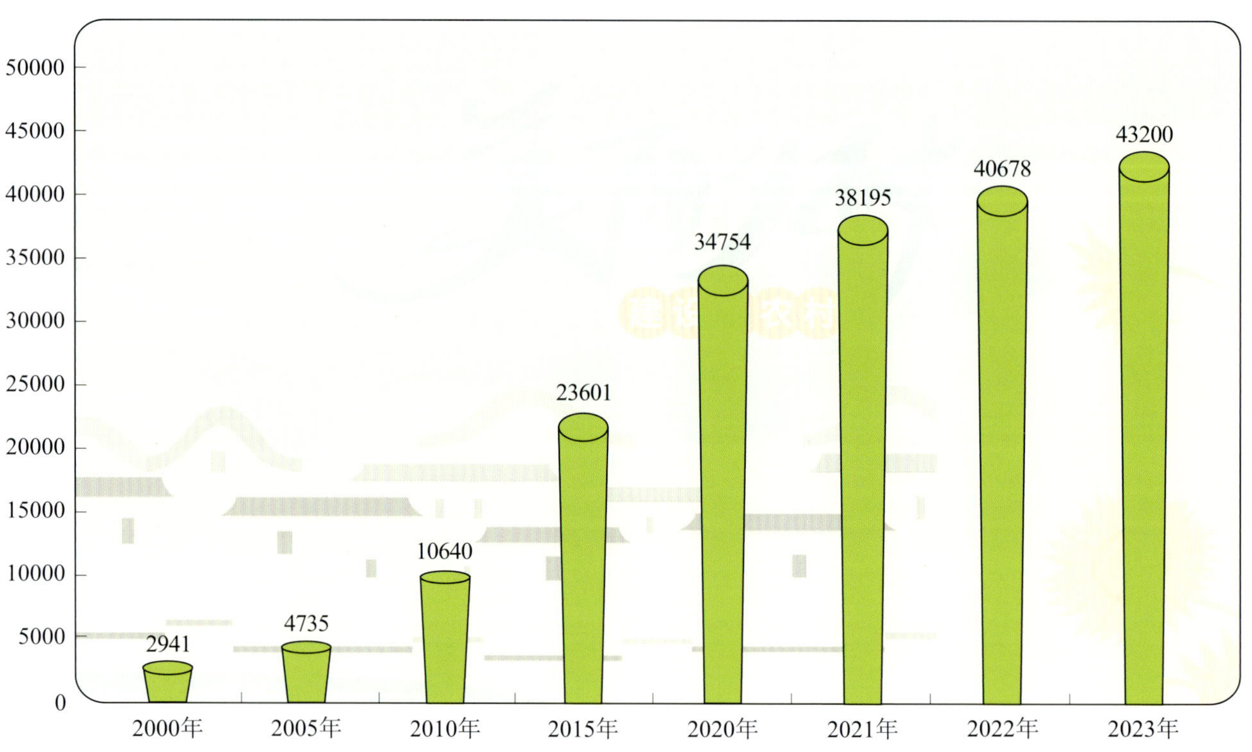

高等学校在校学生数（万人）

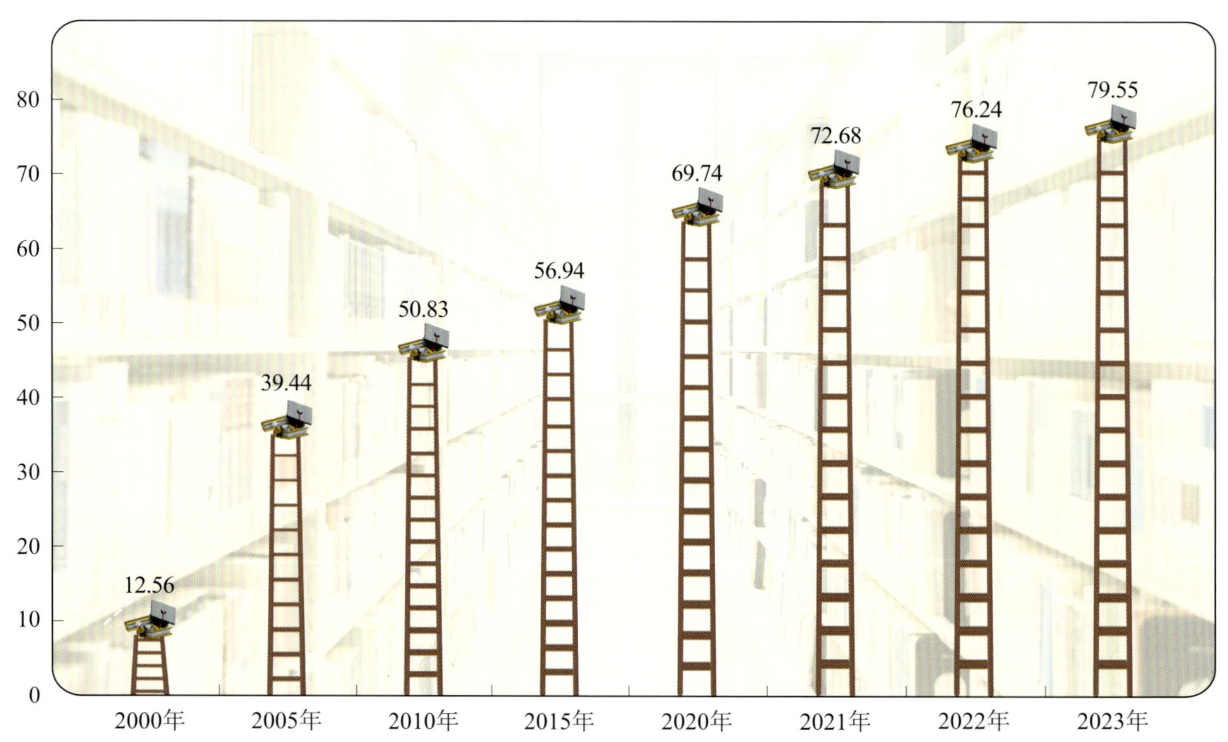

普通中学在校学生数（万人）

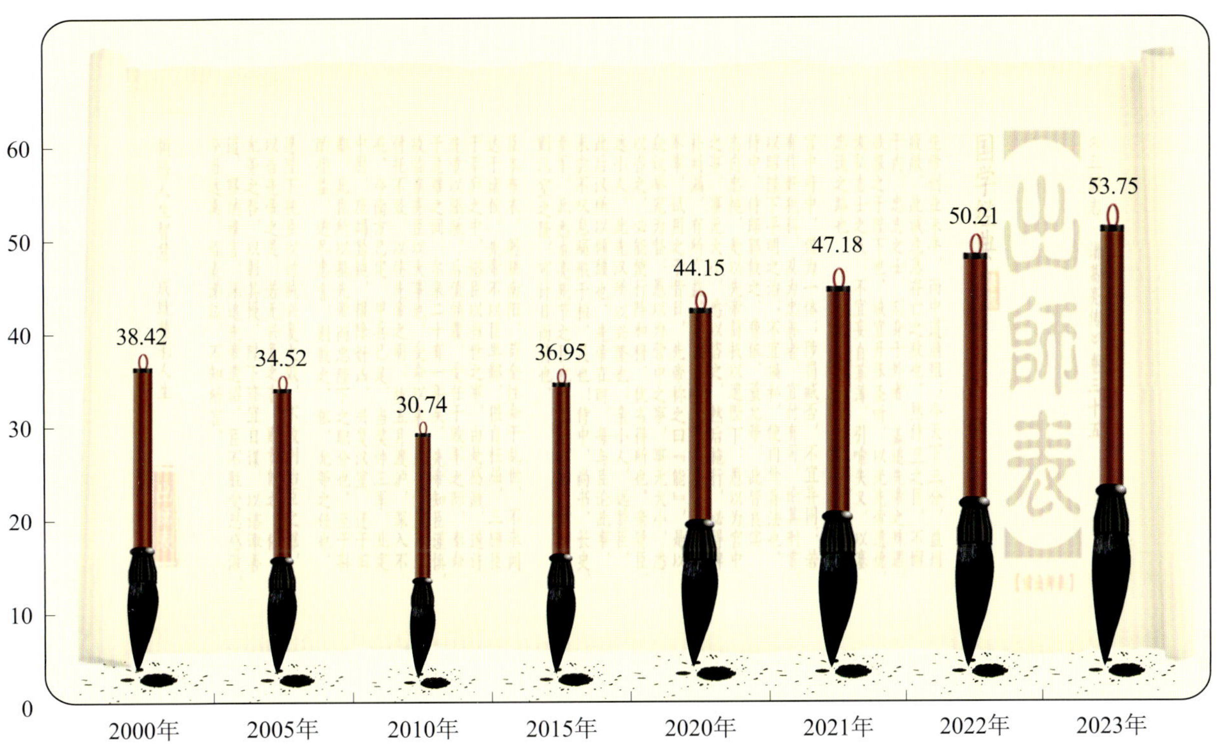

卫生技术人员（万人）

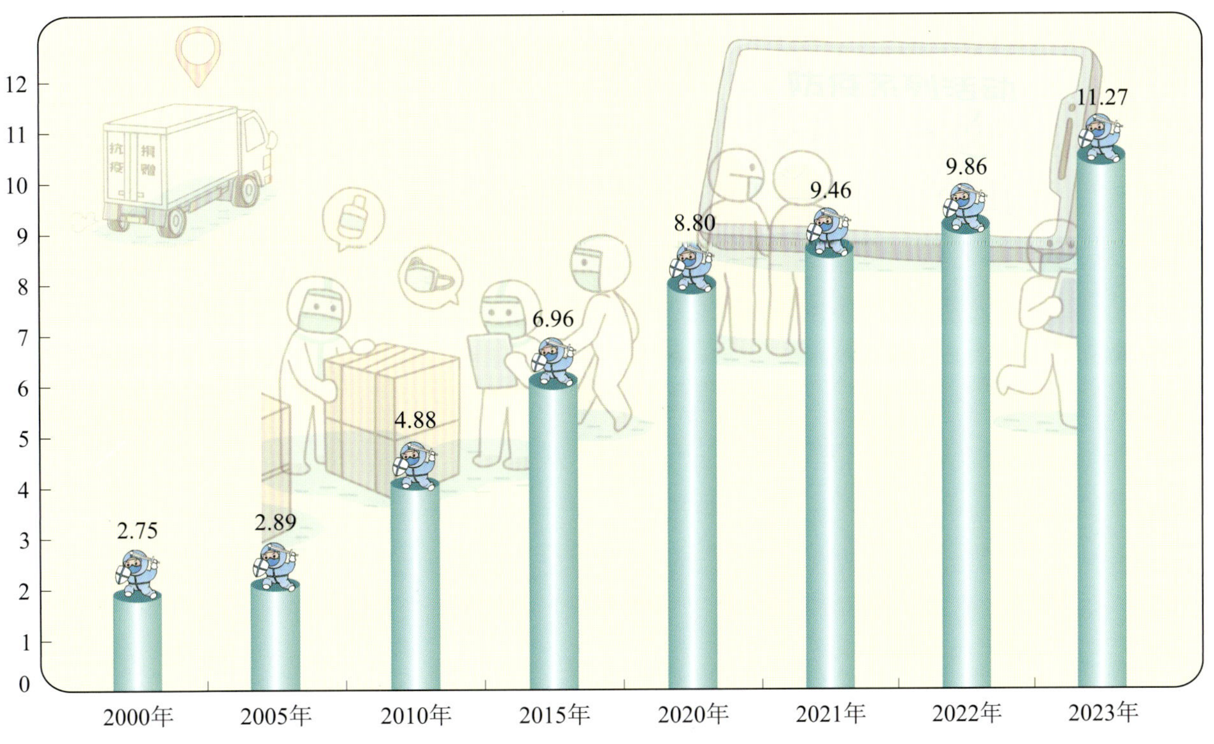

医疗病床数（万张）

10
9
8
7
6
5
4
3
2
1
0
2.06
2.74
4.26
6.60
8.32
8.72
8.88
9.06
2000年
2005年
2010年
2015年
2020年
2021年
2022年
2023年

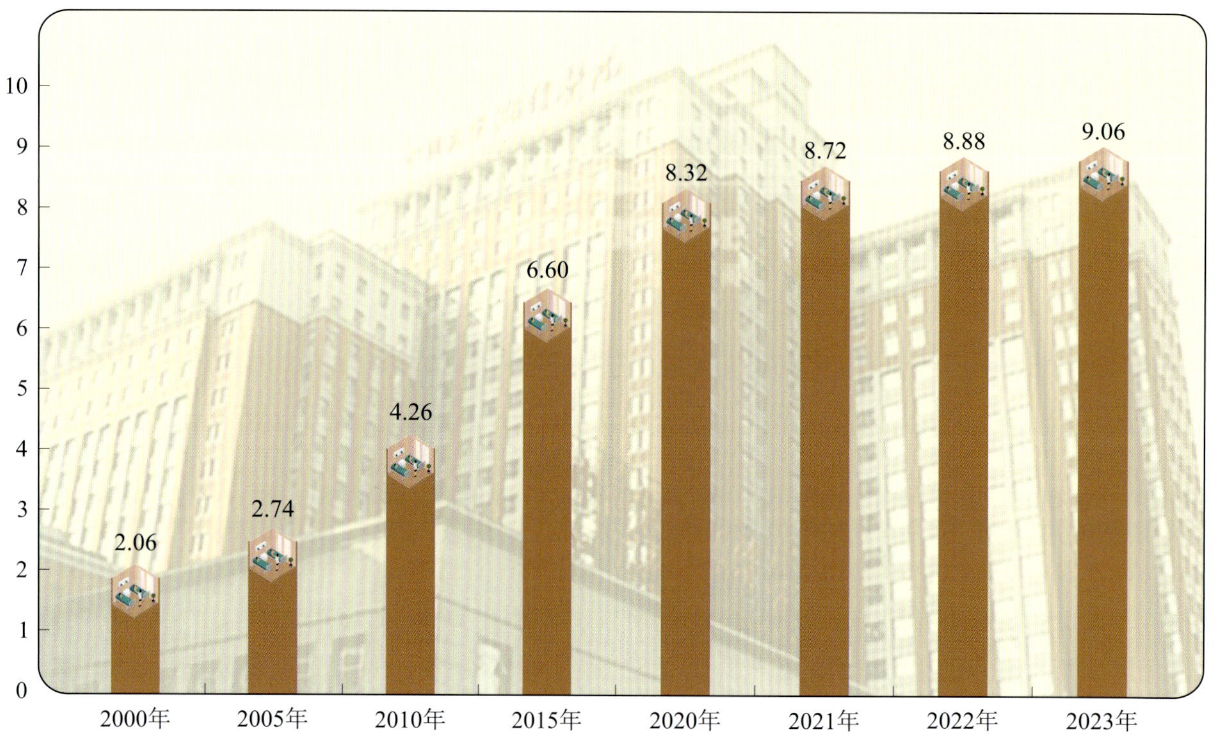

《长沙统计年鉴2024》

编委会和编辑工作人员

编委会

名 誉 主任：彭华松
名誉副主任：孔令强
主　　　任：杨应龙　符　蓉
副　主　任：曹敬波　扶文武　胡睿懿　刘香群　刘臻臻　梁娇娇
委　　　员：
丁　伟　万　能　王　浩　王　静　邓丽君
邓　杰　刘　静　刘　权　任重远　任　为
朱　乐　杨　林　余　琦　邹俊平　肖　艳
李妮红　李美华　胡志伟　赵嘉嘉　唐晓军
顾继忠　黄　金　曾劲松　曾花林　燕俊杰

编辑工作人员

总　编　辑：杨应龙
副 总 编 辑：曹敬波
执 行 编 辑：王　静　王成亮
编 辑 人 员：
尹华平　王成亮　王　震　王　蔚　王敏奇
邓细锋　兰　娟　龙志群　刘世雄　刘梦秋
闫思亚　许　婷　孙本正　张阿兰　张立军
肖　恒　肖　潇　邵　康　陈芬芬　陈　波
郑学英　周长胜　欧阳溯　胡素洁　侯　璇
徐　妙　涂生辉　唐璐瑶　梁沅芳　黄　芃
彭　勃　董子娴　傅益清　蒋佳妮　谢　勇
谢　薇　雷　湘　谭俊武　谭慧宇　阚欢欢
熊　焕　滕　翼

编者说明

一、《长沙统计年鉴2024》是一部全面反映长沙市国民经济和社会发展情况的资料性年刊。收录了全市及各区、县（市）2023年经济和社会发展方面的大量统计数据，以及重要历史年份的主要统计数据，还包括全国三十五个直辖市、省会和副省级城市主要经济社会指标对比资料，是一本社会各界全面、深入了解研究长沙的重要工具书。

二、《长沙统计年鉴2024》彩页部分以统计彩图的形式反映长沙市主要经济社会指标发展情况。本年鉴正文包括《长沙市2023年国民经济和社会发展统计公报》和统计资料，统计资料是本年鉴的主要内容，分为18个篇章，即：1.综合；2.国民经济核算；3.人口、就业和职工工资；4.固定资产投资、建筑业；5.财政、金融、保险；6.物价指数；7.人民生活；8.城市建设、环境保护；9.农业；10.工业；11.运输和邮电；12.国内外贸易、对外经济和旅游；13.服务业；14.教育和科技；15.文化、体育、卫生；16.区县（市）主要经济和社会指标；17.全国三十五个直辖市、省会和副省级城市主要经济社会指标；18.国民经济主要指标解释及计算方法。

三、本年鉴中2023年的统计数据主要源于统计年报（或年快报），部分来自抽样调查或部门统计。全国其他城市数据取自相关资料，最终数据以各地统计局发布为准。

四、与《长沙统计年鉴2023》相比较，删减商品零售价指数表、商品零售价格指数（分月）表。

五、本年鉴中涉及的历史数据，均以最新出版的本年鉴为准；本年鉴部分数据合计数或相对数由于单位取舍不同及四舍五入处理所产生的计算误差均未作机械调整。

六、本年鉴按照《中国统计年鉴》的大体框架和规范要求编辑。统一使用《中国统计年鉴》指标解释，统一采用国际度量标准计量单位。

七、本年鉴中《长沙市2023年国民经济和社会发展统计公报》和第十七部分使用的数据为快报数或初步统计数。

八、本年鉴中的符号使用说明："#"表示其中的主要项；"空格"表示指标数据无该项统计数据或无法收集到该项数据或数据不足最小计量单位；其他符号在表下有注解。

九、本年鉴编辑中如有不足之处，恳请广大读者批评指正。

目 录

长沙市2023年国民经济和社会发展统计公报 …… 1

一、综 合

自然环境 …… 9
1—1 行政区划 …… 10
1—2 国民经济主要综合指标 …… 12
1—3 国民经济主要指标平均递增速度 …… 16
1—4 主要指标日均水平 …… 18
1—5 主要指标人均水平 …… 20
1—6 长沙市主要经济指标占湖南省的比重(2023年) …… 22

二、国民经济核算

2—1 历年地区生产总值 …… 24
2—2 历年地区生产总值构成 …… 28
2—3 历年地区生产总值环比指数(按可比价格计算,以上年为100) …… 29
2—4 历年地区生产总值定基指数(按可比价格计算,以1978年为100) …… 30

三、人口、就业和职工工资

3—1　历年人口数 ………………………………………………………… 37

3—2　历年城镇化率 ………………………………………………………… 39

3—3　历年人口自然变动情况 ………………………………………………… 40

3—4　历年市区人口自然变动情况 …………………………………………… 42

3—5　历年县(市)人口自然变动情况 ………………………………………… 44

3—6　历年婚姻登记情况 ……………………………………………………… 46

3—7　历年在岗职工人数与工资 ……………………………………………… 47

3—8　单位从业人员和劳动报酬情况(2023 年) ……………………………… 48

3—9　年末分行业在岗职工人数 ……………………………………………… 50

3—10　全社会从业人员…………………………………………………………… 52

3—11　历年城镇失业情况………………………………………………………… 52

四、固定资产投资、建筑业

4—1　2011－2023 年固定资产投资分类别增长情况 …………………………… 55

4—2　2011－2023 年固定资产投资分行业增长情况 …………………………… 56

4—3　主要年份房地产开发及商品房销售主要指标 …………………………… 58

4—4　房地产开发投资完成情况(2023 年) …………………………………… 59

4—5　房地产施工竣工及销售主要指标(2023 年) …………………………… 60

4—6　主要年份建筑业生产主要指标完成情况 ………………………………… 61

4—7　建筑业企业生产情况(2023 年) ………………………………………… 62

4—8　主要年份建筑业财务状况 ………………………………………………… 66

4—9　建筑业企业财务状况(2023 年) ………………………………………… 68

五、财政、金融、保险

5—1　主要年份财政收支情况 …………………………………………………… 77

5—2 主要年份财政收支增长速度 …… 78
5—3 财政收入 …… 79
5—4 财政支出 …… 80
5—5 主要年份金融统计指标 …… 81
5—6 金融机构消费贷款(2023 年) …… 82
5—7 金融机构存贷款(本外币)(2023 年) …… 82
5—8 金融机构存贷款(人民币)(2023 年) …… 83
5—9 财产保险公司业务主要指标(2023 年) …… 83
5—10 人寿保险公司业务主要指标(2023 年) …… 84

六、物价指数

6—1 历年物价总指数(上年 = 100) …… 87
6—2 重要年份定基物价指数 …… 89
6—3 居民消费价格指数(2023 年)(上年 = 100) …… 93
6—4 居民消费价格指数(分月)(2023 年)(上年同月 = 100) …… 94
6—5 工业生产者出厂价格指数(2023 年)(上年 = 100) …… 95
6—6 原材料、燃料、动力购进价格指数(2023 年)(上年 = 100) …… 96
6—7 房地产价格指数(2023 年 12 月) …… 96

七、人民生活

7—1 历年城镇居民调查户基本情况 …… 99
7—2 历年城镇居民家庭人均可支配收入情况 …… 100
7—3 历年城镇居民调查户人均消费支出情况 …… 101
7—4 城镇居民分区、县(市)家庭人均可支配收入情况(2023 年) …… 102
7—5 城镇居民分区、县(市)家庭人均消费支出情况(2023 年) …… 102
7—6 2000—2023 年农村居民家庭调查户基本情况 …… 104
7—7 历年农村居民家庭人均可支配收入情况 …… 105

7—8 历年农村居民家庭人均消费支出情况 …… 105
7—9 农村居民分区、县(市)家庭人均可支配收入情况(2023 年) …… 106
7—10 农村居民分区、县(市)家庭人均消费支出情况(2023 年) …… 106

八、城市建设、环境保护

8—1 2009—2023 年城市公共交通情况 …… 109
8—2 2000—2023 年城市房屋发展状况及住房水平 …… 109
8—3 2000—2023 年城市自来水、供气、用电供应情况 …… 110
8—4 2000—2023 年城市环境卫生基本情况 …… 112
8—5 2000—2023 年市政设施基本情况 …… 113
8—6 2000—2023 年城市园林、绿化情况 …… 114
8—7 2000—2023 年城市环境污染和治理情况 …… 115

九、农　　业

9—1 历年农、林、牧、渔业总产值(按现行价格计算) …… 119
9—2 历年粮食总产量 …… 122
9—3 历年耕地面积 …… 124
9—4 历年生猪、水产品生产情况 …… 126
9—5 农业主要能源及物资消耗(2023 年) …… 128
9—6 主要农产品生产情况(2023 年) …… 130
9—7 茶叶、水果生产情况(2023 年) …… 138
9—8 畜牧业生产情况(2023 年) …… 140
9—9 渔业生产情况(2023 年) …… 142
9—10 农林牧渔业总产值(2023 年) …… 144

十、工　　业

10—1 历年工业总产值 …… 151

10—2 历年工业总产值指数 …… 153
10—3 规模以上工业企业主要产品产量 …… 157
10—4 1998—2017 年规模以上工业企业主要经济指标 …… 158
10—5 规模以上工业企业主要经济指标(2023 年) …… 160
10—6 规模以上国有及国有控股工业企业主要经济指标(2023 年) …… 172
10—7 规模以上大中型工业企业主要经济指标(2023 年) …… 178
10—8 规模以上工业企业主要能源按行业分组消费量(2023 年) …… 190
10—9 规模以上工业企业能源购进、消费及库存(2023 年) …… 194
10—10 规模以上工业企业能源加工转换与回收利用表(2023 年) …… 195
10—11 主要耗能规模以上工业企业单位产品能源消耗情况 …… 196
10—12 规模以上工业企业用水情况(2023 年) …… 197

十一、运输和邮电

11—1 2000—2023 年全社会客、货运输量 …… 200
11—2 陆运工具情况 …… 202
11—3 电信业务基本情况 …… 203
11—4 邮政业务基本情况 …… 204
11—5 民用车辆拥有量(2023 年) …… 206

十二、国内外贸易、对外经济和旅游

12—1 历年社会消费品零售总额 …… 209
12—2 历年分行业社会消费品零售总额 …… 210
12—3 限额以上批发和零售业法人企业商品购进、销售和库存(2023 年) …… 211
12—4 限额以上住宿和餐饮业法人企业经营情况(2023 年) …… 212
12—5 批发和零售业连锁经营情况(2023 年) …… 213
12—6 住宿和餐饮业连锁经营情况(2023 年) …… 213
12—7 限额以上批发企业主要财务状况(2023 年) …… 214

12—8 限额以上零售企业主要财务状况(2023 年) …… 218
12—9 限额以上住宿企业主要财务状况(2023 年) …… 222
12—10 限额以上餐饮企业主要财务状况(2023 年) …… 226
12—11 亿元以上商品交易市场基本情况(按市场类别分组)(2023 年) …… 230
12—12 亿元以上商品交易市场基本情况(按摊位类别分组)(2023 年) …… 231
12—13 使用外商直接投资 …… 232
12—14 对外贸易进出口总值 …… 232
12—15 主要进出口商品总值 …… 233
12—16 进出口商品主要产销国别(地区)总值 …… 234
12—17 旅游业基本情况 …… 235
12—18 接待国际游客按国别(地区)分 …… 236

十三、服务业

13—1 规模以上服务业企业财务状况(2023 年) …… 238

十四、教育和科技

14—1 历年高等学校情况 …… 245
14—2 历年中等职业学校情况 …… 247
14—3 历年普通中学情况 …… 249
14—4 历年小学情况 …… 251
14—5 历年高考录取人数 …… 253
14—6 历年高校研究生数 …… 254
14—7 历年技工学校情况 …… 255
14—8 高考录取情况(2023 年) …… 256
14—9 大学基本情况(2023 年) …… 256
14—10 成人高等学历教育基本情况(2023 年) …… 257
14—11 普通中学、小学情况(2023 年) …… 257

14—12 特殊教育学校情况（2023 年） …… 258
14—13 幼儿园情况（2023 年） …… 258
14—14 全社会 R&D 活动基本情况(2023 年） …… 259
14—15 规模以上工业企业 R&D 活动人员情况(2023 年） …… 260
14—16 规模以上工业企业按活动类型分 R&D 经费内部支出情况（2023 年） …… 262
14—17 规模以上工业企业按经费来源分 R&D 经费内部支出情况(2023 年） …… 264
14—18 规模以上工业企业按支出用途分 R&D 经费内部支出情况(2023 年） …… 266
14—19 规模以上工业企业科技活动产出情况(2023 年） …… 268
14—20 规模以上工业企业新产品开发项目情况（2023 年） …… 270

十五、文化、体育、卫生

15—1 历年文化事业发展情况 …… 275
15—2 历年出版事业发展情况 …… 277
15—3 历年市、县属广播事业发展情况 …… 279
15—4 历年市、县训练体育干部、举办运动会情况 …… 281
15—5 历年卫生事业发展情况 …… 282
15—6 医疗机构诊疗人数（2023 年） …… 284
15—7 医疗机构入院、出院人数(2023 年） …… 284

十六、区县(市)主要经济和社会指标

16—1 区县(市)年末户籍户数和人口数(2023 年） …… 287
16—2 历年分区县(市)年末户籍人口 …… 288
16—3 区县(市)人口自然变动情况(2023 年） …… 290
16—4 区县(市)人口机械增长情况(2023 年） …… 290
16—5 历年分区县(市)年末常住人口 …… 291
16—6 历年分区县(市)年末常住城镇人口 …… 293
16—7 历年分区县(市)年末常住人口城镇化率 …… 293

16—8　区县(市)地区生产总值(2023 年) ………………………… 294
16—9　区县(市)地区生产总值增长速度(2023 年) ………………………… 295
16—10　区县(市)规模以上工业企业主要经济指标(2023 年) ………………………… 295
16—11　区县(市)单位 GDP 能耗上升或下降 ………………………… 296
16—12　区县(市)单位 GDP 电耗上升或下降 ………………………… 297
16—13　区县(市)新建商品房销售情况 ………………………… 297
16—14　区县(市)财政收入(2023 年) ………………………… 298
16—15　区县(市)财政支出 (2023 年) ………………………… 300
16—16　区县(市)社会消费品零售总额 ………………………… 302

十七、全国三十五个直辖市、省会和副省级城市主要经济社会指标

17—1　全国三十五个城市主要经济社会指标(2023 年) ………………………… 305

十八、国民经济主要指标解释及计算方法

国民经济主要指标解释及计算方法………………………… 315

长沙市 2023 年国民经济和社会发展统计公报[1]

2023 年,面对复杂严峻的外部环境和艰巨繁重的改革发展任务,全市上下坚持以习近平新时代中国特色社会主义思想为指导,锚定"三高四新"美好蓝图,践行八个"走在前、作示范"和七个"坚定不移"总要求,全力建设全球研发中心城市,扎实推进高质量发展,全市经济社会恢复发展稳定向好,生产需求稳步改善,创新转型赋能发展,民生保障坚实有力,改革开放纵深推进,现代化新长沙建设取得新成效。

一、综　　合

初步核算,全年地区生产总值[2] 14331.98 亿元,比上年增长 4.8%。分产业看,第一产业增加值 451.89 亿元,比上年增长 3.5%;第二产业增加值 5365.53 亿元,增长 5.6%;第三产业增加值 8514.55 亿元,增长 4.3%。第一、二、三产业对经济增长的贡献率分别为 2.6%、45.8% 和 51.6%。第一、二、三产业增加值占地区生产总值的比重分别为 3.2%、37.4% 和 59.4%。

全年一般公共预算收入 1846.11 亿元,比上年增长 3.2%,其中地方一般公共预算收入 1227.07 亿元,增长 2.1 %。一般公共预算支出 1626.83 亿元,比上年增长 3.9%。

图 1　2019 - 2023 年一般公共预算收入和地方一般公共预算收入

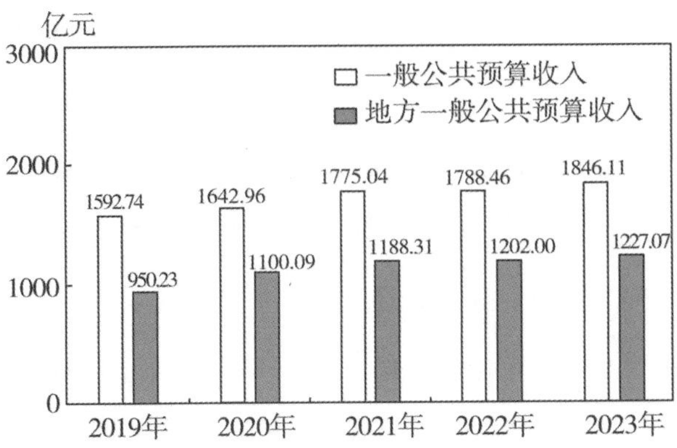

全年居民消费价格比上年上涨 0.4%,涨幅收窄 1.3 个百分点。

表 1　2023 年居民消费价格比上年涨跌幅度

指　　标	比上年上涨(%)
居民消费价格	0.4
食品烟酒	-0.2
食品	-0.9
# 粮食	0.7
食用油	2.6
菜及食用菌	-1.7
畜肉类	-7.5
水产品	-4.4
蛋类	1.6
衣着	1.1
居住	1.1
生活用品及服务	0.2
交通通信	-1.7
教育文化娱乐	2.3
医疗保健	0.3
其他用品及服务	3.0

全年新增城镇就业人员 15.67 万人,年末城镇登记失业率为 1.41%。

二、农　　业

全年实现农林牧渔业增加值 485.63 亿元,比上年增长 3.7 %。其中,农林牧渔专业及辅助性活动增加值 33.74 亿元,比上年增长 8.5%。

图 2　2019 - 2023 年农林牧渔业增加值

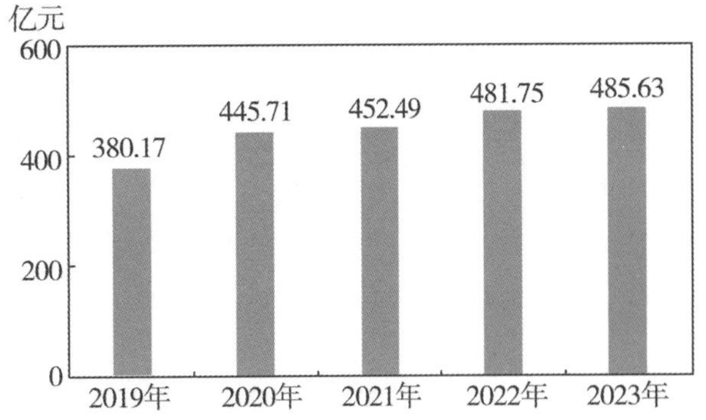

全年粮食播种面积30.89万公顷，比上年下降0.7%，其中稻谷播种面积28.32万公顷，下降0.7%。油料种植面积6.40万公顷，增长10.1%。出栏肉猪372.06万头，增长1.2%。

表2 2023年主要农产品产量及其增长速度

产品名称	计量单位	产量	比上年增长(%)
粮食	万吨	212.95	1.4
油料	万吨	11.53	8.0
茶叶	万吨	5.14	3.5
禽蛋	万吨	4.92	2.3
水产品	万吨	12.96	4.8
出栏肉猪	万头	372.06	1.2
牛奶	万吨	0.67	13.6

年末农民专业合作社11392家，入社农户18.3万户，参与农户35万户。

全年农业机械总动力641.8万千瓦，水稻耕种收综合机械化水平为86.77%。

推进各项重点水利工程建设，全年完成水利建设项目36个，完成投资约37.67亿元。

三、工业和建筑业

全年全部工业增加值比上年增长5.4%，其中规模以上工业增加值增长6.8%；工业增加值占GDP的比重为26.7%，比上年提升0.3个百分点。在规模以上工业中，分经济类型看，国有企业增加值比上年增长4.9%，股份制企业增长9.9%，外商及港澳台商投资企业下降1.4%。分门类看，采矿业增加值增长11.8%，制造业增长7.3%，电力、热力、燃气及水生产和供应业增长2.3%。

图3 2019－2023年全部工业增加值增长速度

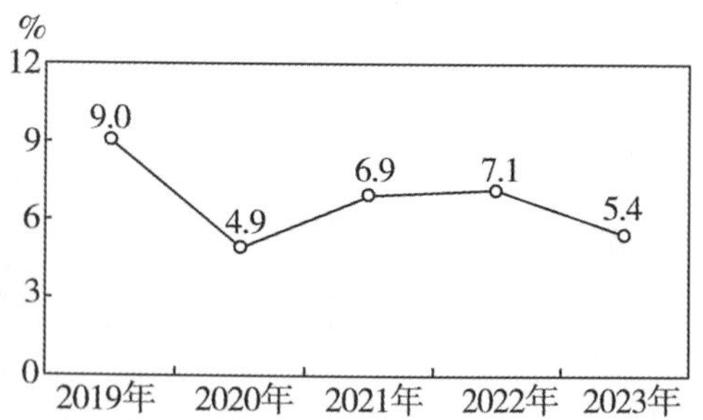

全年规模以上工业中，高技术制造业增加值比上年增长5.6%，装备制造业增长11.0%，计算机、通信和其他电子设备制造业增长10.1%，汽车制造业增长15.5%，烟草制品业增长4.5%，有色金属冶炼和压延加工业增长28.4%，电气机械和器材制造业增长48.5%。省级及以上产业园区增加值比上年增长11.1%，占规模以上工业的比重为70.0%。

表3 2023年规模以上工业主要产品产量及其增长速度

产品名称	计量单位	产量	比上年增长(%)
饲料	万吨	214.46	2.8
精制食用植物油	万吨	10.20	-51.8
酱油	万吨	14.79	-23.7
乳制品	万吨	30.15	3.8
精制茶	万吨	1.75	-17.1
服装	万件	2716.15	14.3
化学试剂	万吨	19.77	1.7
焰火制品	亿元	428.84	16.9
家具	万件	142.85	10.0
水泥	万吨	431.78	-27.2
商品混凝土	万立方米	2334.35	-10.9
挖掘机	万台	1.57	15.7
混凝土机械	万台	3.06	8.1
起重机	万吨	84.10	10.3
工业机器人	套	4629	-55.4
汽车	万辆	65.93	-7.9
锂离子电池	万只	1473.51	-37.5
光电子器件	亿只	201.48	36.7
印制电路板	万平方米	86.89	8.9
自来水生产量	万立方米	136626.26	-2.6

全年规模以上工业企业利润总额639.69亿元，比上年增长6.4%。分门类看，采矿业利润总额0.77亿元，比上年下降29.4%；制造业613.54亿元，增长7.3%；电力、热力、燃气及水生产和供应业25.37亿元，下降10.4%。

全年建筑业增加值1548.80亿元，比上年增长6.5%。全市具有建筑业资质等级的独立核算企业完成建筑业总产值7637.66亿元，比上年增长3.8%；房屋竣工面积10987.92万平方米，增长14.2%。

四、固定资产投资

全年固定资产投资比上年下降6.8%，工业投资增长1.7%，高新技术产业投资增长4.8%。

表4 2023年固定资产投资增长速度

指 标	比上年增长(%)
固定资产投资(不含农户)	-6.8
第一产业	-8.4
第二产业	0.4
其中:采矿业	167.7
制造业	-0.1
电力、热力、燃气及水生产和供应业	-8.9
建筑业	42.3
第三产业	-11.2
其中:交通运输、仓储和邮政业	-34.1
信息传输、软件和信息技术服务业	9.5
批发和零售业	29.1
住宿和餐饮业	33.1
金融业	-76.0
房地产业	13.4
租赁和商务服务业	7.7
科学研究和技术服务业	-6.2
水利、环境和公共设施管理业	-6.4
居民服务、修理和其他服务业	-32.7
教育	4.9
卫生和社会工作	-17.9
文化、体育和娱乐业	-4.9
公共管理、社会保障和社会组织	-5.3

全年商品房销售面积1559.52万平方米，比上年下降8.2%；商品房销售额1735.38亿元，下降3.0%。

五、国内贸易

全年社会消费品零售总额5561.67亿元，比上年增长6.2%。按经营单位所在地分，城镇消费品零售额4968.56亿元，增长6.0%；乡村消费品零售额593.11亿元，增长8.6%。按消费类型分，餐饮收入525.82亿元，增长10.0%；商品零售5035.85亿元，增长5.9%。

表5 2023年社会消费品零售总额及其增长速度

指 标	零售额(亿元)	比上年增长(%)
社会消费品零售总额	5561.67	6.2
按经营单位所在地分:		
城镇	4968.56	6.0
其中:城区	3914.38	5.6
乡村	593.11	8.6
按行业分:		
批发业	666.12	4.0
零售业	4364.09	6.1
住宿业	58.17	12.1
餐饮业	473.29	10.0
按消费类型分:		
餐饮收入	525.82	10.0
商品零售	5035.85	5.9

全年限额以上单位商品零售额中，粮油、食品类零售额增长14.7%，饮料类下降15.0%，烟酒类增长8.5%，服装、鞋帽、针纺织品类增长6.9%；化妆品类下降9.2%，金银珠宝类增长12.5%，日用品类增长7.3%，家用电器和音像器材类增长23.8%，中西药品类增长6.3%，文化办公用品类下降60.1%，家具类下降5.9%，通讯器材类增长11.5%，石油及制品类增长10.5%，汽车类下降2.1%，建筑及装潢

材料类下降18.7%。

六、邮　　电

全年电信业务总量167.66亿元(上年不变价),比上年增长21.8%;邮政业务总量192.56亿元(2020年不变价),增长30.9%。邮电业务收入305.14亿元,增长12.8%,其中电信业务收入153.32亿元,增长5.6%;邮政业务收入151.82亿元,增长21.0%。年末本地固定电话用户142.32万户,比上年末增长2.5%;移动电话用户1575.12万户,增长10.9%;年末互联网宽带用户598.46万户,增长12.6%。

七、对外经济和旅游

全年进出口总额2811.51亿元人民币(折合400.69亿美元),比上年下降15.0%。其中,出口总额1896.81亿元,下降22.8%;进口总额914.70亿元,增长7.5%。在出口总额中,机电产品1056.02亿元,占比55.7%;高新技术产品389.40亿元,占比20.5%。在进口总额中,机电产品379.77亿元,占比41.5%;高新技术产品315.63亿元,占比34.5%。

图4　2019－2023年进出口总额

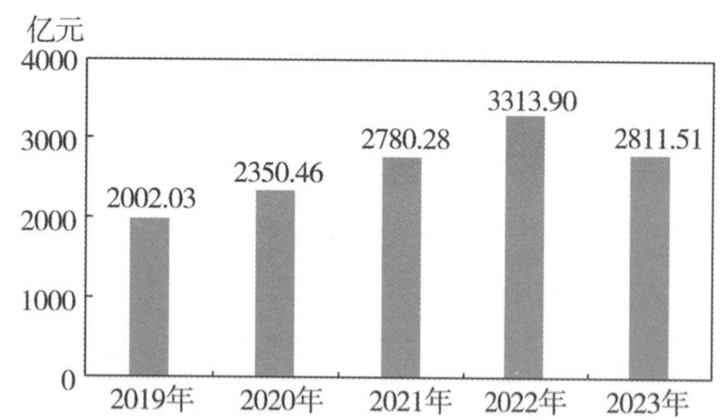

全年实际利用外资金额8.77亿美元,全年实际到位省外境内资金2601.13亿元。

全年接待国内外旅游者19453.33万人次,比上年增长44.0%;旅游总收入2193.05亿元,增长51.2%。

八、金　　融

年末金融机构各项存款余额(本外币合计,下同)30715.63亿元,比年初增加2833.07亿元,其中住户存款余额11200.40亿元,比年初增加1430.04亿元。年末金融机构各项贷款余额32970.58亿元,比年初增加2899.00亿元,其中短期贷款余额6712.32亿元,比年初增加946.43亿元;中长期贷款余额24851.83亿元,比年初增加1907.40亿元。

全年保险公司原保险保费收入621.13亿元,比上年增长7.4%,其中财产保险公司原保险保费收入197.73亿元,下降2.1%;人身保险公司原保险保费收入423.40亿元,增长12.6%。赔付支出239.21亿元,增长22.6%。

九、教育和科学技术

年末全市有普通高校54所,普通高中129所,初中学校275所,普通小学861所。在学研究生9.05万人,比上年末增长4.5%;普通高校在校学生79.55万人,增长4.3%;普通高中在校学生20.03万人,增长5.6%;普通初中在校学生33.73万人,增长7.9%;普通小学在校学生87.31万人,增长7.1%;幼儿园在园幼儿37.39万人,下降12.1%。小学适龄儿童入学率101.5%,小学升初中入学率103.5%。全年共投入学生免费入学和资助经费15.16亿元,全市所有义务教育阶段234.10万人次学生全部享受了免杂费入学,执行公办教育收费标准的223.17万人次学生全部享受了“一费制”(含课本费、教辅资料费和作业本费)全免入学,在长沙市就读的19.63万名外来务工人员子女,全部享受免杂费、免“一费制”入学。全年补助了13.01万人次农村家庭经济困难寄宿学生生活费。

图5　2019－2023年高等学校、普通中学在校学生数

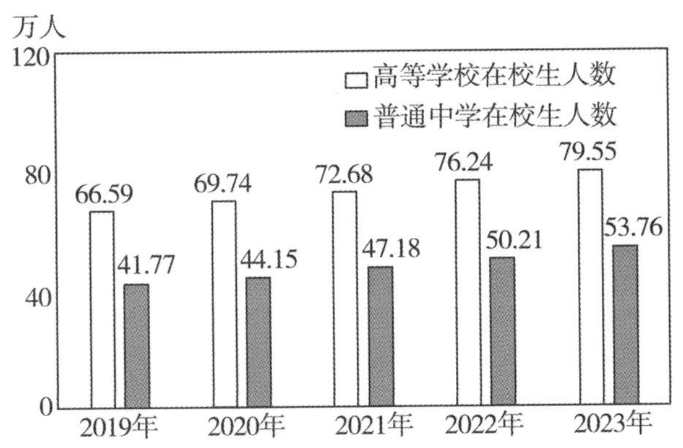

全年授权专利37900件，比上年下降16.9%，其中发明专利12960件，比上年增长4.8%；签订技术合同26455项，成交金额1206.28亿元。高新技术产业增加值比上年增长8.3%。

十、文化、卫生和体育

年末全市有艺术表演团体13个，文化馆11个，公共图书馆12个，博物馆（纪念馆）22个，档案馆14个。

年末全市有卫生机构（含村卫生室）6379个，其中医院、卫生院340个；卫生防疫、防治机构13个；妇幼保健机构11个。卫生技术人员11.2万人，比上年增加1.41万人，其中执师、执业助理医师4.32万人，增加0.64万人；注册护士5.40万人，增加0.60万人。卫生机构床位9.06万张，增加0.18万张，其中医院、卫生院8.35万张，增加0.36万张。

图6　2019－2023年卫生技术人员数

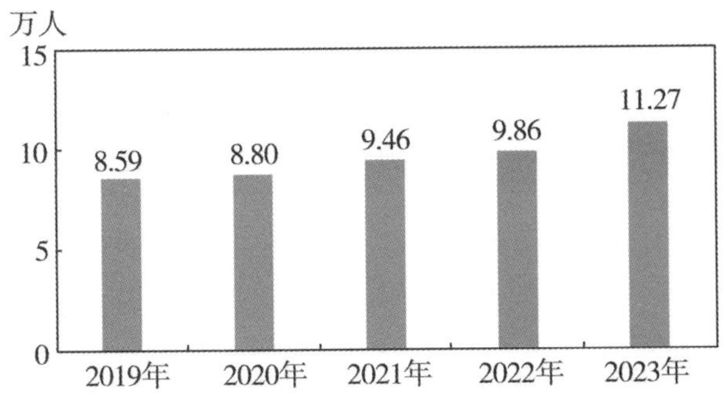

全年开展全民健身项目803项次（市级、区县、乡镇街道三级），全民健身运动参加人数达800万人。年末拥有各级健身辅导站960个，各类体育场地31140个。

十一、环境、节能和安全生产

全市32个国控、省控地表水考核断面平均水质优良率和达标率均为100%，与上年同期持平。其中，Ⅰ类水质断面2个，占6.2%；Ⅱ类水质断面27个，占84.4%；Ⅲ类水质断面3个，占9.4%。

全年全社会用电量532.94亿千瓦时，比上年增长3.1%。其中，工业用电量212.23亿千瓦时，增长4.9%；城乡居民生活用电量153.64亿千瓦时，下降4.1%。

全年生产安全事故死亡人数166人，比上年下降27.5%；亿元GDP各类安全事故死亡人数0.0116人，下降29.3%；道路交通事故死亡人数285人，下降39.6%；万车死亡人数0.76人，下降43.9%。

十二、人民生活和社会保障

年末全市常住总人口1051.31万人，比上年末增长0.9%。城镇化率为83.59%，比上年末提高0.32个百分点。按户籍人口计算，人口出生率为7.37‰，死亡率为5.7‰，自然增长率为1.67‰。

全年城镇居民人均可支配收入67276元，比上年增长3.2%。其中，人均工资性收入37456元，增长3.0%；人均经营净收入8791元，增长3.7%；人均财产净收入8522元，增长3.2%；人均转移净收入12507元，增长3.5%。城镇居民人均消费支出45082元，增长5.0%。在城镇居民消费分类中，食品烟酒人均消费11803元，增长3.9%；衣着人均消费2785元，增长5.1%；居住人均消费8371元，增长

4.8%;生活用品及服务人均消费3283元,增长5.8%;交通通信人均消费5094元,增长5.3%;教育文化娱乐人均消费9551元,增长5.8%;医疗保健人均消费3197元,增长5.4%;其他用品和服务人均消费998元,增长5.6%。城镇居民平均每百户家庭拥有家用汽车71.6台,空调263.0台,计算机89.0台。城镇居民人均自有现住房建筑面积41.8平方米。

全年农村居民人均可支配收入43200元,比上年增长6.2%。农民人均消费支出31127元,增长6.2%。农村居民平均每百户家庭拥有家用汽车65.5台,计算机39.9台,移动电话机292.1台。农村居民人均自有现住房建筑面积60.2平方米。

年末参加全市劳动保障部门城镇职工基本养老保险的人数达553.86万人,基本养老金社会化发放率达100%;参加城乡居民基本养老保险人数为258.62万人,参加城乡居民基本养老保险人数(城镇居民)为16.77万人;参加城镇职工基本医疗保险人数为347.13万人;参加失业保险职工人数为247.86万人,增长4.7%;全年新增领取失业保险金人数为5.97万人;参加工伤保险职工人数为283.67万人,增长43.3%;参加生育保险人数为285.43万人;参加城乡居民医疗保险人数为481.65万人。

注释:

[1]本公报部分数据为初步统计数,部分数据因四舍五入的原因,存在与分项合计不等的情况。

[2]地区生产总值、三次产业及相关行业增加值绝对值按现价计算,增长速度按不变价计算。按照我国地区生产总值统一核算和数据发布制度规定,地区生产总值核算包括初步核算和最终核实两个步骤。经最终核实,2022年,长沙市地区生产总值现价总量为13587.56亿元,按不变价格计算,比上年增长4.2%。

1 综合

长沙统计年鉴

自 然 环 境

位置：

长沙位于中国东南部，湖南省东部偏北，湘江下游和长浏盆地西缘。地域范围为东经111°53′～114°15′，北纬27°51′～28°41′。东临江西省宜春市和萍乡市，南接株洲、湘潭两市，西连娄底、益阳两市，北抵岳阳、益阳两市。

地貌：

长沙地形复杂，湘江两岸形成地势低平的冲积平原，其东西两侧及东南面为地势较高的低山、丘陵。东有属于湘赣边雁阵式山系的大围山，其主峰七星岭，海拔1607.9米，为全市最高处，望城区乔口镇西侧湛湖海拔23.5米，为全市最低处。市区地势为南高北低，南郊的金盆岭、豹子岭，海拔在100米以上。北郊的浏阳河、捞刀河和湘江的汇合处，海拔仅30米，成为市区最低点。

面积：

长沙东西长约230公里，南北宽约88公里。2023年全市土地面积11816.0平方公里，其中市区面积2150.9平方公里，建成区面积581平方公里。

河流：

长沙市区属湘江水系。湘江自湘潭昭山流经长沙县西南边境，然后由南向北纵贯市区，经望城区乔口出境。经过市境的长度有74公里，其间流入湘江的支流有15条，其中较大的有浏阳河、捞刀河、靳江、沩水。

气候：

长沙属亚热带季风气候。由于位居盆地内部，距海较远，受冬夏季风转换，地势向北倾斜等因素的影响，气候温和，四季分明。2023年长沙市年平均气温19.0℃，极端最高温度为38.9℃，极端最低温度为零下4.4℃，降雨量1276.5毫米，总日照时数为1560.4小时。

自然资源：

长沙市地下矿藏种类多，以非金属矿具特色。已查明的有铁、锰、钒、铜、铅、锌、硫、磷、海泡石、重晶石、菊花石、煤等50余种，矿点300多处。植被以亚热带常绿阔叶林为主，有自然生长和引进栽培树102科、977种，其中常绿树462种，落叶树515种，乔木457种，灌木414种，竹藤类106种。主要林木有松、杉、栎、樟、楠、椿、茶、油茶、柑橘、毛竹等。1985年市八届人大常委会通过，市人民政府公布香樟为市树，杜鹃花为市花。

1－1 行 政 区 划

年份 地区	市辖区数	市辖县（市）数	土地面积（平方公里）	镇 数
1949	5		112	
1965	4	1	3995	
1978	5	2	3995	7
1990	5	4	11818.50	21
2000	5	4	11819.46	75
2010	5	4	11815.96	85
2011	6	3	11815.96	88
2012	6	3	11815.96	82
2013	6	3	11815.96	79
2014	6	3	11815.96	80
2015	6	3	11815.96	67
2016	6	3	11815.96	68
2017	6	3	11815.96	68
2018	6	3	11815.96	69
2019	6	3	11815.96	69
2020	6	3	11815.96	69
2021	6	3	11815.96	69
2022	6	3	11815.96	69
2023	6	3	11815.96	69
芙蓉区	1		42.68	
天心区	1		137.40	
岳麓区	1		538.83	2
开福区	1		188.73	
雨花区	1		292.20	1
望城区	1		951.06	5
长沙县		1	1755.62	13
浏阳市		1	4997.35	27
宁乡市		1	2912.09	21

单位:个

街道办事处数	居民委员会数	乡 数	村民委员会数
59	18	11	
25	201	60	1145
39	329	84	1096
35	535	210	2987
50	763	46	3111
59	590	26	1226
62	638	22	1187
82	689	19	1170
94	714	15	1169
94	715	14	1169
94	719	7	1165
94	724	6	765
95	651	6	891
96	683	5	884
96	705	5	878
96	735	5	876
96	749	5	875
96	759	5	870
96	772	5	867
13	76		5
14	87		12
17	140		48
16	106		9
12	141		26
11	43		117
5	111		114
4	27	1	299
4	41	4	237

1－2 国民经济主要综合指标

指 标	单 位	1949 年	1965 年	1978 年	1990 年	1995 年
一、土地面积	平方公里	112	3995	3995	11818	11819.5
# 市区	平方公里	112	177.07	352	367	556.33
# 建成区	平方公里	6.7	20.93	53.04	101	115
二、年末户籍总人口	万人	309.24	365.73	458.23	550.05	562.82
年末常住总人口	万人					
三、地区生产总值	亿元	2.87△	7.02	16.85	102.4	332.75
第一产业	亿元			5.61	24.38	45.58
第二产业	亿元			7.44	40.58	140.34
# 工业	亿元			6.37	34.34	106.57
第三产业	亿元			3.79	37.44	146.83
人均地区生产总值	元/人	89△	194	370	1871	5930
四、农林牧渔业总产值	亿元	1.7	2.98	7.38	36.52	86.84
# 农业	亿元	1.51	2.43			42.66
五、粮食产量	万吨	74.3	101.01	189.81	264.13	244.8
六、固定资产投资	亿元	0.05△	0.54	2.41	18.12	104.95
七、社会消费品零售总额	亿元	0.92	3.52	7.72	51.39	165.51
八、进出口总额	亿美元/亿元					
# 出口	亿美元/亿元					

2000 年	2005 年	2010 年	2015 年	2020 年	2021 年	2022 年	2023 年	2023 年比 2022 年 ± %
11819.5	11819.5	11816	11816	11816	11816	11816	11816	持平
556.33	556.33	958.8	1909.86	2150.9	2150.9	2150.9	2150.96	持平
118.82	167.7	272.39	363.69	560.80	572	577	581	0.7
583.19	620.92	650.12	680.36	747.29	760.04	767.63	775.01	1.0
613.87	639.3	704.07	828.27	1006.08	1023.93	1042.06	1051.31	0.9
720.85	1589.41	4440.32	8502.60	12144.14	13310.70	13716.68	14517.55	4.9
74.11	113.98	199.43	289.86	425.42	445.06	449.05	452.62	3.7
281.5	645.86	2149.55	3608.39	4538.80	4862.06	4947.92	5179.27	5.4
226.48	437.47	1687.05	2731.44	3251.39	3479.11	3557.88	3756.39	6.4
365.24	829.58	2091.34	4604.34	7179.92	8003.59	8319.70	8885.66	4.6
11789	25064	64903	103603	123313	131139	132785	138700	3.5
116.79	187.13	323.64	537.13	722.19	731.52	776.03	778.21	3.8
62.8	92.64	173.59	317.39	425.17	451.67	502.25	509.02	4.0
262.33	262.28	209.05	236.83	211.78	216.04	210.00	212.95	1.4
202.32	881.42	3192.57	6363.29					-6.8
332.16	691.24	1622.09	3150.24	4469.76	5111.57	5235.56	5561.67	6.2
16.44	26.83	60.89	805.55	2350.46	2780.28	3313.9	2811.51	-15.0
10.51	15.95	35.51	537.42	1548.72	1977.46	2462.5	1896.81	-22.8

1-2 续表

指　标	单　位	1949 年	1965 年	1978 年	1990 年	1995 年
九、全市居民消费价格指数	上年为100	109.63◆	97.72	99.63	101.5	117.1
十、地方一般公共预算收入	亿元					17.99
一般公共预算支出	亿元					21.6
十一、高等学校数	所	2	9	8	21	21
高等学校在校学生数	万人	0.27	1.94	1.89	4.6	6.49
中等职业学校数	所	16	21	23	40	42
中等职业学校在校学生数	万人	0.23	0.78	0.98	2.56	5.54
普通中学在校学生数	万人	1.13	7.54	33.11	24.21	28.41
小学在校学生数	万人	14.71	59.37	68.01	57.07	62.37
十二、艺术表演团体	个	9	19	13	12	12
十三、图书出版量	万册	1626△	2549	1983	32135	33677
杂志出版量	万份	245△	221	2680	5144	7636
报纸出版量	万份	6786△	17000	30057	40325	55721
十四、卫生机构数	个	34	1035	1195	1346	1100
# 医院、卫生院	个	14	138	248	297	205
医疗病床数	张	747	8454	12976	18349	21378
卫生技术人员	人	1253	8779	16068	26307	27553
# 执业医师和执业助理医师	人			7247	12423	12107
十五、城镇居民人均可支配收入	元	131△	216	327	1770	4860
农村居民人均可支配收入	元	41	96	127	768	1710
十六、年末金融机构本外币存款余额	亿元					306
# 城乡居民储蓄余额	亿元	0.0073※	0.27	1.14	42.42	183
年末金融机构本外币贷款余额	亿元					241

注:1. 土地面积按当年实际情况整理。
2. ※为1950年数,△为1952年数,◆为1953年数。
3. 2003年开始因教育制度改革,现行中等职业学校包括普通中专、职业高中,2002年以前年份的数据是中等专业学校数据。
4. 人均地区生产总值2000年以前按户籍人口计算,2000年以后按常住人口计算。
5. 进出口总额数据2015年以前计量单位为亿美元,2015年开始计量单位为亿元。

2000年	2005年	2010年	2015年	2020年	2021年	2022年	2023年	2023年比2022年±%
101.7	101.9	102.9	101.1	101.8	101.1	101.7	100.4	
34.45	108.06	314.28	718.95	1100.09	1188.31	1202	1227.07	2.1
41.43	133.05	403.33	925	1501.23	1543.28	1566.26	1626.83	3.9
23	45	48	51	52	52	52	54	3.8
12.56	39.44	50.83	56.94	69.74	72.68	76.24	79.55	4.3
40	104	67	50	57	59	58	60	3.4
8.41	11.27	11.37	9.15	11.46	11.48	11.17	10.81	-3.2
38.42	34.52	30.74	36.95	44.15	47.18	50.21	53.75	7.1
46.65	33.87	41.35	50.94	71.02	76.13	81.50	87.31	7.1
13	12	12	12	12	12	12	13	8.3
24844	30483	31109	48494	48269	50893	60517	64144	6.0
10404	10925	12540	13918	9414	9116	8527	7241	-15.1
62354	75309	101861	105635	48754	45129	31445	29316	-6.8
1036	1519	2655	4661	4681	4925	5036	6379	26.7
263	260	255	284	339	334	339	340	0.3
20590	27395	42629	66036	83180	87161	88763	90603	2.1
27460	28943	48791	69634	87987	94633	98570	112688	14.3
12345	12088	18258	25599	32785	35435	36782	43249	17.6
7530	12434	23347	39961	57971	62145	65190	67276	3.2
2941	4735	10640	23601	34754	38195	40678	43200	6.2
826	2322	6428	14066	23317	25349	27883	30716	10.2
373	954	2172	4353	7572	8311	9772	11200	14.6
632	2055	6354	12324	24261	27235	29853	32971	10.4

1－3　国民经济主要指标平均递增速度

单位:%

指　　标	1949－1965年	1965－1978年	1949－2023年	1978－2023年	2000－2023年	2010－2023年	2020－2023年
一、年末户籍总人口	1.1	1.7	1.2	1.2	1.2	1.4	1.2
二、地区生产总值	4.3	5.1	9.0	11.9	11.4	8.8	5.6
第一产业				5.0	4.6	4.0	5.5
第二产业				13.0	12.3	8.5	4.4
# 工业				13.7	13.9	9.3	5.6
第三产业				13.4	11.4	9.2	6.1
人均地区生产总值				10.0	8.8	5.3	3.4
三、农林牧渔业总产值	3.2	3.6	4.4	5.0	4.9	4.1	5.9
# 农业	2.8	4.4	3.8	4.2	4.8	5.0	4.0
四、粮食产量	1.9	5.0	1.4	0.3	－0.9	0.1	0.2
五、固定资产投资						12.3	2.0
六、社会消费品零售总额	9.1	6.8	12.5	15.7	12.8	9.0	7.6
七、地方一般公共预算收入					16.8	11.0	3.7
一般公共预算支出					17.3	11.3	2.7

1－3 续表

单位:%

指　　标	1949－1965 年	1965－1978 年	1949－2023 年	1978－2023 年	2000－2023 年	2010－2023 年	2020－2023 年
八、高等学校数	9.9	－0.9	4.6	4.3	3.8	0.9	1.3
高等学校在校学生数	13.2	－0.2	8.0	8.7	8.4	3.5	4.5
普通中学在校学生数	12.6	12.1	5.4	1.1	1.5	4.4	6.8
小学在校学生数	9.1	1.1	2.4	0.6	2.8	5.9	7.1
九、艺术表演团体	4.8	－2.9	0.5	0.0	0.0	0.6	2.7
十、图书出版量	3.5△	－1.9	5.1△	8.0	4.2	5.7	9.9
杂志出版量	－1.1△	21.6	4.7△	2.2	－1.6	－4.1	－8.4
报纸出版量	7.3△	4.5	2.0△	－0.1	－3.2	－9.1	－15.6
十一、卫生机构数	23.8	1.1	7.3	3.8	8.2	7.0	10.9
# 医院、卫生院	15.4	4.6	4.4	0.7	1.1	2.2	0.1
医疗病床数	16.4	3.4	6.7	4.4	6.7	6.0	2.9
卫生技术人员	12.9	4.8	6.3	4.4	6.3	6.7	8.6
# 执业医师和执业助理医师				4.0	5.6	6.9	9.7
十二、城镇居民人均可支配收入	3.9△	4.1					5.1
农民居民人均可支配收入	6.0△	2.6					7.5
城乡居民储蓄余额	27.2※	10.1	21.2※	22.7	15.9	13.4	13.9

注:※表示以 1950 年为基期,△表示以 1952 年为基期。

1－4　主要指标日均水平

指　　标	单位	1949年	1965年	1978年	1990年	1995年
一、地区生产总值	万元	78.53△	192.44	461.52	2805	9116
二、地方一般公共预算收入	万元					493
三、农林牧渔业总产值	万元	46.63	81.64	267.56	1001	2479
四、粮食总产量	吨	2036	2767	5200	7236	6707
五、社会消费品零售总额	万元	25	96	252	1408	4535
六、城市生活用水	万吨	0.1	4.33	12.81	34.15	47.23
七、城市公共汽车乘客人数	万人次	1.65	11.29	45.06	72.76	64.77
八、出生	人		352	193	242	113
死亡	人		94	83	103	101
结婚	对				140	110
离婚	对				14	20
九、出版报纸	万份	18.59△	46.58	82.35	110.48	150.38
出版杂志	万份	0.67△	0.58	7.34	14.09	20.92
出版图书	万册	4.45△	6.98	5.43	88.04	92.27

注：△为1952年数。

2000 年	2005 年	2010 年	2015 年	2020 年	2021 年	2022 年	2023 年
19749	43546	121653	232948	332716	364677	375799	397741
944	2960	8610	19697	30139	32556	32932	33618
3200	5127	8867	14716	19786	20042	21261	21321
7187	7186	5727	6488	5802	5919	5753	5834
9100	18938	44441	86308	122459	140043	143440	152375
58.21	86.41	72.91	96.27	66.6	77.02	84.48	82.93
92.64	214.14	197.87	203.63	113.31	132.06	104.12	92.55
170	185	196	268	206	176	164	156
114	117	100	89	176	174	152	120
110	125	190	159	130	111	123	145
17	28	46	60	73	54	57	63
170.83	206.33	279.07	289.41	133.57	123.64	86.15	80.32
28.5	29.93	34.36	38.13	25.79	24.98	23.36	19.84
68.07	83.52	85.23	132.86	132.24	139.43	165.80	175.74

1-5 主要指标人均水平

指 标	单位	1949年	1965年	1978年	1990年	1995年	2000年	2005年	
								按户籍人口计算	按常住人口计算
一、地区生产总值	元	89△	194	370	1871	5930	12368	25817	25064
二、农林牧渔业总产值	元	55	82	215	667	1548	2004	3040	2951
三、粮食产量	公斤	240	280	417	480	435	450	426	414
四、社会消费品零售总额	元	30	96	201	934	2950	5699	11228	10900
五、职工工资	元	439△	585	601	2135	5319	10137	21499	21499
六、人民生活									
农村居民人均可支配收入	元	48△	103	143	721	1737	3005	4908	4908
城镇居民人均可支配收入	元	131△	216	327	1770	4860	7530	12434	12434
七、城乡居民储蓄余额	元			25	771	3266	6400	15503	15050
八、年末医疗病床数	张/千人	0.24	2.34	2.85	3.34	3.8	3.53	4.45	4.32

注:1. △为1952年数。
2. 1999年以后职工工资均为在岗职工平均工资。
3. 2003年以前的除城乡居民调查指标、职工工资、城市住宅居住面积以外的指标按户籍人口计算。
4. 从2013年开始,农村居民人均可支配收入开始统计,2012年及以前为农民纯收入统计口径,城镇居民人均可支配收入2012年以前为城市统计口径。

2010年		2015年		2020年		2021年		2022年		2023年	
按户籍人口计算	按常住人口计算	按户籍人口计算	按常住人口计算	按户籍人口计算	按常住人口计算	按户籍人口计算	按常住人口计算	按户籍人口计算	按常住人口计算	按户籍人口计算	按常住人口计算
68473	64903	125799	103603	163499	123313	176614	131139	179577	132785	188217	138700
4991	4729	7947	6545	9723	7333	9706	7207	10160	7512	10048	7404
322	306	350	289	285	215	287	213	275	203	276	203
25014	23704	46609	38385	60177	45387	67823	50360	68543	50683	72106	53136
38338	38338	67266	67266	105603	105603	114805	114805	121171	121171	125213	125213
11206	11206	23601	23601	34754	34754	38195	38195	40678	40678	43200	43200
23347	23347	39961	39961	57971	57971	62145	62145	65190	65190	67276	67276
33495	31741	64399	52607	101946	76889	110277	81883	127933	94598	145211	107008
6.57	6.23	9.77	7.24	11.20	8.45	11.56	8.59	11.62	8.59	11.75	8.66

1－6 长沙市主要经济指标占湖南省的比重(2023年)

指　　标	单　　位	湖南省	长沙市	长沙市占湖南省的比重(%)
一、地区生产总值	亿元	50667.50	14517.55	28.7
第一产业	亿元	4617.44	452.62	9.8
第二产业	亿元	18639.23	5179.27	27.8
第三产业	亿元	27410.83	8885.66	32.4
人均地区生产总值	元	76932	138700	(比全省高)61768
二、工业增加值	亿元	14773.17	3756.39	25.4
三、粮食产量	万吨	3068.01	212.95	6.9
四、社会消费品零售总额	亿元	20203.34	5561.67	27.5
五、地方一般公共预算收入	亿元	3360.51	1227.07	36.5
六、进出口总额	亿元	6174.99	2811.51	45.5
# 出口总额	亿元	4009.36	1896.81	47.3
七、实际利用外资金额	亿美元	14.36	8.77	61.1
八、年末金融机构本外币存款余额	亿元	77673.53	30715.63	39.5
# 住户存款	亿元	46823.89	11200.40	23.9
年末金融机构本外币贷款余额	亿元	69396.42	32970.58	47.5
九、城镇居民人均可支配收入	元	49243	67276	(比全省高)18033
城镇居民人均消费性支出	元	31035	45082	(比全省高)14047
农村居民人均可支配收入	元	20921	43200	(比全省高)22279
农村居民人均生活消费支出	元	19210	31127	(比全省高)11917

2 国民经济核算

长沙统计年鉴

2－1 历年地区生产总值

年 份	地区生产总值（GDP）	第一产业	第二产业		
				工 业	建筑业
1978	168453	56092	74436	63735	10701
1979	213830	66329	100585	87584	13001
1980	231716	65819	111424	96623	14801
1981	257289	70974	123181	106641	16540
1982	286247	77973	135101	112880	22221
1983	323103	91952	146343	120864	25479
1984	364037	100688	161664	129822	31842
1985	450774	120844	197301	155838	41463
1986	514749	131395	222520	174528	47992
1987	634135	147543	275363	214193	61170
1988	825712	194304	356294	288687	67607
1989	932540	212031	393832	330194	63638
1990	1023956	243772	405796	343378	62418
1991	1189012	241941	484759	410114	74645
1992	1498739	266151	626843	522893	103950
1993	1935420	301613	830974	687474	143500
1994	2609009	358777	1132512	937517	194995
1995	3327521	455780	1403433	1065652	337781
1996	4157722	583757	1731447	1369267	362180
1997	5037611	687320	2056865	1671931	384934
1998	5709136	707519	2336161	1877559	458602
1999	6280205	713285	2521526	2042102	479424
2000	7208461	741104	2814982	2264823	550159
2001	8159971	783636	3172774	2448587	724187
2002	9069159	791826	3551725	2659644	892081
2003	10625279	832886	4382509	3249686	1132823

单位:万元

第三产业	交通运输、仓储和邮政业	批发零售业	金融保险业	房地产业	其他服务业	人均地区生产总值(元/人)
37925	8417	13427	4090	1978	10013	370
46916	9002	19072	5811	2807	10224	464
54473	9939	23967	6211	3061	11295	496
63134	10267	25976	7797	3843	15251	544
73173	11802	27438	11609	5730	16594	596
84808	12058	31188	11826	5827	23909	662
101685	16537	37443	12074	7091	28540	737
132629	19833	48934	16764	8339	38759	900
160834	24937	54039	27907	8795	45156	1012
211229	29992	64834	37992	9294	69117	1227
275114	37180	85372	50596	10035	91931	1526
326677	43006	93404	66579	10983	112705	1718
374388	48991	112377	69000	12647	131373	1871
462312	62071	153974	71596	15994	158677	2155
605745	80035	209877	93536	18534	203763	2703
802833	105875	274691	117513	27024	277730	3485
1117720	126546	366270	178916	35650	410338	4680
1468308	184223	516085	224019	49846	494135	5930
1842518	257171	617100	270892	63915	633440	7356
2293426	337992	749793	306628	74623	824390	8842
2665456	382181	852130	336268	90688	1004189	9939
3045394	417239	952207	362988	103562	1209398	10834
3652375	525950	1086770	389800	159062	1490793	11789
4203561	584865	1215367	400167	223285	1779877	13226
4725608	649131	1390327	403000	286847	1996303	14546
5409884	709677	1565903	430689	337988	2365627	16930

2－1 续表

年份	地区生产总值（GDP）	第一产业	第二产业		
				工业	建筑业
2004	12839927	1045950	5024366	3554390	1469976
2005	15894133	1139776	6458577	4374672	2083905
2006	19185845	1163200	8188304	5878122	2310182
2007	24905268	1329500	10771691	8161739	2609952
2008	31676002	1721126	15043711	11884656	3159055
2009	36014512	1757560	16851323	13275266	3576057
2010	44403211	1994291	21495472	16870515	4624957
2011	54764223	2390566	26786837	21198422	5588415
2012	61979451	2617244	28546245	22216715	6329530
2013	69022679	2652021	30383833	23296922	7102886
2014	75346767	2712187	32915220	24932653	7999493
2015	85025984	2898634	36083905	27314366	8788533
2016	91664027	3063635	37650910	28246655	9425226
2017	100501981	3120052	39912911	29191260	10744693
2018	104056317	3187298	40900938	29652625	11270307
2019	115527308	3598132	45300172	33197674	12127122
2020	121441427	4254232	45387982	32513920	12888509
2021	133107054	4450599	48620572	34791132	13842844
2022	137166757	4490539	49479244	35578815	13921933
2023	145175544	4526198	51792738	37563890	14283349

注：1. 自 2017 年年报和 2018 年定期报表开始使用新的《国民经济行业分类》（GB/T4754－2017）。该分类是由国家统计局组织修订，原国家质量监督检验检疫总局和中国国家标准化管理委员会于 2017 年 6 月 30 日发布。修订后的《国民经济行业分类》（GB/T4754－2017）共有门类 20 个，大类 97 个，中类 473 个，小类 1382 个。

2. 根据《国民经济行业分类》（GB/T4754－2017）和《三次产业划分规定》，我国的三次产业划分是：第一产业是指农、林、牧、渔业（不含农、林、牧、渔专业及辅助性活动）。第二产业是指采矿业（不含开采专业及辅助性活动），制造业（不含金属制品、机械和设备修理业），电力、热力、燃气及水生产和供应业，建筑业。第三产业即服务业，是指除第一产业、第二产业以外的其他行业。

3. 2000 年以前人均地区生产总值按户籍人口计算，2000 年以后按常住人口计算。

4. 2020 年以来的国民经济核算数据为第五次全国经济普查修订数据。

5. 根据第七次人口普查数据对人均地区生产总值历史数据进行了修订。

单位：万元

第三产业	交通运输、仓储和邮政业	批发零售业	住宿餐饮业	金融保险业	房地产业	其他服务业	人均地区生产总值（元/人）
6769611	573726	1636632	387900	541361	784196	2845796	20424
8295780	746103	1960406	632588	929457	1312252	2714974	25064
9834341	863178	2300807	766399	1065051	1597439	3241467	29843
12804077	1072842	2844875	899435	1339300	2030779	4616846	38333
14911165	1291599	3345963	1104883	1551378	1991179	5626163	48306
17405629	1449110	4014241	1211250	1921361	2641254	6168413	54453
20913448	1727990	5034265	1384265	2148082	2975928	7642918	64903
25586820	2122587	6023419	1712546	2662812	3434688	9630768	75828
30815962	2466947	6935869	1820383	3132754	3853980	12606029	82281
35986825	2665575	7953215	1997318	3805906	4689646	14777637	88853
39719360	2812303	8773788	2180882	4555057	4533996	16749450	94149
46043445	3182705	9347611	2400312	5453763	5254268	20267413	103603
50949482	3403353	10128293	2613972	6274246	6301204	22059724	108652
57469018	3543910	11062235	2810858	7069470	6955549	25836378	114078
59968081	3890942	11347813	3034337	7602511	7198073	26684314	113664
66629004	4173415	12564364	3502598	8304725	7613577	30240816	122150
71799213	4489844	12732370	3027370	8893768	10063371	32321784	123313
80035883	5242992	14356604	3550737	9560794	10237355	36797861	131139
83196973	5965095	15014622	3586669	10054028	9791589	38451273	132785
88856608	7041771	15899078	4120097	10267419	9554372	41573523	138700

2-2 历年地区生产总值构成

单位:%

年份	地区生产总值(GDP)	第一产业	第二产业	工业	建筑业	第三产业	交通运输、仓储和邮政业	批零餐饮业	金融保险业	房地产业	其他服务业
1978	100	33.3	44.2	37.8	6.4	22.5	5.0	8.0	2.4	1.2	5.9
1979	100	31.0	47.1	41.0	6.1	21.9	4.2	8.9	2.7	1.3	4.8
1980	100	28.4	48.1	41.7	6.4	23.5	4.3	10.3	2.7	1.3	4.9
1981	100	27.6	47.9	41.4	6.5	24.5	4.0	10.1	3.0	1.5	5.9
1982	100	27.2	47.2	39.4	7.8	25.6	4.1	9.6	4.1	2.0	5.8
1983	100	28.5	45.3	37.4	7.9	26.2	3.7	9.7	3.7	1.8	7.3
1984	100	27.7	44.4	35.7	8.7	27.9	4.5	10.3	3.3	1.9	7.9
1985	100	26.8	43.8	34.6	9.2	29.4	4.4	10.9	3.7	1.8	8.6
1986	100	25.5	43.2	33.9	9.3	31.3	4.8	10.5	5.4	1.7	8.9
1987	100	23.3	43.4	33.8	9.6	33.3	4.7	10.2	6.0	1.5	10.9
1988	100	23.5	43.2	35.0	8.2	33.3	4.5	10.3	6.1	1.2	11.2
1989	100	22.8	42.2	35.4	6.8	35.0	4.6	10.0	7.1	1.2	12.1
1990	100	23.8	39.6	33.5	6.1	36.6	4.8	11.0	6.7	1.2	12.9
1991	100	20.3	40.8	34.5	6.3	38.9	5.2	13.0	6.0	1.3	13.4
1992	100	17.8	41.8	34.9	6.9	40.4	5.3	14.1	6.2	1.2	13.6
1993	100	15.6	42.9	35.5	7.4	41.5	5.5	14.2	6.1	1.4	14.3
1994	100	13.8	43.4	35.9	7.5	42.8	4.9	14.0	6.9	1.4	15.6
1995	100	13.7	42.2	32.0	10.2	44.1	5.5	15.5	6.7	1.5	14.9
1996	100	14.0	41.6	32.9	8.7	44.4	6.2	14.9	6.5	1.5	15.3
1997	100	13.6	40.8	33.2	7.6	45.6	6.7	14.9	6.1	1.5	16.4
1998	100	12.4	40.9	32.9	8.0	46.7	6.7	14.9	5.9	1.6	17.6
1999	100	11.4	40.2	32.5	7.7	48.4	6.6	15.2	5.8	1.6	19.2
2000	100	10.3	39.0	31.4	7.6	50.7	7.3	15.1	5.4	2.2	20.7
2001	100	9.6	38.9	30.0	8.9	51.5	7.2	14.9	4.9	2.7	21.8
2002	100	8.7	39.2	29.3	9.8	52.1	7.2	15.3	4.4	3.2	22.0
2003	100	7.8	41.3	30.6	10.7	50.9	6.7	14.7	4.1	3.2	22.3

年份	地区生产总值(GDP)	第一产业	第二产业	工业	建筑业	第三产业	交通运输、仓储和邮政业	批发零售业	住宿餐饮业	金融保险业	房地产业	其他服务业
2004	100	8.2	39.1	27.7	11.4	52.7	4.5	12.7	3.0	4.2	6.1	22.2
2005	100	7.2	40.6	27.5	13.1	52.2	4.7	12.3	4.0	5.8	8.3	17.1
2006	100	6.1	42.7	30.6	12.0	51.2	4.5	12.0	4.0	5.6	8.3	16.9
2007	100	5.3	43.3	32.8	10.5	51.4	4.3	11.4	3.6	5.4	8.2	18.5
2008	100	5.4	47.5	37.5	10.0	47.1	4.1	10.6	3.5	4.9	6.3	17.8
2009	100	4.9	46.8	36.9	9.9	48.3	4.0	11.1	3.4	5.3	7.3	17.1
2010	100	4.5	48.4	38.0	10.4	47.1	3.9	11.3	3.1	4.8	6.7	17.2
2011	100	4.4	48.9	38.7	10.2	46.7	3.9	11.0	3.1	4.9	6.3	17.6
2012	100	4.2	46.1	35.8	10.2	49.7	4.0	11.2	2.9	5.1	6.2	20.3
2013	100	3.9	44.0	33.8	10.3	52.1	3.9	11.5	2.9	5.5	6.8	21.4
2014	100	3.6	43.7	33.1	10.6	52.7	3.7	11.6	2.9	6.0	6.0	22.2
2015	100	3.4	42.4	32.1	10.3	54.2	3.7	11.0	2.8	6.4	6.2	23.8
2016	100	3.3	41.1	30.8	10.3	55.6	3.7	11.0	2.9	6.8	6.9	24.1
2017	100	3.1	39.7	29.0	10.7	57.2	3.5	11.0	2.8	7.0	6.9	25.7
2018	100	3.1	39.3	28.5	10.8	57.6	3.7	10.9	2.9	7.3	6.9	25.6
2019	100	3.1	39.2	28.7	10.5	57.7	3.6	10.9	3.0	7.2	6.6	26.2
2019	100	3.1	39.2	28.7	10.5	57.7	3.6	10.9	3.0	7.2	6.6	26.2
2020	100	3.5	37.4	26.8	10.6	59.1	3.7	10.5	2.5	7.3	8.3	26.6
2021	100	3.4	36.5	26.1	10.4	60.1	3.9	10.8	2.7	7.2	7.7	27.6
2022	100	3.3	36.0	25.9	10.1	60.7	4.3	10.9	2.6	7.3	7.1	28.0
2023	100	3.1	35.7	25.9	9.8	61.2	4.9	11.0	2.8	7.1	6.6	28.6

2-3 历年地区生产总值环比指数

（按可比价格计算，以上年为100）

年份	地区生产总值（GDP）	第一产业	第二产业	工业	建筑业	第三产业	交通运输、仓储和邮政业	批零餐饮业	金融保险业	房地产业	其他服务业	人均地区生产总值
1978												
1979	115.4	110.0	120.0	120.0	120.0	117.2	123.2	109.4	118.1	141.9	128.9	114.3
1980	114.7	110.1	121.3	120.7	127.4	111.3	121.7	108.1	108.3	109.1	113.8	113.1
1981	111.2	109.5	110.0	110.0	110.0	115.9	121.5	109.8	127.8	123.4	116.9	109.9
1982	112.4	109.5	110.0	107.7	131.7	120.6	114.4	106.3	138.5	146.6	139.7	110.6
1983	114.2	109.5	110.0	109.7	112.3	126.9	109.7	120.5	110.7	112.1	164.9	112.3
1984	112.3	109.8	110.0	105.6	143.1	118.2	119.5	110.9	131.8	117.4	121.2	111.4
1985	112.2	109.2	109.9	109.0	115.0	118.3	112.6	115.7	137.1	104.8	117.6	110.4
1986	109.4	105.5	111.6	109.4	122.8	110.8	112.7	105.0	124.1	103.5	110.5	107.7
1987	110.4	100.5	115.4	115.6	114.9	114.1	113.6	108.7	116.3	102.8	120.5	108.7
1988	113.7	103.3	117.1	118.3	111.2	118.4	107.6	116.9	126.0	106.7	121.7	108.8
1989	104.5	102.0	108.4	112.3	88.7	102.0	100.2	105.2	97.1	94.5	103.5	104.0
1990	104.6	103.8	102.9	103.6	98.5	107.3	112.2	102.3	103.4	104.1	112.6	103.7
1991	108.7	94.1	113.9	113.9	113.9	112.9	113.0	120.0	107.5	112.0	109.6	107.8
1992	117.2	101.7	122.6	120.6	135.9	120.0	117.5	128.7	110.3	113.8	118.3	116.6
1993	118.2	105.6	120.7	120.7	120.6	121.5	120.5	119.2	115.9	126.0	126.4	118.0
1994	113.4	105.0	116.4	117.3	110.9	113.6	101.8	108.4	118.8	107.2	121.3	113.0
1995	114.0	104.9	115.4	110.6	145.5	116.0	127.9	122.4	110.6	124.9	108.4	113.3
1996	114.0	108.0	115.4	117.7	104.7	114.5	119.9	116.0	110.9	118.3	112.3	113.2
1997	115.9	108.2	116.5	119.1	102.8	117.7	124.2	114.9	107.5	110.7	123.2	115.0
1998	113.9	102.5	114.5	113.9	118.3	116.8	121.2	113.6	108.4	120.1	121.0	113.0
1999	111.5	103.4	110.7	111.2	108.2	114.7	111.0	115.6	107.7	123.1	116.9	110.5
2000	112.2	104.0	112.5	112.6	112.0	113.9	117.0	113.3	105.7	126.0	114.6	110.7
2001	113.7	104.9	113.6	121.4	119.0	115.7	110.7	113.9	104.4	128.4	119.4	112.7
2002	114.5	101.8	114.6	116.8	119.4	116.7	113.0	117.6	102.6	129.8	118.5	113.3
2003	115.3	104.8	120.8	122.8	106.4	112.9	108.2	112.6	105.8	118.4	115.0	114.6

年份	地区生产总值（GDP）	第一产业	第二产业	工业	建筑业	第三产业	交通运输、仓储和邮政业	批发零售业	住宿餐饮业	金融保险业	房地产业	其他服务业	人均地区生产总值
2004	116.1	107.0	120.8	121.4	119.0	113.7	109.2	114.5	116.9	104.6	122.1	114.2	115.9
2005	114.9	106.7	117.4	116.8	119.4	114.0	107.6	113.3	115.7	107.3	108.9	116.9	113.9
2006	115.0	105.7	118.1	122.8	106.4	113.8	109.0	113.5	122.2	112.1	117.9	113.5	113.4
2007	115.3	106.5	115.7	119.7	104.2	116.1	120.1	115.8	112.3	118.8	116.2	116.5	114.1
2008	114.6	106.8	118.2	121.8	106.3	112.7	113.6	115.3	118.7	110.8	95.5	119.7	113.6
2009	115.1	106.5	115.8	117.0	111.3	115.4	109.9	119.6	106.0	120.7	130.0	109.0	114.1
2010	115.0	104.5	120.4	121.4	116.5	111.6	119.0	113.9	113.2	108.0	105.7	112.2	111.2
2011	114.1	104.0	117.8	120.4	108.1	111.2	113.7	112.8	112.1	110.5	98.5	114.8	108.1
2012	112.9	104.0	114.2	115.7	108.1	112.3	113.9	111.3	108.7	111.8	107.6	115.0	108.3
2013	112.0	103.0	112.1	113.0	108.3	112.8	108.5	111.3	104.9	117.9	112.5	114.0	108.6
2014	110.2	104.4	111.3	111.4	111.1	109.5	109.8	109.5	106.3	113.9	93.7	113.5	107.0
2015	109.9	103.6	108.4	108.3	108.9	112.0	107.4	107.9	105.8	124.0	112.5	112.8	107.2
2016	109.3	103.0	107.3	107.5	106.5	111.4	106.7	108.1	106.0	105.8	115.0	114.8	106.4
2017	109.0	103.0	107.6	108.1	105.9	110.4	110.8	108.6	108.3	108.7	97.8	115.0	104.3
2018	108.5	103.3	106.6	107.2	104.5	110.3	108.6	106.3	106.0	104.2	106.5	114.8	104.4
2019	108.1	103.2	107.9	109.1	103.7	108.4	110.2	106.2	104.1	109.2	103.4	110.4	104.6
2020	104.0	104.0	105.0	104.9	105.2	103.3	99.6	101.3	91.9	108.6	103.0	104.4	99.9
2021	107.5	109.1	102.8	103.5	101.0	110.3	114.0	113.3	116.2	104.7	102.4	112.0	104.3
2022	104.2	103.6	105.2	107.1	100.4	103.6	109.9	101.6	103.0	104.1	90.2	107.2	102.3
2023	104.9	103.7	105.4	106.4	103.0	104.6	114.2	106.3	111.1	102.8	96.5	104.2	103.5

2-4 历年地区生产总值定基指数

（按可比价格计算，以1978年为100）

年 份	地区生产总值（GDP）	第一产业	第二产业	工 业	建筑业
1978	100	100	100	100	100
1979	115.4	110.0	120.0	120.0	120.0
1980	132.4	121.1	145.6	144.8	152.9
1981	147.2	132.6	160.2	159.3	168.2
1982	165.5	145.2	176.2	171.6	221.5
1983	189.0	159.0	193.8	188.2	248.7
1984	212.2	174.6	213.2	198.7	355.9
1985	238.1	190.7	234.3	216.6	409.3
1986	260.5	201.2	261.5	237.0	502.6
1987	287.6	202.2	301.8	274.0	577.5
1988	327.0	208.9	353.4	324.1	642.2
1989	341.7	213.1	383.1	364.0	569.6
1990	357.4	221.2	394.2	377.1	561.1
1991	388.5	208.1	449.0	429.5	639.1
1992	455.3	211.6	550.5	518.0	868.5
1993	538.2	223.4	664.5	625.2	1047.4
1994	610.3	234.6	773.5	733.4	1161.6
1995	695.7	246.1	892.6	811.1	1690.1
1996	793.1	265.8	1030.1	954.7	1769.5
1997	919.2	287.6	1200.1	1137.0	1819.0
1998	1047.0	294.8	1374.1	1295.0	2151.9
1999	1167.4	304.8	1521.1	1440.0	2328.4
2000	1309.8	317.0	1711.2	1621.4	2607.8
2001	1489.2	332.5	1943.9	1968.4	3103.3
2002	1705.2	338.5	2227.7	2299.1	3705.3
2003	1966.1	354.8	2691.1	2823.3	3942.5

第三产业	交通运输、仓储和邮政业	批零餐饮业	金融保险业	房地产业	其他服务业	人均地区生产总值
100	100	100	100	100	100	100
117.2	123.2	109.4	118.1	141.9	128.9	114.3
130.4	149.9	118.3	127.9	154.8	146.7	129.3
151.1	182.1	129.9	163.5	191.0	171.5	142.1
182.2	208.3	138.1	226.4	280.0	239.6	157.2
231.2	228.5	166.4	250.6	313.9	395.1	176.5
273.3	273.1	184.5	330.3	368.5	478.9	196.6
323.3	307.5	213.5	452.8	386.2	563.2	217.0
358.2	346.6	224.2	561.9	399.7	622.3	233.7
408.7	393.7	243.7	653.5	410.9	749.9	254.0
483.9	423.6	284.9	823.4	438.4	912.6	276.4
493.6	424.4	299.7	799.5	414.3	944.5	287.5
529.6	476.2	306.6	826.7	431.3	1063.5	298.1
597.9	538.1	367.9	888.7	483.1	1165.6	321.4
717.5	632.3	473.5	980.2	549.8	1378.9	374.8
871.8	761.9	564.4	1136.1	692.7	1742.9	442.3
990.4	775.6	611.8	1349.7	742.6	2114.1	499.8
1148.9	992.0	748.8	1492.8	927.5	2291.7	566.3
1315.5	1189.4	868.6	1655.5	1097.2	2573.6	641.1
1548.3	1477.2	998.0	1779.7	1214.6	3170.7	737.3
1808.4	1790.4	1133.7	1929.2	1458.7	3836.5	833.1
2074.2	1987.3	1310.6	2077.7	1795.7	4484.9	920.6
2362.5	2325.1	1484.9	2196.1	2262.6	5139.7	1019.1
2733.4	2573.9	1691.3	2292.7	2905.2	6136.8	1148.5
3189.9	2908.5	1989.0	2352.3	3770.9	7272.1	1301.3
3601.4	3147.0	2239.6	2488.8	4464.8	8362.9	1491.3

2－4 续表

年 份	地区生产总值（GDP）	第一产业	第二产业	工 业	建筑业
2004	2282.6	379.6	3250.9	3427.4	4691.5
2005	2622.7	405.0	3816.5	4003.2	5601.7
2006	3016.1	428.1	4507.3	4916.0	5960.2
2007	3477.6	455.9	5214.9	5884.4	6210.5
2008	3985.3	487.0	6164.1	7167.2	6601.8
2009	4587.1	518.6	7138.0	8385.7	7347.8
2010	5275.2	541.9	8594.1	10180.2	8560.2
2011	6019.0	563.6	10123.9	12257.0	9253.5
2012	6795.4	586.2	11561.5	14181.3	10003.1
2013	7610.9	603.8	12960.4	16024.9	10833.3
2014	8387.2	630.3	14424.9	17851.7	12035.8
2015	9217.5	653.0	15636.6	19333.4	13107.0
2016	10074.8	672.6	16778.1	20783.4	13959.0
2017	10981.5	692.8	18053.2	22466.8	14782.6
2018	11914.9	715.6	19244.7	24084.5	15447.8
2019	12880.0	738.5	20765.1	26276.1	16019.3
2020	13395.2	768.1	21803.3	27563.7	16852.3
2021	14394.0	838.3	22407.3	28534.4	17026.4
2022	14992.4	868.6	23561.7	30548.9	17091.9
2023	15720.0	900.7	24827.3	32502.2	17606.0

第三产业	交通运输、仓储和邮政业	批发零售业	住宿餐饮业	金融保险业	房地产业	其他服务业	人均地区生产总值
4181.2	3436.5	2564.3	2618.1	2603.3	5451.5	9550.5	1728.4
4766.6	3697.7	2905.4	3029.1	2793.3	5936.7	11164.5	1968.6
5424.4	4030.5	3297.6	3701.6	3131.3	6999.3	12671.7	2232.4
6297.7	4840.6	3818.6	4156.9	3720.0	8133.2	14762.5	2547.2
7097.5	5498.9	4402.9	4934.2	4121.7	7767.2	17670.7	2893.6
8190.5	6043.3	5265.8	5230.2	4974.9	10097.4	19261.1	3301.6
9140.6	7191.5	5997.8	5920.6	5372.9	10672.9	21611.0	3671.4
10164.4	8176.8	6765.5	6637.0	5937.1	10512.9	24809.4	3968.8
11414.6	9313.4	7530.0	7214.5	6637.6	11311.8	28530.8	4298.2
12875.6	10105.0	8380.9	7568.0	7825.8	12725.8	32525.1	4667.8
14098.8	11095.3	9177.1	8044.7	8913.6	11924.1	36916.0	4994.6
15790.7	11916.3	9902.1	8511.3	11052.8	13414.6	41641.2	5354.2
17590.8	12714.7	10704.1	9022.0	11693.9	15426.8	47804.2	5696.8
19420.3	14087.9	11624.7	9770.9	12711.3	15087.4	54974.8	5941.8
21420.6	15299.5	12357.0	10357.1	13245.1	16068.1	63111.0	6203.2
23219.9	16860.0	13123.2	10781.7	14463.7	16614.4	69674.6	6488.6
23986.2	16792.6	13293.8	9908.4	15707.6	17112.8	72740.3	6482.1
26461.4	19140.3	15066.9	11518.4	16446.2	17528.6	81448.6	6758.3
27415.0	21031.8	15306.0	11865.5	17128.3	15813.8	87284.7	6916.6
28679.0	24010.2	16267.4	13184.6	17614.8	15267.9	90928.7	7157.4

3 人口、就业和职工工资

长沙统计年鉴

3-1 历年人口数

单位:人

年份	年末总人口	#市区	年末总人口性别 男	年末总人口性别 女	总人口中非农业人口
1949	3092437	383480	1627510	1464927	
1950	3145165	413635	1651036	1494129	541516
1951	3196041	457535	1689104	1506937	541220
1952	3258889	516649	1765075	1493814	594811
1953	3303293	553645	1751683	1551610	613308
1954	3387651	611273	1787749	1599902	677017
1955	3424900	616425	1797081	1627819	681060
1956	3495470	672224	1850703	1644767	735358
1957	3503470	673291	1854666	1648804	751649
1958	3483494	663049	1825598	1657896	794300
1959	3492082	722762	1838482	1653600	871173
1960	3424156	761761	1795656	1628500	898527
1961	3377929	726486	1768523	1609406	853456
1962	3389151	721271	1776645	1612506	800737
1963	3495649	748797	1822271	1673378	826516
1964	3569849	764357	1861086	1708763	835599
1965	3657335	767725	1906015	1751320	838458
1966	3738916	770835	1950918	1787998	833097
1967	3810119	786500	1986179	1823940	826945
1968	3905884	763400	2030386	1875498	812115
1969	4001407	749700	2079936	1921471	792368
1970	4056467	742284	2105841	1950626	759390
1971	4130870	759730	2147639	1983231	819740
1972	4203286	779922	2183495	2019791	830731
1973	4290576	799715	2234648	2055928	857908
1974	4366094	824109	2270621	2095473	882576
1975	4433412	827874	2308774	2124638	886884
1976	4481192	827582	2331700	2149492	894068
1977	4521943	823848	2353927	2168016	891943
1978	4582271	948305	2387967	2194304	940265
1979	4643351	992761	2420686	2222665	1003276
1980	4700086	1019438	2449155	2250931	1039452
1981	4766041	1046890	2489027	2277014	1072702
1982	4844868	1072350	2527992	2316876	1105302
1983	4913280	1097558	2562729	2350551	1135401
1984	4969539	1123923	2593427	2376112	1247495
1985	5042168	1157176	2631652	2410516	1292901

3－1 续表

单位:人

年　份	年末总人口		年末总人口性别		总人口中非农业人口
		#市　区	男	女	
1986	5127298	1192667	2680097	2447201	1276052
1987	5212346	1226819	2721147	2491199	1317406
1988	5346897	1263481	2790048	2556849	1373221
1989	5444511	1301171	2838683	2605828	1401767
1990	5500533	1326825	2861410	2639123	1429440
1991	5535603	1349865	2881298	2654305	1449901
1992	5553843	1372749	2888636	2665207	1480589
1993	5554172	1387087	2887752	2666600	1511184
1994	5594385	1422651	2912803	2681582	1556040
1995	5628222	1454461	2919369	2708853	1601864
1996	5675339	1603804	2950934	2724405	1673328
1997	5719062	1634412	2960697	2758365	1709754
1998	5768787	1669081	2987038	2781749	1736934
1999	5824692	1714606	3011434	2813258	1809828
2000	5831894	1754142	3015303	2816591	1864206
2001	5870933	1807670	3030648	2840285	1918942
2002	5954592	1889773	3065775	2888817	1991046
2003	6017624	1962561	3093901	2923723	2058257
2004	6103844	2024646	3137629	2966215	2125741
2005	6209248	2086476	3186039	3023209	2180688
2006	6309958	2146096	3231737	3078221	2256477
2007	6373561	2187488	3258991	3114570	2305611
2008	6417367	2370643	3274848	3142519	2332132
2009	6468350	2391675	3292771	3175579	2347616
2010	6501248	2395348	3300191	3201057	2377815
2011	6566185	2967851	3326741	3239444	2418105
2012	6606166	2979005	3340494	3265672	2455126
2013	6628122	2992513	3346546	3281576	2495548
2014	6714121	3035103	3384823	3329298	2566387
2015	6803579	3184995	3423948	3379631	
2016	6959998	3283293	3494672	3465326	
2017	7087939	3397749	3542794	3545145	
2018	7288583	3557549	3630733	3657850	
2019	7382401	3643794	3669820	3712581	
2020	7472869	3737939	3702675	3770194	
2021	7600387	3870861	3752916	3847471	
2022	7676257	3952743	3780334	3895923	
2023	7750106	4031711	3810361	3939745	

注:历年人口数为公安户籍人口。因户籍制度改革,2015 年取消非农业人口统计指标。

3-2 历年城镇化率

年份	常住人口(万人)	# 城镇人口	城镇化率(%)
2002	626.88	294.01	46.90
2003	628.34	308.89	49.16
2004	629.00	321.99	51.19
2005	639.30	344.39	53.87
2006	646.50	365.27	56.50
2007	652.92	393.06	60.20
2008	658.56	403.37	61.25
2009	664.22	416.00	62.63
2010	704.07	476.58	67.69
2011	740.36	508.05	68.62
2012	766.18	528.62	68.99
2013	787.46	555.55	70.55
2014	813.11	589.09	72.45
2015	828.27	624.84	75.44
2016	859.03	666.23	77.56
2017	902.94	721.07	79.86
2018	928.00	760.34	81.93
2019	963.56	794.51	82.46
2020	1006.08	830.98	82.60
2021	1023.93	851.53	83.16
2022	1042.06	867.72	83.27
2023	1051.31	878.84	83.59

注:2011-2020 年为全国第七次人口普查修订后的数据。

3－3　历年人口自然变动情况

年　份	年内出生人数（人）	出生率（‰）	年内死亡人数（人）	死亡率（‰）	年内自然增长人数（人）	自然增长率（‰）
1954	131963	39.45	55897	16.71	76066	22.74
1956	105956	30.62	38032	10.99	67924	19.63
1957	115144	32.90	35906	10.26	79238	22.64
1958	102730	29.41	67454	19.31	35276	10.10
1960	74321	21.49	94529	27.34	－20208	－5.84
1961	43524	12.80	71606	21.05	－28082	－8.26
1962	111205	32.87	39432	11.65	71773	21.21
1963	159097	46.22	32012	9.30	127085	36.92
1965	126297	35.50	34359	9.51	93938	26.00
1971	99124	24.21	31826	7.77	67298	16.44
1973	100011	23.55	31069	7.32	68942	16.23
1974	91174	21.06	34589	7.99	56585	13.07
1975	91494	20.80	33273	7.56	58221	13.23
1976	78301	17.57	32546	7.30	45755	10.27
1977	76402	16.97	33773	7.50	42629	9.47
1978	70593	15.51	30800	6.77	39793	8.74
1979	72294	15.67	31970	6.93	40324	8.74
1980	66900	14.32	31670	6.78	35230	7.54
1981	73936	15.62	30853	6.52	43083	9.10
1982	87006	18.11	31928	6.64	55078	11.46
1983	78950	16.18	33772	6.92	45178	9.26
1984	72092	14.59	33442	6.77	38650	7.82
1985	76747	15.33	33236	6.64	43511	8.69
1986	83611	16.44	32137	6.32	51474	10.12
1987	89952	17.40	33857	6.55	56095	10.85
1988	87708	16.61	35382	6.70	52326	9.91
1989	100791	18.70	36904	6.80	63887	11.80
1990	88309	16.10	37683	6.80	50626	9.30

3－3 续表

年　份	年内出生人数（人）	出生率（‰）	年内死亡人数（人）	死亡率（‰）	年内自然增长人数（人）	自然增长率（‰）
1991	59771	10.83	36717	6.65	23054	4.18
1992	42654	7.69	37281	6.72	5373	0.97
1993	33420	6.02	36436	6.56	－3016	－0.54
1994	35592	6.39	35621	6.39	－29	－0.01
1995	41370	7.37	36742	6.55	4628	0.82
1996	47944	8.48	35842	6.34	12102	2.14
1997	49607	8.71	34933	6.13	14674	2.58
1998	52969	9.22	37124	6.46	15845	2.76
1999	55873	9.64	38162	6.58	17711	3.06
2000	62026	10.64	41506	7.12	20520	3.52
2001	53994	9.23	31587	5.40	22407	3.83
2002	53746	9.09	36363	6.15	17383	2.94
2003	49683	8.30	40064	6.69	9619	1.61
2004	56062	9.25	37273	6.15	18789	3.10
2005	67537	10.97	42788	6.95	24749	4.02
2006	62960	10.06	31607	5.05	31353	5.01
2007	64312	10.14	37565	5.92	26747	4.22
2008	71118	11.12	38565	6.03	32553	5.09
2009	69777	10.83	34983	5.43	34794	5.40
2010	71677	11.05	36567	5.64	35110	5.41
2011	75825	11.61	30895	4.73	44930	6.88
2012	82741	12.56	42575	6.46	40166	6.10
2013	83357	12.60	52090	7.87	31267	4.73
2014	101938	15.28	35379	5.30	66559	9.98
2015	97861	14.48	32626	4.83	65235	9.65
2016	103484	15.04	30347	4.41	73137	10.63
2017	115691	16.47	129736	18.47	－14045	－2.00
2018	98260	13.67	48647	6.77	49613	6.90
2019	91202	12.43	57928	7.90	33274	4.53
2020	75123	10.11	64308	8.66	10815	1.46
2021	64259	8.53	63682	8.45	577	0.08
2022	59883	7.84	55381	7.25	4502	0.59
2023	56847	7.37	43962	5.70	12885	1.67

3－4　历年市区人口自然变动情况

年　份	年内出生人　数（人）	出生率（‰）	年内死亡人　数（人）	死亡率（‰）	年内自然增长人数（人）	自然增长率（‰）
1950	10356	25.98	5256	13.19	5100	12.79
1952	20076	41.22	6552	13.45	13524	27.77
1954	26861	46.12	6981	11.99	19880	34.13
1956	25303	39.27	6426	9.97	18877	29.30
1957	30306	45.05	6250	9.29	24056	35.76
1958	21682	32.45	7231	10.82	14451	21.63
1960	19431	26.18	8555	11.53	10876	14.65
1961	12814	17.22	10876	14.62	1938	2.60
1962	22248	30.73	7382	10.20	14866	20.54
1963	28618	37.88	6091	8.05	22527	29.78
1965	14028	18.31	4704	6.14	9324	12.17
1971	10638	14.16	5139	6.84	5499	7.32
1972	9739	12.65	5196	6.75	4543	5.90
1973	9795	12.40	4939	6.25	4856	6.15
1974	9476	11.67	5443	6.70	4033	4.97
1975	10737	13.00	5297	6.41	5440	6.59
1976	9384	11.34	5503	6.65	3881	4.69
1977	10416	12.61	5907	7.15	4509	5.46
1978	11600	13.09	5981	6.75	5619	6.34
1979	12502	12.88	5755	5.93	6747	6.95
1980	10098	10.04	6005	5.97	4093	4.07
1981	14382	13.92	6639	6.43	7743	7.49
1982	17287	16.31	6673	6.30	10614	10.01
1983	15576	14.36	6879	6.34	8697	8.02
1984	14139	12.73	6783	6.11	7356	6.62
1985	14546	12.75	7258	6.36	7288	6.39
1986	14359	12.23	6677	5.53	7682	6.54
1987	17779	14.70	7244	5.99	10535	8.71
1988	16962	13.62	8019	6.44	8943	7.18
1989	15966	12.50	7818	6.10	8148	6.40
1990	14920	11.40	7822	6.00	7098	5.40

3－4 续表

年　份	年内出生人　数（人）	出生率（‰）	年内死亡人　数（人）	死亡率（‰）	年内自然增长人数（人）	自然增长率（‰）
1991	10801	8.07	7599	5.68	3202	2.39
1992	9245	6.79	7993	5.87	1252	0.92
1993	8490	6.15	7504	5.44	986	0.71
1994	9760	6.95	7070	5.03	2690	1.91
1995	9799	6.81	7510	5.22	2289	1.59
1996	12508	8.18	7697	5.03	4811	3.15
1997	10400	6.42	7259	4.48	3141	1.94
1998	11631	7.04	8428	5.10	3203	1.94
1999	12775	7.55	10211	6.04	2564	1.52
2000	16533	9.53	10581	6.10	5952	3.43
2001	13735	7.71	5948	3.34	7787	4.37
2002	12286	6.65	7284	3.94	5002	2.71
2003	14334	7.44	5635	2.93	8699	4.52
2004	15768	7.91	7275	3.65	8493	4.26
2005	16037	7.80	7218	3.51	8819	4.29
2006	20156	9.52	11106	5.24	9050	4.28
2007	20815	9.61	9247	4.27	11568	5.34
2008	23565	9.95	10877	4.59	12688	5.36
2009	21218	9.08	8213	3.51	13005	5.57
2010	20485	8.56	7313	3.06	13172	5.50
2011	33652	11.39	10572	3.58	23080	7.81
2012	37146	12.49	15854	5.33	21292	7.16
2013	36757	12.30	15728	5.27	21029	7.04
2014	42139	13.98	13720	4.55	28419	9.43
2015	43335	13.93	13091	4.21	30244	9.72
2016	48740	15.07	11225	3.47	37515	11.60
2017	59031	17.67	63380	18.97	－4349	－1.30
2018	51724	14.87	24976	7.18	26748	7.69
2019	50394	14.00	25277	7.02	25117	6.98
2020	41247	11.18	24676	6.69	16571	4.49
2021	36648	9.63	27082	7.12	9566	2.51
2022	35779	9.15	25994	6.65	9785	2.50
2023	34410	8.62	16587	4.15	17823	4.46

注:2011 年开始市区包括望城区数据。

3－5 历年县(市)人口自然变动情况

年　　份	年内出生人数（人）	出生率（‰）	年内死亡人数（人）	死亡率（‰）	年内自然增长人数（人）	自然增长率（‰）
1954	105102	38.04	48916	17.70	56186	20.34
1956	80653	15.28	31606	11.22	49047	17.42
1957	84838	30.01	29656	10.50	55182	19.63
1958	81048	28.69	60223	21.32	20825	7.37
1960	54890	20.21	85974	31.66	31084	－11.45
1961	30710	11.56	60730	22.86	－30020	－11.30
1962	88957	33.45	32050	12.05	56907	21.40
1963	130479	48.19	25921	9.57	104558	38.62
1965	114269	40.13	29655	10.41	84614	29.71
1971	88486	26.47	26687	6.34	61799	18.49
1972	91082	26.81	27979	8.24	63103	18.57
1973	90216	26.10	26130	7.56	64086	18.54
1974	81698	23.23	29146	8.29	52552	14.94
1975	80757	22.60	27976	7.83	52781	14.77
1976	68917	18.99	27043	7.45	41874	11.54
1977	65986	17.95	27866	7.58	38120	10.37
1978	58993	16.09	24819	6.77	34174	9.32
1979	59792	16.42	26215	7.20	33577	9.22
1980	56802	15.50	25665	7.00	31137	8.49
1981	59554	16.01	24214	6.54	35340	9.55
1982	69719	18.61	25255	6.74	44464	11.87
1983	63374	16.70	26893	7.09	36481	9.62
1984	57953	15.13	26659	6.96	31294	8.17
1985	62201	16.09	25978	6.72	36223	9.37
1986	69252	17.71	25460	6.51	43792	11.20
1987	72173	18.23	26613	6.72	45560	11.50
1988	70746	17.54	27363	6.78	43383	10.75
1989	84825	20.60	29086	7.00	55739	13.60
1990	73389	17.60	29861	7.20	43528	10.50

3－5 续表

年　份	年内出生人　数（人）	出生率（‰）	年内死亡人　数（人）	死亡率（‰）	年内自然增长人数（人）	自然增长率（‰）
1991	48970	11.72	29118	6.97	19852	4.75
1992	33409	7.99	29288	7.00	4121	0.99
1993	24930	5.97	28932	6.93	－4002	－0.96
1994	25832	6.20	28551	6.85	－2719	－0.65
1995	31571	7.57	29232	7.01	2339	0.56
1996	35436	8.60	28145	6.83	7291	1.77
1997	39207	9.61	27674	6.79	11533	2.83
1998	41338	10.10	28696	7.01	12642	3.09
1999	43098	10.50	27951	6.81	15147	3.69
2000	45493	11.11	30925	7.55	14568	3.56
2001	40259	9.91	25639	6.31	14620	3.60
2002	41460	10.20	29079	7.16	12381	3.04
2003	35349	8.72	34429	8.48	920	0.24
2004	40294	9.91	29998	7.38	10296	2.53
2005	51500	12.56	35570	8.67	15930	3.89
2006	42804	10.33	20501	4.95	22303	5.38
2007	43497	10.42	28318	6.78	15179	3.64
2008	47553	11.81	27688	6.88	19865	4.93
2009	48559	11.83	26770	6.52	21789	5.31
2010	51192	12.51	29254	7.15	21938	5.36
2011	42173	11.78	20323	5.68	21850	6.10
2012	45595	12.62	26721	7.40	18874	5.22
2013	46600	12.83	36362	10.01	10238	2.82
2014	59799	16.35	21659	5.92	38140	10.43
2015	54526	14.94	19535	5.40	34991	9.59
2016	54744	15.01	19122	5.24	35622	9.77
2017	56660	15.38	66356	18.01	－9696	－2.63
2018	46536	12.54	23671	6.38	22865	6.16
2019	40808	10.93	32651	8.74	8157	2.19
2020	33876	9.07	39632	10.61	－5756	－1.54
2021	27611	7.40	36600	9.81	－8989	－2.41
2022	24104	6.47	29387	7.89	－5283	－1.42
2023	22437	6.03	27375	7.36	－4938	－1.33

注:2011 年开始县(市)不包括望城区数据。

3－6 历年婚姻登记情况

单位:对

年份	登记结婚	#涉外婚	离婚总数	登记离婚	调解离婚	判决离婚
1980	37635	7		666		
1981	52812	2		706		
1982	48954	10		776		
1983	37903	3	1879	761	981	137
1984	44115	15	2327	885	1203	239
1985	44710	11	2099	763	1174	162
1986	55830	16	2545	952	1414	179
1987	53378	35	3157	1068	1831	258
1988	48000	57	4053	1324	2347	382
1989	56329	65	4753	1377	2739	637
1990	51366	95	4968	1372	2903	693
1991	48159	144	4999	1465	2696	838
1992	43702	246	5395	1765	2772	858
1993	38103	307	5755	2029	2847	878
1994	34463	361	6996	2120	3534	1342
1995	40178	468	7448	2628	3327	1493
1996	39672	551	7970	2831	3520	1619
1997	39910	512	7424	3810	2436	1178
1998	39947	576	6553	3232	2115	1206
1999	37140	596	7420	3365	1835	928
2000	39977	710	6291	3782	1486	1023
2001	39365	749	5875	3376	1465	1034
2002	35950	907	5639	4337	591	711
2003	42297	500	7152	4997	1048	1107
2004	47581	98	10064	6887	1143	2034
2005	45622	88	10048	7983	1012	1053
2006	57061	89	11443	8304	1350	1789
2007	52358	306	11889	9104	1381	1404
2008	62759	316	13885	10537	1740	1608
2009	79816	298	15862	12720	1813	1329
2010	69251	316	16786	13770	1778	1238
2011	78954	258	18310	15507	1877	926
2012	76127	241	20079	16528	2443	1108
2013	66317	231	20853	17429	2177	1247
2014	69709	213	21147	17007	1945	2195
2015	58187	133	22007	18183	2019	1805
2016	55272		25287	20108	2022	3157
2017	52453		30472	24360	2958	3154
2018	51914		26885	24122	1719	1044
2019	47787		28279	23380	3760	1139
2020	47575		26748	24064	1876	808
2021	40666		19804	14805	2517	2482
2022	44864		20646	15581	2749	2316
2023	53012		23108	17392	3374	2342

3－7 历年在岗职工人数与工资

年 份	年末人数(人)	年平均人数(人)	工资总额(万元)	年平均工资(元)
1998	732766	737636	559561	7586
1999	693863	695666	596986	8582
2000	662207	661120	670168	10137
2001	593964	598389	733898	12265
2002	625839	628383	901247	14342
2003	598370	600425	1019924	16987
2004	631679	628634	1190857	18944
2005	684154	677171	1455835	21499
2006	741106	729237	1795041	24615
2007	782838	769253	2151481	27968
2008	816795	810169	2579185	31835
2009	931149	919382	3207591	34889
2010	1037487	1014399	3888976	38338
2011	1162124	1143753	5089361	44497
2012	1177512	1177222	5992566	50904
2013	1221088	1206441	6802064	56381
2014	1239662	1237767	7655378	61848
2015	1232744	1233405	8296622	67266
2016	1143208	1125463	8754046	77782
2017	1161485	1134512	9664535	85187
2018	1113835	1107296	10330331	93293
2019	1261395	1240641	12215173	98459
2020	1335265	1326468	14007839	105603
2021	1461782	1425500	16365407	114805
2022	1401389	1405447	17029956	121171
2023	1401162	1424127	17831874	125213

注:1. 因为统计制度改革,在岗职工指标从 1998 年年报开始使用。
2. 3－7 表至 3－9 表统计口径为城镇非私营单位。

3－8 单位从业人员和劳动报酬情况(2023年)

项 目	单位从业人员年末人数(人)	在岗职工	其他从业人员
总 计	**1523431**	**1401162**	**122268**
按国民经济行业分组			
(一)农、林、牧、渔业	1037	799	238
(二)采矿业	434	434	
(三)制造业	322951	320280	2671
(四)电力、热力、燃气及水生产和供应业	10028	9888	140
(五)建筑业	243138	172085	71053
(六)批发和零售业	98548	93523	5026
(七)交通运输、仓储和邮政业	63560	62840	720
(八)住宿和餐饮业	40261	36278	3983
(九)信息传输、软件和信息技术服务业	47691	47273	418
(十)金融业	82112	68352	13760
(十一)房地产业	57655	54054	3601
(十二)租赁和商务服务业	52156	51375	781
(十三)科学研究和技术服务业	72551	70740	1811
(十四)水利、环境和公共设施管理业	20064	18105	1959
(十五)居民服务、修理和其他服务业	8624	8585	39
(十六)教育	164470	156698	7772
(十七)卫生和社会工作	97315	94800	2515
(十八)文化、体育和娱乐业	26014	24769	1245
(十九)公共管理、社会保障和社会组织	114822	110284	4538
(二十)国际组织			

单位从业人员平均人数(人)	在岗职工	其他从业人员	单位从业人员劳动报酬(万元)	在岗职工	其他从业人员劳动报酬
1546044	**1424127**	**121917**	**18644665**	**17831874**	**812790**
997	791	206	6337	5582	754
436	436		3960	3960	
330515	327745	2771	3331484	3302192	29292
9940	9798	142	123094	122437	657
250846	180046	70801	2412975	1859288	553687
97173	92163	5010	932337	909355	22982
64738	63962	776	663763	659084	4679
40177	36249	3929	214136	209696	4440
47648	47267	381	812408	810577	1831
82582	68065	14517	1674563	1615320	59243
57919	54640	3279	536886	513886	23000
59301	58499	802	515784	511582	4202
73071	71087	1984	1087427	1070846	16582
21098	19060	2038	188865	178396	10469
8673	8636	37	87469	87297	172
163424	156171	7252	2178024	2145993	32031
96932	94395	2537	1853183	1833140	20043
25708	24812	896	447405	440854	6551
114865	110305	4559	1574564	1552388	22176

3-9 年末分行业在岗职工人数

行业	2005年	2006年	2007年	2008年	2009年	2010年	2011年	2012年
总计	**684154**	**741106**	**782838**	**816795**	**931149**	**1037487**	**1162124**	**1177512**
按国民经济行业分组								
(一)农、林、牧、渔业	3003	2576	1784	1502	109	464	1446	1219
(二)采矿业	11596	11954	9107	8187	10098	9918	12087	12055
(三)制造业	166184	173092	190189	199707	253295	296984	366112	363083
(四)电力、热力、燃气及水生产和供应业	7569	8169	11929	12184	13825	15849	6518	7822
(五)建筑业	94224	119117	131732	135895	145429	153193	174571	168026
(六)批发和零售业	44314	48692	54058	53847	60818	63755	72676	74866
(七)交通运输、仓储和邮政业	29279	30405	30470	30230	28582	26773	43777	45294
(八)住宿和餐饮业	31506	34215	32743	32255	34429	39177	42418	44399
(九)信息传输、软件和信息技术服务业	9943	10241	9065	9029	9507	13299	18867	19455
(十)金融业	19249	21033	24420	22955	31290	46108	48197	50538
(十一)房地产业	22051	23816	22519	27311	34433	39674	41037	42671
(十二)租赁和商务服务业	15762	15189	12333	13524	15718	20618	22370	28453
(十三)科学研究和技术服务业	23121	25070	25536	28684	32705	34998	38592	43548
(十四)水利、环境和公共设施管理业	7430	9056	9340	10778	13193	13224	10692	11537
(十五)居民服务、修理和其他服务业	2388	2737	4140	4348	3863	4987	6007	7248
(十六)教育	80410	83246	87654	97593	100022	103590	107471	105352
(十七)卫生和社会工作	33868	37479	38950	41398	51228	54962	56478	59349
(十八)文化、体育和娱乐业	15498	18503	18754	17109	16704	18710	22600	22094
(十九)公共管理、社会保障和社会组织	66759	66516	68115	70259	75901	81204	70208	70503
(二十)国际组织								

单位:人

2013 年	2014 年	2015 年	2016 年	2017 年	2018 年	2019 年	2020 年	2021 年	2022 年	2023 年
1221088	**1239662**	**1232744**	**1143208**	**1161485**	**1113835**	**1261395**	**1335265**	**1461782**	**1401389**	**1401162**
1070	768	974	935	1366	1075	917	1162	1454	1363	799
12112	4789	3716	1387	421	264	385	469	514	510	434
371804	384988	368837	300104	331971	265453	264222	275648	330862	330624	320280
7262	7482	8012	7985	8089	7917	8438	8854	42001	9114	9888
182446	198622	209827	192915	190540	195041	187274	186727	185501	177956	172085
81543	75977	78176	71857	66958	69398	77393	81703	82677	83539	93523
49567	49570	47074	47014	44333	41931	62176	70200	69915	61738	62840
44326	37241	34402	27474	25793	21980	29474	31452	33141	31595	36278
20262	22019	22118	24423	19722	22178	31911	34107	41501	44424	47273
54716	57461	61284	62500	66142	60371	64045	68571	73335	70552	68352
44934	46982	47251	41951	43888	48185	50365	60773	59117	59054	54054
25791	25925	27948	26193	27284	31706	40191	39384	53312	46988	51375
49470	50284	42916	44514	46080	48232	59698	59431	66809	66380	70740
9277	9135	9193	10232	9907	9502	10952	14062	13373	13831	18105
5314	3937	4290	3817	3877	5349	6898	7379	7979	8427	8585
102571	105185	93848	98001	102594	104510	148080	174277	170773	164843	156698
60686	62561	65684	69726	71121	73615	83270	84090	88707	91738	94800
22142	22812	21521	20981	21836	20970	23551	22550	24254	24980	24769
75795	73924	85673	91199	79563	86158	112155	114427	116556	113732	110284

3－10 全社会从业人员

单位:万人

项 目	2023年	2022年
从业人员合计	**532.02**	**521.36**
按产业分组		
第一产业	48.72	53.05
第二产业	152.46	143.55
第三产业	330.84	324.76

3－11 历年城镇失业情况

年 份	年末城镇登记失业人数（人）	年末城镇登记失业率（%）
2000	39565	3.50
2001	44035	3.80
2002	50066	4.20
2003	52310	4.20
2004	53805	3.87
2005	49001	3.80
2006	47673	3.62
2007	38129	3.12
2008	43939	3.41
2009	46067	3.47
2010	41335	2.89
2011	54764	2.86
2012	58748	2.88
2013	60751	2.89
2014	59065	2.85
2015	34011	2.60
2016	40223	2.74
2017	38988	2.67
2018	36877	2.46
2019	58080	2.65
2020	77251	3.27
2021	46149	1.74
2022	39506	1.54
2023	34571	1.41

4 固定资产投资、建筑业

长沙统计年鉴

4－1 2011－2023年固定资产投资分类别增长情况

单位:%

指　　标	2011年	2012年	2013年	2014年	2015年	2016年	2017年	2018年	2019年	2020年	2021年	2022年	2023年
固定资产投资	26.1	20.3	20.1	18.3	17.1	13.9	13.1	11.5	10.1	6.2	8.2	5.1	-6.8
按经济类型分													
国有投资	2.5	16.0	14.0	8.6	26.1	23.2	1.0	15.2	2.6	4.0	2.6	-8.6	-12.4
非国有投资	35.9	21.8	22.1	21.4	14.5	10.9	17.7	8.5	9.7	6.9	9.6	7.4	-5.9
# 民间投资	5.1	2.4	23.5	21.0	14.8	3.1	18.0	12.3	12.5	2.9	6.8	0.9	-7.9
按隶属关系分													
中央项目	27.1	49.3	-26.9	97.2	-10.7	8.9	-10.4	-0.3	46.3	58.2	14.9	4.4	-2.5
地方项目	26.1	19.5	21.7	16.6	18.1	14.1	13.7	10.4	6.9	4.5	7.7	5.2	-8.3
按产业分													
第一产业	-25.2	35.8	18.7	10.7	-10.5	2.9	19.9	59.8	83.3	-18.7	-0.5	2.5	-8.4
第二产业	28.2	25.5	25.2	20.6	23.4	9.7	6.3	22.0	10.1	4.0	11.1	5.2	0.4
第三产业	27.1	17.8	17.7	17.4	14.3	16.1	16.1	5.0	6.1	7.7	6.7	5.1	-11.2
按投资方向分													
工业投资	27.3	23.7	26.2	18.9	23.4	10.7	6.7	22.1	10.9	3.9	11.5	5.2	1.7
工业技改投资	46.2	17.5	25.5	11.1	20.0	-30.5	3.3	3.7	25.4	29.4	19.5	3.3	-19.5
产业投资	30.2	15.3	21.7	17.0	21.7	5.5		25.6	10.9	2.1	12.3	1.5	0.3
民生投资	-5.3	16.9	25.7	32.4	39.3	67.5	4.4	1.2	-2.0	15.2	-11.0	12.1	-12.5
生态投资	81.7	11.0	77.6	27.9	13.3	18.1	-6.8	52.5	23.5	-38.0	-6.5	-13.7	-25.7
基础设施	10.0	1.3	30.8	24.6	34.0	15.4	-2.7	12.7	6.4	4.5	-3.6	0.9	-16.2
高技术产业投资		117.4	-14.2	-2.7	35.3	36.8	37.6	5.7	5.0	24.5	7.9	7.9	4.8
房地产开发投资	29.7	16.4	11.8	13.6	-24.0	26.5	18.2	0.7	11.2	12.0	19.7	8.4	-12.1
按结构分													
建筑工程	24.9	10.0	22.5	18.4	26.0	12.8	17.8	5.5	6.9	3.2	6.2	7.0	2.4
安装工程	15.8	37.8	11.1	31.5	11.2	3.4	23.6	-5.7	-9.8	14.4	16.7	-10.9	-1.1
设备工器具购置	-3.6	30.3	22.5	19.0	12.0	-7.3	20.4	47.4	32.1	2.4	4.3	-7.7	-31.2

4-2 2011-2023年固定资产投资分行业增长情况

指 标	2011年	2012年	2013年	2014年	2015年
按行业分					
农、林、牧、渔业	-37.9	35.8	18.7	-6.1	4.2
采矿业	-13.8	30.0	-5.8	18.1	2.7
制造业	30.5	27.7	27.7	18.4	26.2
电力、热力、燃气及水的生产和供应业	39.3	-16.9	16.3	28.1	-13.8
建筑业	-69.5	189.2	-13.0	29.6	24.9
批发和零售业	-1.6	4.4	20.4	44.7	11.5
交通运输、仓储和邮政业	-3.4	50.1	21.8	21.8	20.0
住宿和餐饮业	-30.1	21.9	14.9	11.8	20.7
信息传输、软件和信息技术服务业	36.1	-38.7	65.0	31.0	208.5
金融业	11.0	116.5	11.9	19.9	15.4
房地产业	24.6	21.3	6.6	10.9	-13.3
租赁和商务服务业	58.5	-3.3	37.4	-1.9	43.4
科学研究和技术服务业	66.6	-2.8	19.8	47.1	53.7
水利、环境和公共设施管理业	0.5	-4.0	44.6	27.8	49.1
居民服务和其他服务业	-14.4	35.3	23.7	-33.4	14.0
教育	-16.4	28.9	34.7	18.7	14.1
卫生和社会工作	7.3	3.6	23.0	28.2	8.0
文化、体育和娱乐业	-42.9	67.6	37.3	73.8	10.2
公共管理和社会组织	103.9	129.7	-2.9	-30.4	-9.0

单位:%

2016年	2017年	2018年	2019年	2020年	2021年	2022年	2023年
-8.2	-6.3	56.4	69.0	-21.8	1.0	10.6	1.3
-37.7	-24.7	-20.4	78.9	43.2	-33.4	33.9	167.7
11.7	8.8	17.3	6.7	3.3	11.5	3.2	-0.1
5.8	-34.2	187.8	62.7	6.5	16.0	-12.1	-8.9
-33.3	-17.0	0.2	-63.1	38.2	-79.2	109.3	42.3
-25.3	62.6	-34.5	-16.1	-18.7	-43.5	-27.4	29.1
2.2	12.0	20.1	4.1	-0.9	3.9	4.9	-34.1
-50.0	41.4	22.8	29.8	-28.7	15.2	-39.1	33.1
-14.1	46.4	-37.0	75.9	9.9	20.8	23.8	9.5
-25.1	-20.8	85.7	-42.2	-30.1	83.3	-55.9	-76.0
35.2	11.7	-6.7	9.4	13.7	15.1	8.3	-13.4
17.9	11.4	53.2	32.2	12.5	7.9	-3.9	7.7
-8.4	21.1	46.5	-31.9	8.2	-6.3	49.0	-6.2
25.0	-2.7	20.2	-0.3	0.7	-4.1	-9.7	-6.4
-6.4	37.1	118.5	4.2	-11.5	8.5	-24.1	-32.7
36.4	25.3	35.0	10.2	15.0	11.6	17.9	4.9
42.0	60.3	24.4	-9.4	14.1	-23.2	17.8	-17.9
117.4	31.9	3.8	-2.8	-11.0	-11.3	4.6	-4.9
-11.4	72.2	76.7	18.2	-60.6	21.1	-13.4	-5.3

4-3 主要年份房地产开发及商品房销售主要指标

年份	完成投资额(万元)	#住宅	新增固定资产(万元)	建筑面积(万 m^2)		商品房销售情况		土地开发情况		
				施工房屋面积	竣工房屋面积	商品房销售额(万元)	商品房销售面积(万 m^2)	本年购置土地面积(万 m^2)	本年完成开发土地面积(万 m^2)	土地开发投资额(万元)
1998	174078	77797	121802	339.01	98.38	67692	39.97	35.10	118.08	26757
1999	225765	131260	205616	336.68	156.27	137043	79.97	28.91	61.66	39059
2000	330238	151091	166677	385.32	147.73	178455	92.72	49.56	176.23	85418
2001	631878	305549	377131	634.01	214.99	305217	163.90	262.86	221.25	92344
2002	817883	442655	525566	833.94	332.12	418141	232.10	544.43	358.58	130367
2003	1225551	732833	743987	1102.12	443.24	666279	325.82	789.72	562.14	216418
2004	1755376	1167921	932398	1462.41	591.90	1072486	519.95	807.63	543.46	224325
2005	2563500	2011118	828971	1913.57	515.16	1162249	536.99	1007.59	246.81	196384
2006	3038612	2305640	1048277	2411.94	547.09	1961129	741.69	1186.10	707.68	477218
2007	4129929	3408702	1268230	3270.34	699.90	3258716	985.09	973.23	645.94	626022
2008	4694654	3688740	1900755	4225.29	750.57	2733593	822.59	965.48	581.80	601574
2009	4974692	3929930	3686224	6168.62	1314.71	5130956	1406.58	392.92	640.51	337539
2010	6841481	5163283	4293394	6687.29	1392.55	7423283	1680.21	288.48	216.78	327188
2011	8869232	6843026	5294334	7670.96	1451.77	8824072	1500.20	331.71		
2012	10320003	6988572	5602631	7361.67	1402.27	9315598	1526.93	311.15		
2013	11536073	7665970	5930203	8668.15	1400.36	11603801	1840.59	458.99		
2014	13104995	8556727	5650417	9647.15	1438.85	9289202	1519.20	279.50		
2015	9966008	6391805	6899198	9208.60	1349.29	11166104	1904.89	106.68		
2016	12605475	6899559	6153304	9586.41	1670.58	16614055	2593.71	204.77		
2017	14896906	8077656	4820787	9715.03	1143.86	17367424	2259.15	205.85		
2018	15007609	9066397	5479710	10619.79	1441.27	19510052	2387.35	354.13		
2019	16684029	10208477	5414268	11775.36	1286.11	20210846	2334.86	232.52		
2020	18684070	12057030	5859402	12652.15	1259.21	23798994	2047.97	244.92		
2021	22361173	15751618	7289041	12872.49	1207.18	26203218	2605.79	286.92		
2022			6994714	11720.07	1386.00	17897224	1699.36	116.09		
2023	18887011	14739601	8029226	9763.72	1356.65	17265908	1556.78			

4-4 房地产开发投资完成情况(2023年)

单位:万元

指　　标	总计	其中:地方
计划总投资	139270593	13600815
本年完成投资	18887011	1919323
# 土地购置费	6254716	731542
按登记注册类型分		
内资	17887506	1896787
国有独资公司	158593	152119
其他有限责任公司	14179865	1720800
股份有限公司	23868	23868
私营有限责任公司	3525180	
私营股份有限公司		
其他		
港澳台投资	974986	
外商投资	24519	
按构成分		
建筑工程	10382967	913240
安装工程	1286757	191235
设备工器具购置	303271	21925
其他费用	6914016	792923
按工程用途分		
住宅	14739601	1629774
办公楼	729779	39179
商业营业用房	1865280	95089
其他	1552351	155281
本年新增固定资产	8029226	590548
上年末结余资金	7712855	747515
本年实际到位资金	22490004	2585015
# 国内贷款	3816269	599626
利用外资		
自筹资金	6688886	452776
定金及预收款	7271749	956476
本年各项应付款合计	7349766	540776
# 工程款	4656350	166839

4－5　房地产施工竣工及销售主要指标(2023年)

指　　标	单位	合计	按用途分 商品住宅	#90平方米以下	#140平方米以上住房	办公楼	商业营业用房	其他
房屋施工面积	万m^2	9763.72	6639.15			528.67	1096.10	1500.22
#新开工面积	万m^2	1267.20	956.52			25.25	128.61	156.84
房屋竣工面积	万m^2	1356.65	957.36			57.99	137.28	203.31
竣工房屋价值	万元	6899638	4525854			553863	717018	1096539
商品房销售面积	万m^2	1556.78	1363.06	27.84	370.61	53.38	114.51	28.56
商品房销售额	万元	17265908	15318984	226376	5543524	644364	1162563	161035
商品房待售面积	万m^2	352.57	137.82			42.40	145.79	26.56
#待售1－3年面积(含一年)	万m^2	132.82	64.11			15.15	51.22	2.25
待售3年以上面积(含三年)	万m^2	50.86	14.04			5.73	24.39	6.69

4－6 主要年份建筑业生产主要指标完成情况

项　　目	单位	2010 年	2011 年	2012 年	2013 年	2014 年	2015 年	2016 年
一、企业个数	个	517	540	555	592	564	552	545
二、建筑业总产值	万元	17401686	21002701	23299080	27637110	31938738	34781817	37864479
1. 建筑工程产值	万元	15073216	18474160	20611794	23998080	27104990	30051017	33252557
2. 安装工程产值	万元	712116	814652	952003	1235752	1613458	1672813	1779164
3. 其他产值	万元	1616354	1713889	1735283	2403279	3220289	3057987	2832758
三、竣工产值	万元	9003006	11581484	15036364	17642193	17984470	20216497	21999213
四、房屋建筑施工面积	万 m^2	15052	18326	19729	23776	26252	25848	27980
# 本年新开工面积	万 m^2	7150	7299	6540	8813	9276	7966	8886
# 实行投标承包面积	万 m^2	14298	14932	16100	19302	23973	23666	25375
五、房屋建筑竣工面积	万 m^2	4268	4523	5006	6518	6698	6537	7370
六、年末自有施工机械设备								
1. 净值	万元	610815	706808	533180	735361	946082	1075868	12357011
2. 总台数	台	176855	160030	144560	146421	149930	156653	152527
3. 总功率	万千瓦	369	422	425	415	420	500	452
七、计算劳动生产率平均人数	万人	73	76	79	91	100	110	107

4－6 续表

项　　目	单位	2017 年	2018 年	2019 年	2020 年	2021 年	2022 年	2023 年
一、企业个数	个	584	693	857	943	980	1030	1077
二、建筑业总产值	万元	43745344	49764570	54692126	60587739	68235397	73608277	76315390
1. 建筑工程产值	万元	38609049	43416603	47838813	53377608	60258091	65983258	68803642
2. 安装工程产值	万元	1991298	2758962	3272571	3381945	3764869	4210624	3936040
3. 其他产值	万元	3144997	3589005	3580742	3828187	4212437	3414394	3575708
三、竣工产值	万元	22731199	24123527	24635118	25108292	31610427	30406532	44167454
四、房屋建筑施工面积	万 m^2	30115	33042	37341	39550	45422	45357	45697
# 本年新开工面积	万 m^2	9735	10860	11527	12114	11731	11281	10432
# 实行投标承包面积	万 m^2							
五、房屋建筑竣工面积	万 m^2	7443	7532	7753	8031	9813	9623	10959
六、年末自有施工机械设备								
1. 净值	万元	1666937	1660987	781685	898742	657968	583952	583868
2. 总台数	台	149670	137028	120680	116817	112960	92200	80201
3. 总功率	万千瓦	443	470	432	497	451	480	485
七、计算劳动生产率平均人数	万人	112	120	125	130	129	122	130

4－7　建筑业企业生产情况(2023年)

项　　目	企业个数(个)	建筑业总产值(万元)	#装饰装修产　值	#在外省完成的产值	#装配式建筑工程产值	建筑工程产　值
总　　计	**1077**	**76315390**	**2518326**	**36418453**	**2314928**	**68803642**
一、按登记注册类型分组						
内资企业	1076	76097930	2518326	36255084	2314928	68586284
国有独资公司	1	3027771		854621		3027771
私营有限责任公司	889	22754615	1241147	4051617	375233	18813936
其他有限责任公司	154	46639749	1051823	30361768	1899183	43703264
私营股份有限公司	20	1752777	164413	360950	39891	1451358
其他股份有限公司	8	1837531	49355	598316	620	1538927
集体所有制企业(集体企业)	4	85487	11589	27813		51028
外商投资企业	1	217460		163369		217358
二、按企业资质等级分组						
总承包	656	70821571	1524232	34367045	2039634	64792461
特级	14	38241269	240402	25815799	1620744	36870712
一级	170	26421620	977565	7591206	306599	23192113
二级	192	4384156	252830	662718	90770	3453073
三级及以下	280	1774525	53435	297323	21521	1276563
专业承包	421	5493819	994094	2051408	275294	4011181
一级	220	4448103	886348	1807612	240585	3366246
二级	154	803953	75123	189162	10463	483266
三级及以下	47	241763	32624	54634	24246	161670

		竣工产值（万元）	房屋建筑施工面积（m^2）		房屋建筑竣工面积（m^2）	直接从事生产经营活动的平均人数（人）	工程技术人员（人）
安装工程产　　值	其他产值			#本年新开工面积			
3936040	**3575708**	**44167454**	**456970619**	**104318106**	**109588817**	**1299181**	**137709**
3936040	3575607	43949994	45697062	104318106	109588817	1294703	137709
		950651	3214904	3946388	4744932	62198	4916
2104723	1835956	17768439	6643141	20380867	26376690	497770	52079
1426045	1510440	24111112	33988046	75240078	72580506	648291	75217
154106	147314	350344	1186511	1838034	3899071	39500	2486
216707	81897	735067	634479	2670378	1912240	42590	2737
34459		34381	29980	242361	75378	4354	274
	101	217460				4478	
2781656	3247453	41907574	443346298	100476155	101495602	1182083	124864
475178	895380	21361138	349550362	76128275	68822232	508135	60332
1483960	1745547	8859612	77168711	19945284	25163696	518031	46821
636061	295022	1902076	13009610	3238705	5696312	111580	10715
186457	311505	9784748	3617615	1163891	1813362	44337	6996
1154384	328255	2259880	13624321	3841951	8093215	117098	12845
790523	291334	1699911	7008505	2706482	3393225	87211	9720
287795	32892	385110	3431271	908392	1682466	23104	2361
76065	4028	174859	3184545	227077	3017524	6783	764

4－7 续表

项　　目	企业个数（个）	建筑业总产值（万元）	#装饰装修产　　值	#在外省完成的产值	#装配式建筑工程产值	建筑工程产　　值
三、按建筑业行业中类分组						
房屋建筑业	500	55874646	1372244	26822161	2245136	51754597
住宅房屋建筑	458	50724932	1274785	25556828	2159194	46826728
其他房屋建筑业	42	5149714	97460	1265333	85943	4927870
土木工程建筑业	304	16419708	169358	7965129	31396	14709563
铁路、道路、隧道和桥梁工程建筑	145	9704982	122681	4316214	21331	8851492
水利和水运工程建筑	26	3879819		2394667		3717100
工矿工程建筑	8	658903		495115		613856
架线和管道工程建筑	42	1056988	5100	393199	2315	813559
节能环保工程施工	19	238232		121042	1709	199187
电力工程施工	16	132651		43886	6041	66686
其他土木工程建筑	48	748133	41577	201007		447683
建筑安装业	118	2098448	36777	698932	28583	671800
电气安装	47	889187	9339	356869	4957	111973
管道和设备安装	9	74264		29093		44304
其他建筑安装业	62	1134998	27438	312969	23626	515522
建筑装饰、装修和其他建筑业	155	1922588	939947	932231	9813	1667682
建筑装饰和装修业	128	1597566	933534	799008	2426	1423752
建筑物拆除和场地准备活动	7	104030		16105	3359	96623
提供施工设备服务	2	30003		7411		423
其他未列明建筑业	18	190990	6413	109707	4028	146884

		竣工产值（万元）	房屋建筑施工面积（m^2）		房屋建筑竣工面积（m^2）	直接从事生产经营活动的平均人数（人）	工程技术人员（人）
安装工程产值	其他产值			#本年新开工面积			
1591903	2528145	36859483	439196158	99405301	100636174	955160	95191
1561146	2337058	34893752	393469217	92539681	92240464	851290	87504
30757	191088	1965730	45726941	6865620	8395710	103870	7687
925789	784356	5342605	8063715	2142845	2659630	244582	34189
336385	517105	2854781	1501171	906337	912341	155785	20092
74271	88447	1479470	6319334	1116435	1499501	45617	9265
31065	13982	97841				6680	636
202448	40982	655667	25706	25706	3023	19804	1698
11358	27686	20288				2935	699
62615	3350	61338	12800	4500	12800	3293	259
207646	92804	173221	204704	89867	231965	10468	1540
1296146	130502	834631	4397961	716817	3241765	57135	4206
773985	3229	352307	387232	24505		7148	972
28621	1338	29203				1762	222
493540	125935	453121	4010729	692312	3241765	48225	3012
122202	132705	1130735	5312785	2053143	3051248	42304	4123
111612	62201	970720	5241985	2017143	3029631	33218	3350
	7407	55766				1248	176
5547	24034	853	32270			192	54
5043	39063	103396	38530	36000	21617	7646	543

4-8 主要年份建筑业财务状况

项目	单位	2005年	2006年	2007年	2008年	2009年	2010年	2011年	2012年
一、年末资产负债									
流动资产合计	万元	2837325	3314982	4270154	5122164	6252585	8001811	9709347	11483057
固定资产原价	万元	1014513	1184889	1612399	1785749	1962253	1875495	2026409	2152809
# 生产经营用	万元	829613	1002572	1409999	1466618	1299391	1537300		
累计折旧	万元	373969	438718	551166	602533	694491	775604	891674	1010130
# 本年折旧	万元	69070	72647	75814	132602	139803	172206	186788	187878
资产合计	万元	3983250	4633015	5996227	7078559	8350689	10402388	12540899	14979997
流动负债合计	万元	2233802	2685378	3751735	4250492	5210629	6760187	7637066	8783469
长期负债合计	万元	300389	335771	402464	469312	556174	507208	753704	951942
所有者权益合计	万元	1449059	1611867	1842028	2358755	2583886	3135023	4024090	4874075
# 实收资本	万元	1058647	1169051	1271429	1478953	1595580	1917221	2170676	2474991
二、损益及分配									
管理费用	万元	197115	234888	271463	277710	329378	438016	507585	570283
利润总额	万元	120833	181684	245663	477409	418620	574081	712628	828360
# 应交所得税	万元	35207	49380	63394	63536	87801	91193	127590	163997
应交增值税	万元								
三、工资福利费									
应付职工薪酬	万元							1487379	1700926
四、亏损企业个数	个	100	107	82	50	69	82	65	101

2013 年	2014 年	2015 年	2016 年	2017 年	2018 年	2019 年	2020 年	2021 年	2022 年	2023 年
13600316	15879020	18371152	22082517	24984789	29040378	32754813	37329513	40762731	44935622	48527521
2341521	2574911	2670440	2616760	2763772	2999758	3469527	3558876	3718289	4841776	4660253
1125930	1222525	1342849	1340516	1403635	1499799	1500972	1626381	1737823	2755219	2301418
178722	223529	234960	209190	224505	277283	301937	288987	286808	283605	482755
17815511	20658175	23665787	28570473	33113744	39649127	45076693	50313202	55158395	61105221	65863927
10516791	12044082	13413952	16462656	19526859	23056383	26907975	30626485	33971454	39019086	40577583
1030037	1284100	1550722	2601079	2360007	3676892	31222598	35453125	39297582	4601077	4330802
5966979	7072768	8194043	8970403	10591487	12428130	13854095	14860077	15860813	16945701	17323855
2963173	3554730	3917093	4352833	5634836	6222832	6753292	7051617	7892715	7996167	7147289
793192	888405	954001	1050216	1197040	1444057	1404652	1417571	1646253	1634781	1482226
1129347	1102611	1125163	1181762	1273773	1550371	1679801	1760680	1865265	1683974	2083427
218115	198906	219279	232523	229813	246324	252528	266260	311338	261907	263397
			436039	715342	1086525	1089212	1097041	1006271	1087252	984847
4666217	4027362	3855556	3697098	3591991	6995783	5916631	5162888	5233034	5628709	8776088
69	76	80	84	81	76		15	152	189	178

4－9　建筑业企业财务状况(2023年)

指　　标	资产总计	流动资产合计	#应收工程款	#存货	固定资产原价
总　　计	**65863927**	**48527521**	**11769207**	**3563182**	**4660253**
一、按登记注册类型分组					
内资企业	65488636	48170855	11769207	3517471	4655222
国有独资公司	1368487	1071473	192563	66520	72524
私营有限责任公司	13755197	11490861	3743828	1815251	1379664
其他有限责任公司	48508982	34060659	7354915	1361339	2965930
私营股份有限公司	1072611	907384	292382	218882	131543
其他股份有限公司	666930	566241	164040	54153	99263
集体所有制企业(集体企业)	116429	74237	21478	1326	6298
外商投资企业	375292	356666		45711	5032
二、按企业资质等级分组					
总承包	60462493	43836737	10101741	3232341	4185396
特　级	35634082	23592503	4838825	983098	2257306
一　级	19135745	15548347	3967359	1771744	1360412
二　级	3405117	2706184	721655	350408	434826
三级及以下	2287548	1989704	573902	127091	132852
专业承包	5401435	4690783	1667466	330841	474857
一　级	4290663	3759688	1259859	255869	347188
二　级	830457	709758	317712	60722	61472
三级及以下	280315	221338	89896	14250	66197
三、按建筑业行业中类分组					
房屋建筑业	44334925	32186230	7356687	2367928	2037895
住宅房屋建筑	41299720	29905012	6797470	2187525	1883603
其他房屋建筑业	3035205	2281218	559217	180403	154292
土木工程建筑业	18164159	13557121	3327286	951902	2293058
铁路、道路、隧道和桥梁工程建筑	8646756	7002385	1365436	480463	769865
水利和水运工程建筑	6324848	3695947	1163348	236404	1274227
工矿工程建筑	705727	628197	165179	10335	63247
架线和管道工程建筑	1333317	1180885	236847	160699	114259
节能环保工程施工	467521	420585	164410	12508	14845
电力工程施工	74735	68738	34142	2873	6409
其他土木工程建筑	611255	560384	197925	48619	50206
建筑安装业	1665348	1387369	517790	159290	178077
电气安装	791556	635321	164262	113643	94733
管道和设备安装	89021	82020	29763	957	15943
其他建筑安装业	784771	670029	323766	44690	67401
建筑装饰、装修和其他建筑业	1699495	1396801	567443	84062	151223
建筑装饰和装修业	1376275	1158892	446802	66237	42354
建筑物拆除和场地准备活动	104018	65175	37530	2604	16381
提供施工设备服务	92750	57683	46897	2808	74681
其他未列明建筑业	126452	115051	36214	12413	17808

单位:万元

累计折旧	#本年折旧	在建工程	流动负债合计	#应付账款	非流动负债合计	负债合计	所有者权益合计	#实收资本
2301418	**482755**	**347139**	**40577583**	**19422946**	**4330802**	**48181700**	**17323855**	**7147289**
2300496	482755	347137	40363531	19361070	4330802	47967648	17162615	7141598
11620	1375	31545	621395	133957	327978	949373	419115	125998
714862	245733	116534	6094814	2417753	247017	8802943	4941648	1859016
1424578	217162	196960	32803626	16530157	3735438	37245389	10917290	4923177
97413	7552	2037	483443	139622	20048	541000	530147	135007
49067	10913		273442	108973	259	342069	324860	65647
2957	20	61	86811	30608	62	86874	29555	32754
922		2	214052	61876		214052	161240	5691
2049289	425419	310263	37477437	17880360	4190845	44479389	15627090	6444172
1042162	165962	127076	23470997	11982753	3291278	26762275	8871807	3544434
720336	202757	140719	10973181	4941015	791202	13775616	5013824	2186451
223488	32967	34731	1630304	581971	38284	2177712	1218266	492117
63304	23733	7738	1402955	374621	70081	1763786	523193	221169
252129	57336	36876	3100146	1542586	139958	3702311	1696765	703118
173908	37155	33932	2521212	1296661	126458	2958065	1331447	526378
33182	11447	2338	447843	205142	12587	582990	246259	115418
45039	8734	606	131091	40783	912	161256	119060	61322
1129066	273952	162928	27136595	13063008	2703453	32309549	11668650	4553653
1092742	262480	71496	25709443	12715737	2055546	30052163	10891763	4256442
36324	11472	91433	1427153	347271	647907	2257386	776887	297211
1001495	174251	162616	11653640	5437971	1545056	13575653	4588506	2112294
449390	80290	22569	5852447	2632946	271518	6305622	2341134	1211097
410170	61234	119626	3738654	1705293	1187705	4988708	1336140	444335
34433	15200	329	568799	347744	2819	618701	87027	53673
65571	5621	311	793342	342892	44584	847031	486286	202570
7173	1026	18743	348414	246132	2675	356165	111356	50721
3089	799	95	37854	18503		44875	29860	18040
31671	10082	944	314130	144460	35755	414552	196703	131858
89927	17520	16703	863186	363218	11643	1065405	598686	231580
37151	5882	4335	354711	123466	9279	459420	331916	75948
8968	1463	443	31478	13693	71	67345	21676	8385
43808	10175	11925	476998	226059	2293	538640	245094	147247
80929	17033	4892	924161	558749	70650	1231093	468012	249763
20176	5901	4828	766785	465334	46511	985036	390849	221665
4570	2272	64	49818	24236	45	83052	20967	12407
41889	6850		56047	45070	23535	83594	9156	2000
14294	2009		51511	24109	558	79411	47041	13691

4－9 续表 1

指　　标	营业收入	#主营业务收入	营业成本	#主营业务成本
总　　计	**62244647**	**60245894**	**56261532**	**54376052**
一、按登记注册类型分组				
内资企业	62027187	60028434	56101629	54216149
国有独资公司	1813709	1813709	1616838	1616838
私营有限责任公司	18398414	17453031	16300645	15374574
其他有限责任公司	38763986	37727323	35374632	34441753
私营股份有限公司	1570766	1563545	1424706	1418486
其他股份有限公司	1396137	1392993	1307468	1292211
集体所有制企业(集体企业)	84175	77833	77340	72287
外商投资企业	217460	217460	159903	159903
二、按企业资质等级分组				
总承包	57141270	55573634	51711784	50228395
特　　级	31729843	31693097	28962715	28935056
一　　级	20454387	19172518	18397359	17178274
二　　级	3490701	3348617	3065684	2927245
三级及以下	1466339	1359403	1286027	1187819
专业承包	5103377	4672260	4549748	4147657
一　　级	4145169	3751581	3753946	3381481
二　　级	721998	697907	601913	583585
三级及以下	236210	222772	193889	182592
三、按建筑业行业中类分组				
房屋建筑业	45759958	44173194	41453935	39969301
住宅房屋建筑	42219903	41297791	38311798	37417515
其他房屋建筑业	3540055	2875404	3142136	2551786
土木工程建筑业	12765426	12441572	11442592	11121412
铁路、道路、隧道和桥梁工程建筑	6981854	6802915	6391688	6211190
水利和水运工程建筑	3111980	3049681	2717371	2647813
工矿工程建筑	633683	625861	549818	541431
架线和管道工程建筑	1048096	1031404	903579	892027
节能环保工程施工	269594	267960	232183	230680
电力工程施工	131340	120620	118627	109349
其他土木工程建筑	588880	543131	529326	488922
建筑安装业	2001205	1976147	1847715	1825632
电气安装	823484	820799	759692	755931
管道和设备安装	87766	87766	77134	77134
其他建筑安装业	1089954	1067583	1010889	992567
建筑装饰、装修和其他建筑业	1718058	1654981	1517291	1459707
建筑装饰和装修业	1406708	1390868	1238704	1225753
建筑物拆除和场地准备活动	95206	67346	86114	60413
提供施工设备服务	30003	30003	25721	25721
其他未列明建筑业	186141	166764	166752	147821

单位:万元

营业税金及附加	#主营业务税金及附加	其他业务利润	销售费用	管理费用	财务费用	#利息收入	#利息支出
455463	**403359**	**15830**	**123076**	**1482226**	**426283**	**215111**	**367950**
453961	401857	15830	122345	1473773	427348	213984	367950
4375	4375		75	35906	39254	33528	6586
257535	238264	1230	72412	682855	127679	-1089	29006
150739	117968	14478	43648	673269	249376	181933	327599
13660	13597	24	4971	50942	9335	230	2829
26463	26463	97	520	26704	1097	-619	1460
1189	1189		720	4099	607		471
1502	1502		731	8453	-1066	1127	
425981	372821	14253	83029	1251111	405316	179137	359635
106328	78002	8066	13373	464692	237746	159897	286721
228355	212107	6217	53232	582865	143876	16494	63376
75933	68540	913	9239	128372	12479	2357	3113
15365	14173	-942	7185	75183	11214	389	6425
29483	30538	1577	40047	231115	20967	35974	8315
20887	21852	557	13734	164242	14418	35374	6183
7188	7528	995	22908	45121	4992	640	1222
1408	1159	24	3405	21752	1557	-40	910
333475	318083	7057	65068	955451	304608	150372	254030
320665	307613	3004	60304	831655	238921	116598	243740
12810	10471	4053	4765	123796	65686	33773	10290
89521	61982	8500	22889	375198	107437	61972	107583
45694	46641	6028	5466	138459	17578	11095	19054
29417	2021	1616	7466	95600	68352	15443	76319
2206	2206		712	28819	11322	33399	4476
6959	6806	97	3913	57060	3021	1819	2374
792	785		2834	16038	1170	229	685
560	549		425	9028	344	-17	12
3892	2975	759	2074	30194	5651	4	4664
13369	12509	-40	6132	75773	3255	2140	2510
3275	3082	-64	2069	30040	-76	2269	532
259	167		743	7203	559	-97	381
9835	9261	24	3320	38531	2772	-32	1596
19099	10785	313	28987	75804	10983	628	3827
14846	6608	313	27664	60736	7582	407	1210
252	204		81	6027	538		
298	275			2165	1749		1749
3702	3698		1242	6876	1114	221	868

4－9 续表2

指　　标	资产减值损失	公允价值变动收益	投资收益	其他收益
总　　计	**－42022**	**12360**	**－71051**	**28560**
一、按登记注册类型分组				
内资企业	－42022	12360	－71051	28560
国有独资公司			5392	791
私营有限责任公司	－200	12364	－32967	13984
其他有限责任公司	－39879	－4	100020	13583
私营股份有限公司	－1833		－30949	22
其他股份有限公司	－110		－112547	180
集体所有制企业(集体企业)				
外商投资企业				
二、按企业资质等级分组				
总承包	－39971	83	－42638	18002
特　　级	－37273	－4	108944	5364
一　　级	－2846		－146981	10940
二　　级	－73	87	－4489	424
三级及以下	222		－111	1274
专业承包	－2051	12277	－28414	10558
一　　级	－509		－3955	6099
二　　级	297	12277	－24443	4350
三级及以下	－1840		－15	110
三、按建筑业行业中类分组				
房屋建筑业	－29520	87	－66961	17491
住宅房屋建筑	－29555	87	－60294	14119
其他房屋建筑业	35		－6667	3372
土木工程建筑业	－10396	12273	－3934	4679
铁路、道路、隧道和桥梁工程建筑	－1232		17815	2871
水利和水运工程建筑	－8668	－4	－14280	954
工矿工程建筑	－124		145	443
架线和管道工程建筑	314	12277	－8235	127
节能环保工程施工	－644		519	232
电力工程施工			2	
其他土木工程建筑	－42		99	53
建筑安装业	－1960		417	582
电气安装	－126		560	32
管道和设备安装				41
其他建筑安装业	－1833		－143	509
建筑装饰、装修和其他建筑业	－147		－573	5807
建筑装饰和装修业	－151		－789	5773
建筑物拆除和场地准备活动	4		47	35
提供施工设备服务				
其他未列明建筑业			169	

单位:万元

营业利润	营业外收入	营业外支出	利润总额	应交所得税	应付职工薪酬（本年贷方累计发生额）	应交增值税	建筑业企业在境外完成的营业收入
2101695	**20975**	**22788**	**2083427**	**263397**	**8776088**	**984847**	**857406**
2059784	20508	22312	2041525	252864	8733226	973378	857406
61360	6	869	60496	8057	401053	21519	
806929	11472	15026	803489	89308	2921438	369996	56091
1122061	7591	5913	1110931	144188	4948874	528504	801315
35282	682	257	31945	4288	182854	33720	
33933	756	191	34498	6943	272229	17753	
220	2	56	166	80	6777	1887	
41912	467	477	41902	10534	42862	11470	
1935777	15604	18485	1920858	238914	8193718	870518	842492
894087	4579	3812	894854	120420	4189614	357417	755905
773534	6874	9832	757814	96242	3263219	398880	81152
205204	3274	3903	205449	17726	500929	79495	5434
62952	878	938	62741	4527	239957	34727	
165918	5371	4303	162569	24483	582369	114329	14915
127682	2689	3229	126520	21347	405105	88837	10858
25464	1580	553	26456	2683	133405	17013	4057
12772	1103	520	9593	453	43859	8479	
1636674	9230	12859	1620287	188468	7029977	650955	275358
1538280	8472	11490	1522498	172744	6231181	600874	275358
98394	758	1369	97789	15724	798796	50082	
375346	8526	6894	376977	62166	1318818	256759	568848
240246	3422	3590	240079	29774	751192	112352	163142
23183	1720	645	24258	13975	278645	73922	365547
28803	480	523	28760	1589	77383	19305	40159
59192	2235	1305	60121	13985	123754	32562	
8789	191	102	8878	983	20650	4945	
2339	124	121	2342	307	11314	2631	
12796	354	609	12540	1552	55881	11043	
45748	1723	1614	42193	9465	203890	42234	664
24600	310	515	24396	6773	53977	10505	
1034	427	67	1395	222	6720	1703	
20114	985	1033	16402	2470	143192	30026	664
43927	1497	1421	43971	3299	223403	34899	12537
36862	1204	447	37601	2354	167979	25611	12537
1396	64	892	568	257	7219	3590	
69	107	5	170	28	1840	1062	
5600	122	77	5632	659	46365	4636	

5 财政、金融、保险

长沙统计年鉴

5－1 主要年份财政收支情况

单位:万元

年份	辖区内一般公共预算收入	一般公共预算收入	上划中央两税	地方一般公共预算收入	国土收入	一般公共预算支出
1994		231865	91711	134875	5282	152093
1995	518409	287494	98314	179864	9316	216021
1996	675251	374213	119022	245965	9226	273809
1997	787809	375994	119610	250306	6078	280728
1998	910694	422279	119613	294507	8159	329659
1999	991512	454291	130630	316691	6970	362715
2000	1096493	504342	150260	344491	9591	414336
2001	1239745	617997	170220	421620	26157	523252
2002	1369867	754759	204719	460682	35768	625493
2003	1612343	1027631	234356	598930	114311	784168
2004	2051400	1331234	287636	806555	104542	1005542
2005	2524803	1730364	336548	1080572	135778	1330503
2006	2966297	2171904	401804	1328345	183528	1671873
2007	5062048	2663841	486275	1745761	550501	2181733
2008	5989800	3188656	552269	2055700	933144	2605584
2009	6856000	3729724	663675	2462933	1123813	3140820
2010	8482000	5112800	830606	3142836	1346962	4033349
2011	11014000	6889551	1024740	4257827	2395757	5208876
2012	12453330	7965760	1148368	4906482	2651327	6246207
2013	14203395	8838849	1330601	5366331	4114049	7018238
2014	16214467	10030833	1328466	6327992	5499579	8023838
2015	17621465	11134811	1359797	7189468	3721509	9249992
2016	18261529	12310190	2018282	7436954	2762966	10414331
2017	20404954	14032905	2900339	8003456	3254258	11826043
2018	21655730	15449498	3141360	8797072	5560565	13007895
2019	21761893	15927394	3169644	9502290	8102435	14259810
2020	22278653	16429579	2917505	11000910	10505828	15012319
2021	23963079	17750371	3248440	11883057	12019071	15415932
2022	22843302	17884561	3505654	12020004	10567234	15662586
2023	24128077	18461092	3931168	12270734	8582500	16268337

注:原财政总收入名称变更为一般公共预算收入。

5－2 主要年份财政收支增长速度

单位：%

年 份	辖区内一般公共预算收入	一般公共预算收入	上划中央两税	地方一般公共预算收入	一般公共预算支出
1995		24.0	7.2	33.4	42.0
1996	30.3	30.2	21.1	36.8	26.8
1997	16.7	0.5	0.5	1.8	2.5
1998	15.6	12.3		17.7	17.4
1999	8.9	7.6	9.2	7.5	10.0
2000	10.6	11.0	15.0	8.8	14.2
2001	13.1	22.5	13.3	22.4	26.3
2002	10.5	22.1	20.3	22.0	19.5
2003	17.7	36.2	14.5	33.2	25.4
2004	27.2	29.5	22.7	34.7	28.2
2005	23.1	30.0	17.0	34.0	32.3
2006	17.5	25.5	19.4	22.9	25.7
2007		43.3	21.0	31.4	30.5
2008	18.3	19.7	13.6	17.8	19.4
2009	14.5	17.0	20.2	19.8	20.5
2010	23.7	28.1	25.2	31.2	28.4
2011	29.9	34.8	23.4	35.5	29.1
2012	13.1	15.6	12.1	15.2	19.9
2013	14.1	11.0	15.9	9.4	12.4
2014	14.2	13.5	-0.2	17.9	14.3
2015	8.7	11.0	2.4	13.6	15.3
2016	3.6	10.6	48.4	3.4	12.6
2017	11.7	14.0	43.7	11.5	13.6
2018	6.1	10.1	8.3	9.9	10.0
2019	0.5	3.1	0.9	8.0	9.6
2020	2.4	3.2	-8.0	3.0	5.3
2021	7.6	8.0	11.3	8.0	2.7
2022	-4.7	0.8	7.9	1.2	1.6
2023	5.6	3.2	12.1	2.1	3.9

注：因口径变化，2006 年、2007 年辖区内一般公共预算收入不具可比性。

5-3 财 政 收 入

单位:万元

指 标	2023 年	2022 年	2023 年比 2022 年 ±%
上划中央“两税”	3931168	3505654	12.1
地方一般公共预算收入	12270734	12020004	2.1
增值税	3397902	3099191	9.6
企业所得税	978623	1032397	-5.2
个人所得税	527109	537942	-2.0
资源税	4350	7561	-42.5
城市维护建设税	571002	532184	7.3
房产税	538942	431906	24.8
印花税	208066	199316	4.4
城镇土地使用税	246418	205990	19.6
土地增值税	695533	1315341	-47.1
车船税	125623	133077	-5.6
耕地占用税	12122	79811	-84.8
烟叶税	13106	9462	38.5
契税	880143	933145	-5.7
国有资本经营收入		37	-100.0
国有资源(资产)有偿使用收入	1531436	1054550	45.2
行政性收费	298112	306228	-2.7
罚没收入	274466	254061	8.0
专项收入	1373453	1144436	20.0
其他收入	594328	743369	-20.1
基金收入	9028313	11115392	-18.8

5-4 财政支出

单位:万元

指标	2023年	2022年	2023年比2022年±%
一般公共预算支出	16268337	15662586	3.9
一般公共服务	1496457	1612417	-7.2
科学技术	841695	795282	5.8
交通运输	350047	320393	9.3
农林水	1071212	1031038	3.9
节能环保	296066	266593	11.1
城乡社区	4346045	3811967	14.0
文化旅游体育与传媒	206433	201956	2.2
教育支出	2993524	2929915	2.2
卫生健康	1093894	1088029	0.5
社会保障和就业	1458705	1455845	0.2
公共安全	676586	750049	-9.8
其他支出	1437673	1399102	2.8
基金支出合计	10128593	12621842	-19.8

5－5 主要年份金融统计指标

单位:亿元

年 份	各项存款余额	#城乡居民储蓄存款	各项贷款余额	#短期贷款	#中长期贷款
1994	235.31	132.80	180.85	145.33	24.21
1995	306.02	183.27	240.84	176.71	31.56
1996	399.57	218.20	350.59	233.68	57.65
1997	449.56	241.43	379.24	277.16	72.28
1998	594.69	269.43	468.90	279.30	111.78
1999	723.57	346.12	588.87	382.74	159.03
2000	826.18	373.22	631.57	378.29	184.48
2001	986.84	444.10	778.28	447.47	264.61
2002	1232.98	544.99	1207.42	555.09	550.23
2003	1598.70	704.85	1629.42	680.13	859.68
2004	1960.23	800.89	1851.38	775.58	1016.02
2005	2322.32	954.42	2055.35	751.94	1209.74
2006	2756.80	1093.04	2482.50	854.34	1495.71
2007	3267.46	1177.17	2982.40	967.88	1904.50
2008	3869.21	1494.93	3516.27	1083.35	2275.10
2009	5325.84	1881.32	5200.76	1201.37	3751.76
2010	6427.95	2172.08	6353.68	1371.86	4846.59
2011	7364.26	2526.93	7483.83	1708.80	5698.04
2012	8800.66	3004.07	8518.93	1957.10	6393.43
2013	10148.76	3507.51	9633.02	2331.67	7165.55
2014	11266.10	3898.85	10712.82	2529.89	7992.60
2015	14065.66	4352.63	12323.87	2668.64	9137.69
2016	15488.77	4872.74	13866.96	2677.38	10472.19
2017	17141.83	5203.64	16027.07	3060.20	12590.62
2018	18633.60	5692.08	18360.89	3656.00	14175.01
2019	21048.45	6600.39	21248.71	4477.57	15917.02
2020	23316.81	7572.18	24261.26	5032.76	18407.53
2021	25348.50	8311.19	27235.11	5279.13	20837.64
2022	27882.56	9771.94	29853.42	5608.84	22883.31
2023	30715.63	11200.40	32970.58	6712.32	24851.83

注:从2015年开始人民银行不公布城乡居民储蓄存款这一指标,数据由住户存款代替。

5－6 金融机构消费贷款(2023 年)

单位:万元

指　　标	年末余额	比年初±额
消费贷款总计	70463055.75	4723141.95
短期个人消费贷款	10511647.09	2354984.49
住房贷款	1546.40	－3617.47
汽车贷款	24216.08	759.62
助学贷款	747.76	－1141.04
其他贷款	10485136.84	2358983.39
中长期个人消费贷款	59951408.66	2368157.46
住房贷款	51131641.88	467615.04
汽车贷款	355202.70	18120.05
助学贷款	538776.81	111105.56
其他贷款	7925787.26	1771316.81

5－7 金融机构存贷款(本外币)(2023 年)

单位:亿元

指　　标	年末余额	比年初±额	指　　标	年末余额	比年初±额
各项存款	30715.63	2833.07	各项贷款	32970.58	2899.00
一、境内存款	30653.02	2804.47	一、境内贷款	32896.10	3064.97
1. 住户存款	11200.40	1430.04	1. 短期贷款	6712.32	946.43
2. 非金融企业存款	9018.79	27.49	2. 中长期贷款	24851.83	1907.40
3. 广义政府存款	6198.22	432.89	3. 融资租赁	67.80	67.80
4. 非银行业金融机构存款	4235.60	914.05	4. 票据融资	1128.03	－34.66
二、境外存款	62.61	28.60	5. 各项垫款	11.10	0.80
			二、境外贷款	74.48	－36.47

5－8 金融机构存贷款(人民币)(2023 年)

单位:亿元

指　　标	年末余额	比年初±额	指　　标	年末余额	比年初±额
各项存款	30482.65	2846.17	各项贷款	32811.22	2978.30
一、境内存款	30437.27	2826.34	一、境内贷款	32805.06	2979.73
1. 住户存款	11132.35	1430.54	1. 短期贷款	6685.73	973.67
2. 非金融企业存款	8881.25	50.27	2. 中长期贷款	24787.38	1924.43
3. 广义政府存款	6191.88	430.71	3. 融资租赁	67.80	67.80
4. 非银行业金融机构存款	4231.78	914.82	4. 票据融资	1128.03	－34.66
二、境外存款	45.37	19.83	5. 各项垫款	11.10	0.80
			二、境外贷款	6.15	－1.43

5－9 财产保险公司业务主要指标(2023 年)

单位:万元

指　　标	保费收入	赔款支出
合　　计	**1977331.89**	**1396163.81**
1. 企业财产保险	90972.4	40468.25
2. 家庭财产保险	29433.11	2767.05
3. 机动车辆保险	1184057.48	793035.30
4. 工程保险	20280.46	13506.87
5. 责任保险	104112.41	60468.03
6. 信用保险	49038.25	39054.96
7. 保证保险	40593.25	143762.99
# 机动车辆消费贷款保证保险		
个人贷款抵押房屋保证保险	－0.65	
8. 船舶保险	1216.59	415.57
9. 货物运输保险	13934.57	6092.83
10. 特殊风险保险	694.68	1263.94
11. 农业保险	46029.74	33399.81
12. 健康险	280423.98	201301.57
13. 意外伤害保险	71613.92	29207.27
14. 其他险	44931.04	31419.39

5－10 人寿保险公司业务主要指标(2023年)

单位:万元

指标	合计
一、原保险保费收入	4233975.65
1. 寿险小计	3532757.03
2. 意外伤害险小计	53688.96
(1)一年期以内业务	9805.71
(2)一年期业务	25046.15
(3)一年期以上业务	18837.10
3. 健康险小计	647529.66
二、赔付支出	995973.24
1. 赔款支出	108286.76
(1)意外伤害险	12460.18
一年期以内业务	3826.42
一年期业务	8633.76
(2)一年期以内及一年期健康险	95826.58
个人业务	23062.90
团体业务	72763.68
2. 死伤医疗给付	129416.55
(1)寿险	36024.66
个人业务	33667.63
团体业务	2357.03
(2)一年期以上健康险	93391.90
个人业务	92512.65
团体业务	879.24
3. 满期给付	595770.26
(1)寿险	595555.11
个人业务	595504.13
其中:年金保险	132815.30
团体业务	50.98
其中:年金保险	
(2)一年期以上健康险	215.15
个人业务	215.15
团体业务	
4. 年金给付	162499.67
(1)个人业务	156319.67
其中:年金保险	145585.82
(2)团体业务	6180.01
其中:年金保险	6179.93
三、退保金	372106.85
1. 寿险	346218.67
(1)个人业务	346147.53
其中:年金保险	177634.94
(2)团体业务	71.14
其中:年金保险	46.71
2. 一年期以上健康险	25888.18

6 物价指数

长沙统计年鉴

6－1 历年物价总指数

（上年＝100）

年份	商品零售价格指数	居民消费价格指数	服务项目价格指数
1951	105.6		
1952	97.4		
1953	107.6	109.6	105.7
1954	104.8	104.8	100.5
1955	100.9	100.2	100.2
1956	100.2	99.9	94.4
1957	103.9	104.9	96.2
1958	98.5	98.6	99.7
1959	101	100.8	99.3
1960	103	102.7	100
1961	128.8	123.6	100.5
1962	92.2	93.2	103.4
1963	84.9	85.8	95
1964	95.4	95.3	94.2
1965	97.9	97.7	95.9
1966	100.1	99.4	92.8
1967	100.9	100.7	98.1
1968	99.7	99.7	100
1969	100.5	100.5	100
1970	99.3	99.4	100
1971	99.8	99.9	100
1972	99.9	99.9	99.9
1973	100.3	99.8	94.7
1974	99.8	99.6	97.9
1975	100.1	100.1	100
1976	100	99.9	97.8
1977	100.1	99.5	94
1978	99.9	99.6	96.4
1979	101.3	101.3	101.7
1980	107.7	107.2	101.7
1981	101.6	101.7	102.9
1982	101.8	101.7	101.1
1983	101.4	101.8	106.9
1984	103.5	103.7	106.1
1985	112.7	112.2	107
1986	105.3	105.4	106.5
1987	109.8	109.6	107.7
1988	124.9	123.7	111.2
1989	115.4	115.8	120.3
1990	100.2	101.5	113.3

6－1 续表 （上年＝100）

年　份	商品零售价格指数	居民消费价格指数	服务项目价格指数
1991	106.5	106.9	110.3
1992	111.8	114	128.5
1993	118.4	119.7	127.6
1994	119	123.8	133.7
1995	114	117.1	119.2
1996	105.4	106.9	111.6
1997	100.8	103.5	112.3
1998	98.5	101.2	112.6
1999	98.4	100.2	112.6
2000	100.7	101.7	111.1
2001	98.2	98.4	103.1
2002	98.6	99.2	102.2
2003	99.2	100.9	101.1
2004	101.3	103.2	102.4
2005	100.4	101.9	102.9
2006	101.1	101.1	101.0
2007	102.3	104.9	101.9
2008	103.9	105.2	101.4
2009	97.7	99.4	100.5
2010	103.8	102.9	101.3
2011	105.4	105.5	103.6
2012	101.5	102.3	102.1
2013	101.2	102.8	104.0
2014	101.7	102.7	102.7
2015	99.6	101.1	100.6
2016	100.9	101.9	101.8
2017	101.4	101.3	102.5
2018	102.5	102.0	101.6
2019	102.2	102.9	101.2
2020	100.8	101.8	100.0
2021	102.0	101.1	101.4
2022	103.3	101.7	100.3
2023	–	100.4	101.6

注:2023 年开始取消商品零售价格指数。

6-2 重要年份定基物价指数

年份	基期	居民消费价格指数	商品零售价格指数
1952	以1950年为100		102.9
1957	以1950年为100	124.0	121.7
	以1952年为100	120.6	118.3
1965	以1950年为100	136.5	136.1
	以1952年为100	132.7	132.3
	以1957年为100	110.1	111.8
1970	以1950年为100	138.6	138.9
	以1952年为100	134.7	135.0
	以1957年为100	111.8	114.1
	以1965年为100	101.5	102.1
1978	以1950年为100	136.0	138.8
	以1952年为100	132.2	134.9
	以1957年为100	109.6	114.0
	以1965年为100	99.6	102.0
	以1970年为100	98.1	99.9
1980	以1950年为100	147.7	151.4
	以1952年为100	143.6	147.2
	以1957年为100	119.1	124.4
	以1965年为100	108.2	111.3
	以1970年为100	106.6	109.0
	以1978年为100	108.7	109.1
1990	以1950年为100	308.8	309.1
	以1952年为100	291.9	300.5
	以1957年为100	249.0	254.0
	以1965年为100	227.7	230.5
	以1970年为100	224.1	225.9
	以1978年为100	223.7	223.0
	以1980年为100	205.9	204.4
2000	以1950年为100	733.5	613.4
	以1952年为100	713.2	596.3
	以1957年为100	591.5	504.1
	以1965年为100	537.3	450.9
	以1970年为100	529.3	441.6
	以1978年为100	539.6	442.1
	以1980年为100	496.6	405.2
	以1990年为100	241.3	198.3
	以1995年为100	114.1	103.7
2005	以1950年为100	759.8	605.3
	以1952年为100	738.7	582.6
	以1957年为100	612.7	492.4
	以1965年为100	556.5	440.4
	以1970年为100	548.3	431.4
	以1978年为100	558.9	431.9
	以1980年为100	514.3	395.8
	以1990年为100	249.9	193.7
	以1995年为100	118.2	101.3
	以2000年为100	105.3	100.5

6－2 续表 1

年　份	基　期	居民消费价格指数	商品零售价格指数
2010	以 1950 年为 100	866.9	659.6
	以 1952 年为 100	843.0	634.8
	以 1957 年为 100	699.2	536.6
	以 1965 年为 100	635.1	479.6
	以 1970 年为 100	625.5	470.1
	以 1978 年为 100	637.8	470.6
	以 1980 年为 100	586.9	431.3
	以 1990 年为 100	285.1	211.1
	以 1995 年为 100	134.8	110.4
	以 2000 年为 100	123.0	109.6
	以 2005 年为 100	116.9	111.5
2014	以 1950 年为 100	987.8	726.2
	以 1952 年为 100	960.6	698.9
	以 1957 年为 100	796.7	590.9
	以 1965 年为 100	723.6	528.1
	以 1970 年为 100	712.7	517.6
	以 1978 年为 100	726.8	518.1
	以 1980 年为 100	668.7	474.8
	以 1990 年为 100	324.8	232.4
	以 2000 年为 100	140.1	120.6
	以 2005 年为 100	131.3	122.8
	以 2010 年为 100	114.4	109.7
2015	以 1950 年为 100	998.7	723.3
	以 1952 年为 100	971.2	696.1
	以 1957 年为 100	805.5	588.5
	以 1965 年为 100	731.6	526.0
	以 1970 年为 100	720.5	515.5
	以 1978 年为 100	734.8	516.0
	以 1980 年为 100	676.1	472.9
	以 1990 年为 100	328.4	231.5
	以 2000 年为 100	141.6	120.1
	以 2005 年为 100	132.7	122.3
	以 2010 年为 100	115.7	109.9
2016	以 1950 年为 100	1017.7	729.8
	以 1952 年为 100	989.7	702.4
	以 1957 年为 100	820.8	593.8
	以 1965 年为 100	745.5	530.7
	以 1970 年为 100	734.2	520.1
	以 1978 年为 100	748.8	520.6
	以 1980 年为 100	688.9	477.2
	以 1990 年为 100	334.6	233.6
	以 2000 年为 100	139.2	123.1
	以 2005 年为 100	135.2	123.4
	以 2010 年为 100	117.9	110.9
	以 2015 年为 100	102.7	101.7

6－2 续表 2

年　份	基　期	居民消费价格指数	商品零售价格指数
2017	以 1950 年为 100	1030.9	740.0
	以 1952 年为 100	1002.6	712.2
	以 1957 年为 100	831.5	602.1
	以 1965 年为 100	755.2	538.1
	以 1970 年为 100	743.7	527.4
	以 1978 年为 100	758.5	527.9
	以 1980 年为 100	697.9	483.9
	以 1990 年为 100	338.9	236.9
	以 2000 年为 100	140.4	124.9
	以 2005 年为 100	137.0	125.1
	以 2010 年为 100	119.4	112.5
	以 2015 年为 100	103.5	103.2
2018	以 1950 年为 100	1051.5	758.5
	以 1952 年为 100	1022.7	730.0
	以 1957 年为 100	848.1	617.2
	以 1965 年为 100	770.3	551.6
	以 1970 年为 100	758.6	540.6
	以 1978 年为 100	773.7	541.1
	以 1980 年为 100	711.9	496.0
	以 1990 年为 100	345.7	242.8
	以 2000 年为 100	143.6	127.5
	以 2005 年为 100	139.7	128.2
	以 2010 年为 100	121.8	115.3
	以 2015 年为 100	105.9	105.4
2019	以 1950 年为 100	1082.0	775.2
	以 1952 年为 100	1052.4	746.1
	以 1957 年为 100	872.7	630.8
	以 1965 年为 100	792.6	563.7
	以 1970 年为 100	780.6	552.5
	以 1978 年为 100	796.1	553.0
	以 1980 年为 100	732.5	506.9
	以 1990 年为 100	355.7	248.1
	以 2000 年为 100	148.8	131.4
	以 2005 年为 100	143.8	131.0
	以 2010 年为 100	125.3	117.8
	以 2015 年为 100	109.7	108.6
2020	以 1950 年为 100	1101.5	781.4
	以 1952 年为 100	1071.3	752.1
	以 1957 年为 100	888.4	635.8
	以 1965 年为 100	806.9	568.2
	以 1970 年为 100	794.7	556.9
	以 1978 年为 100	810.4	557.4
	以 1980 年为 100	745.7	511.0
	以 1990 年为 100	362.1	250.1
	以 2000 年为 100	149.4	131.1
	以 2005 年为 100	146.4	132.0
	以 2010 年为 100	127.6	118.7
	以 2015 年为 100	110.2	108.4

6－2 续表3

年 份	基 期	居民消费价格指数	商品零售价格指数
2021	以1950年为100	1113.6	797.0
	以1952年为100	1083.1	767.1
	以1957年为100	898.2	648.5
	以1965年为100	815.8	579.6
	以1970年为100	803.4	568.0
	以1978年为100	819.3	568.5
	以1980年为100	753.9	521.2
	以1990年为100	366.1	255.1
	以2000年为100	151.0	133.7
	以2005年为100	148.0	134.6
	以2010年为100	129.0	121.1
	以2015年为100	111.4	110.6
	以2020年为100	101.1	102.0
2022	以1950年为100	1132.5	823.3
	以1952年为100	1101.5	792.5
	以1957年为100	913.4	669.9
	以1965年为100	829.6	598.7
	以1970年为100	817.1	586.8
	以1978年为100	833.2	587.3
	以1980年为100	766.7	538.4
	以1990年为100	372.3	263.5
	以2000年为100	153.6	138.1
	以2005年为100	150.5	139.1
	以2010年为100	131.2	125.1
	以2015年为100	113.3	114.2
	以2020年为100	102.8	105.4
2023	以1950年为100	1137.1	－
	以1952年为100	1105.9	－
	以1957年为100	917.1	－
	以1965年为100	833.0	－
	以1970年为100	820.4	－
	以1978年为100	836.6	－
	以1980年为100	769.8	－
	以1990年为100	373.8	－
	以2000年为100	154.2	－
	以2005年为100	151.1	－
	以2010年为100	131.7	－
	以2015年为100	113.8	－
	以2020年为100	103.2	－

注:2023年开始取消商品零售价格指数。

6－3 居民消费价格指数(2023年)

(上年＝100)

项　　目	全市	项　　目	全市
居民消费价格总指数	100.4	三、居住	101.1
一、食品烟酒	99.8	1. 租赁房房租	101.3
1. 食品	99.1	2. 住房保养维修及管理	100.4
(1)粮食	100.7	3. 水电燃料	100.9
(2)薯类	106.5	4. 自有住房	101.3
(3)豆类	99.3	四、生活用品及服务	100.2
(4)食用油	102.6	1. 家具及室内装饰品	100.1
(5)菜及食用菌	98.3	2. 家用器具	99.1
(6)畜肉类	92.5	3. 家用纺织品	99.4
(7)禽肉类	102.9	4. 家庭日用杂品	100.6
(8)水产品	95.6	5. 个人护理用品	101.3
(9)蛋类	101.6	6. 家庭服务	100.5
(10)奶类	100.9	五、交通通信	98.3
(11)干鲜瓜果类	103.7	1. 交通	98.0
(12)糖果糕点类	101.5	2. 通信	99.3
(13)调味品	102.6	六、教育文化娱乐	102.3
(14)其他食品类	100.9	1. 教育	100.7
2. 茶及饮料	101.3	2. 文化娱乐	105.0
3. 烟酒	100.5	七、医疗保健	100.3
4. 在外餐饮	101.0	1. 药品及医疗器具	100.8
二、衣着	101.1	2. 医疗服务	100.1
1. 服装	101.1	八、其他用品及服务	103.0
2. 鞋类	101.3	1. 其他用品	104.7
		2. 其他服务	101.4

6－4 居民消费价格指数(分月)(2023年)

(上年同月＝100)

项　目	一月	二月	三月	四月	五月	六月	七月	八月	九月	十月	十一月	十二月
居民消费价格总指数	**101.9**	**101.0**	**100.9**	**100.8**	**100.7**	**100.2**	**99.8**	**100.1**	**100.1**	**100.0**	**99.9**	**100.0**
一、食品烟酒	103.5	101.1	101.3	101.0	101.4	101.2	98.7	98.7	97.8	97.2	97.6	97.9
1.食品	104.9	101.1	101.5	100.9	101.6	101.4	97.4	97.4	95.9	95.1	95.9	96.4
(1)粮食	102.8	102.7	101.9	100.7	100.0	100.0	100.0	100.0	100.0	100.0	100.3	100.2
(2)薯类	116.2	120.1	115.3	108.9	109.5	109.8	106.4	102.5	107.1	102.6	94.3	86.9
(3)豆类	99.1	98.9	98.9	99.2	99.2	99.2	98.9	99.2	99.5	99.5	99.7	99.8
(4)食用油	108.5	108.2	107.7	107.0	105.8	102.5	99.5	99.5	99.6	98.7	98.3	98.0
(5)菜及食用菌	107.4	95.3	91.8	93.4	102.0	104.5	96.9	94.6	91.5	95.5	106.2	103.0
(6)畜肉类	107.6	101.6	105.1	104.5	100.8	97.8	86.2	89.6	86.6	80.4	79.2	83.1
(7)禽肉类	108.5	107.5	107.4	105.5	105.0	103.5	102.5	101.5	99.4	98.6	98.5	98.6
(8)水产品	100.9	96.7	95.0	94.6	94.3	94.1	94.1	93.7	93.7	96.0	96.6	97.5
(9)蛋类	105.6	104.6	105.4	101.6	100.2	100.5	102.8	104.7	101.5	99.7	96.7	97.3
(10)奶类	100.9	100.8	101.6	101.1	100.5	100.5	100.8	100.4	101.1	101.3	101.0	100.9
(11)干鲜瓜果类	103.6	102.7	106.1	104.3	105.7	106.8	104.6	103.7	102.4	102.4	101.9	100.7
(12)糖果糕点类	100.7	100.9	101.0	101.4	102.5	102.8	102.6	101.8	101.6	101.4	100.9	100.5
(13)调味品	105.0	105.1	104.2	102.5	101.7	101.7	101.8	102.0	102.0	102.1	102.0	101.7
(14)其他食品类	101.5	101.7	101.0	100.6	100.3	100.4	100.8	101.0	101.0	101.1	100.9	101.0
2.茶及饮料	103.2	103.3	103.0	103.1	103.1	103.0	101.5	100.3	100.0	98.7	98.0	98.5
3.烟酒	100.3	100.2	100.4	100.4	100.5	100.2	100.6	100.7	100.8	100.6	100.6	100.6
4.在外餐饮	101.4	101.2	101.1	101.3	101.1	101.0	100.9	100.9	101.1	101.2	100.7	100.4
二、衣着	101.4	101.4	101.4	101.2	100.8	100.6	100.8	100.9	101.3	101.3	101.2	101.2
三、居住	100.9	101.0	101.4	101.6	101.6	101.6	101.4	100.8	100.9	100.9	100.8	100.4
四、生活用品及服务	101.6	101.1	100.6	100.2	99.9	99.8	100.0	99.9	99.8	99.6	99.7	99.9
五、交通通信	102.2	100.9	98.8	97.2	96.7	94.1	95.5	98.5	99.3	99.7	98.4	99.0
六、教育文化娱乐	101.1	100.7	101.5	102.8	102.1	101.8	102.2	102.7	103.0	103.2	103.0	103.3
七、医疗保健	100.3	100.4	100.4	100.4	100.4	100.2	100.2	100.1	100.2	100.2	100.3	100.3
八、其他用品及服务	103.3	102.3	102.1	102.7	102.5	102.3	103.7	103.4	104.0	103.5	103.0	102.9

6-5 工业生产者出厂价格指数(2023年)

(上年=100)

项　目	全市	项　目	全市
总指数	**98.5**		
煤炭开采和洗选业	88.5	医药制造业	101.3
黑色金属矿采选业	90.5	橡胶和塑料制品业	96.2
有色金属矿采选业	95.5	非金属矿物制品业	95.9
非金属矿采选业	96.1	黑色金属冶炼和压延加工业	90.3
农副食品加工业	100.4	有色金属冶炼和压延加工业	99.0
食品制造业	99.3	金属制品业	97.3
酒、饮料和精制茶制造业	99.7	通用设备制造业	97.5
烟草制品业	100.0	专用设备制造业	97.6
纺织业	95.2	汽车制造业	96.5
纺织服装、服饰业	101.0	铁路、船舶、航空航天和其他运输设备制造业	101.8
皮革、毛皮、羽毛及其制品和制鞋业	100.3	电气机械和器材制造业	100.4
木材加工和木、竹、藤、棕、草制品业	101.9	计算机、通信和其他电子设备制造业	102.3
造纸和纸制品业	95.9	电力、热力生产和供应业	102.5
石油、煤炭及其他燃料加工业	98.2	燃气生产和供应业	102.6
化学原料和化学制品制造业	96.9	水的生产和供应业	99.7

6－6 原材料、燃料、动力购进价格指数(2023 年)

(上年＝100)

项　　目	全市	项　　目	全市
总指数	**97.5**		
1. 燃料、动力类	99.3	6. 建筑材料类及非金属矿类	99.2
2. 黑色金属材料类	95.1	7. 其他工业原材料及半成品类	98.3
3. 有色金属材料和电线类	94.5	8. 农副食品类	102.5
4. 化工原料类	90.9	9. 纺织原料类	98.8
5. 木材及纸浆类	98.0		

6－7 房地产价格指数(2023 年 12 月)

项　　目	同比(上年同月＝100)	1－12 月平均(上年同期＝100)
一、新建商品住宅销售价格指数	102.4	103.4
1. $90m^2$ 及以下	101.1	103.1
2. $90-144m^2$	102.3	103.2
3. $144m^2$ 以上	103.2	104.1
二、二手住宅销售价格指数	98.7	100.6
1. $90m^2$ 及以下	98.8	100.5
2. $90-144m^2$	98.5	100.4
3. $144m^2$ 以上	98.8	101.2

7 人民生活

长沙统计年鉴

7－1 历年城镇居民调查户基本情况

年　份	调查户数（户）	平均每户家庭人口（人）	平均每一就业者负担人数（人）	人均可支配收入（元）	人均消费支出（元）	人均住房使用面积（m^2）
1980	100	3.70	1.68	522	473	7.67
1981	100	3.75	1.61	539	508	8.31
1982	100	3.75	1.60	555	500	8.93
1983	100	3.72	1.65	581	535	9.33
1984	100	3.70	1.67	660	572	10.10
1985	150	3.49	1.77	834	782	11.18
1986	150	3.44	1.82	970	895	11.85
1987	150	3.39	1.80	1102	992	11.95
1988	200	3.46	1.76	1414	1377	11.51
1989	200	3.38	1.76	1639	1437	11.69
1990	200	3.30	1.71	1770	1496	12.07
1991	200	3.28	1.73	1971	1679	12.90
1992	200	3.20	1.76	2482	1953	13.53
1993	200	3.13	1.70	3246	2595	13.33
1994	200	3.39	1.60	4069	3502	13.22
1995	200	3.36	1.69	4860	4131	13.11
1996	200	3.31	1.65	5289	4697	13.93
1997	200	3.13	1.62	5880	5469	15.89
1998	200	3.07	1.57	6274	5585	16.66
1999	200	3.07	1.66	6883	6364	17.22
2000	200	3.07	1.64	7530	7051	18.23
2001	400	3.04	1.69	8207	7410	17.88
2002	400	2.99	1.85	9021	7854	17.82
2003	400	3.06	1.92	9933	8330	18.17
2004	400	3.05	1.85	11021	9032	18.80
2005	400	2.85	2.09	12434	9660	21.26
2006	400	2.81	2.06	13924	10680	21.40
2007	400	2.82	1.97	16153	12288	21.64
2008	400	2.97	2.17	18282	12960	21.23
2009	500	2.99	1.97	20864	15447	29.33
2010	500	2.93	1.84	23347	16563	30.88
2011	550	2.95	1.90	27069	18069	33.10
2012	550	2.91	1.86	31044	19639	33.08
2013	532	2.99	1.95	33662	22346	41.42
2014	528	2.98	1.83	36826	26779	46.74
2015	536	3.03	1.83	39961	29753	45.34
2016	560	3.04	1.84	43294	31826	44.77
2017	562	3.03	1.87	46948	34645	45.48
2018	570	3.21	1.91	50792	36775	42.72
2019	570	3.22	1.94	55211	39516	41.30
2020	570	3.28	1.96	57971	39133	41.20
2021	570	3.19	1.92	62145	41324	40.90
2022	580	3.15	2.03	65190	42936	41.68
2023	610			67276	45082	

注:2012 年以前数据为城市居民统计范围,从 2013 年起,因统计方法制度改革,统计范围调整为城镇居民统计范围,与往年数据不具有可比性。同时原人均住房使用面积指标调整为人均现住房建筑面积。

7-2 历年城镇居民家庭人均可支配收入情况

单位:元

年份	人均可支配收入	工资性收入	经营净收入	财产净收入	转移净收入
2013	33662	17649	4575	4806	6633
2014	36826	19471	5606	5393	6356
2015	39961	21057	5929	5959	7016
2016	43294	23283	6426	6105	7480
2017	46948	25241	6782	6583	8343
2018	50792	27664	7093	6902	9132
2019	55211	30505	7914	7096	9697
2020	57971	32543	7569	7420	10439
2021	62145	34834	8094	7846	11372
2022	65190	36367	8474	8262	12087
2023	67276	37456	8791	8522	12507

7-3 历年城镇居民调查户人均消费支出情况

单位:元

年份	人均消费支出	食品支出	衣着支出	用品支出	燃料支出	非商品支出
1980	473	252	67	105	7	42
1981	508	287	67	107	8	40
1982	500	297	63	91	9	39
1983	535	317	73	96	9	40
1984	572	334	75	106	9	47
1985	782	425	113	174	11	59
1986	895	489	124	198	12	72
1987	992	561	129	205	11	85
1988	1377	672	173	402	12	117
1989	1437	789	185	307	18	138
1990	1496	823	202	288	22	160
1991	1679	880	227	357	24	191

年份	人均消费支出	食品烟酒支出	衣着支出	居住支出	生活用品及服务支出	交通通讯支出	教育文化娱乐支出	医疗保健支出	其他用品及服务支出
1992	1953	1003	279	96	192	54	210	42	77
1993	2595	1232	385	1540	351	93	217	64	100
1994	3502	1631	481	191	349	245	414	80	111
1995	4131	2031	513	263	372	257	440	124	130
1996	4697	2233	545	326	422	260	555	178	179
1997	5469	2408	646	357	395	432	856	186	188
1998	5585	2373	623	569	329	381	878	204	226
1999	6364	2454	765	661	575	482	944	229	254
2000	7051	2454	683	964	777	582	1057	266	267
2001	7410	2512	715	853	623	728	1289	394	298
2002	7854	2536	777	1036	566	795	1403	490	252
2003	8330	2629	778	792	558	1115	1575	608	274
2004	9032	3017	850	924	485	1195	1606	662	291
2005	9660	3230	970	852	614	1209	1686	788	312
2006	10680	3481	1056	1089	670	1398	1795	867	323
2007	12288	4286	1250	1075	733	1925	1740	974	306
2008	12960	4780	1298	1388	933	1615	1450	1166	330
2009	15447	4988	1487	1673	1389	2605	1871	1097	338
2010	16563	5655	1500	1813	1262	2780	2101	981	470
2011	18069	6498	1953	1701	1162	2916	2410	943	486
2012	19639	7128	2254	1816	1297	2950	2670	882	641
2013	22346	6589	1804	5415	1388	2990	2499	1255	405
2014	26779	7082	1915	5749	1471	4596	3808	1610	547
2015	29753	7740	2251	6462	1853	4219	5179	1535	514
2016	31826	7941	2165	6379	2542	4499	5739	1984	578
2017	34645	8550	2173	6947	2810	4813	6378	2266	708
2018	36775	9523	2399	7040	2836	4706	6876	2569	826
2019	39516	10188	2564	7628	3049	5037	7361	2820	869
2020	39133	10568	2522	7567	2890	4627	7180	2922	857
2021	41324	11076	2623	7754	2992	4516	8523	2904	936
2022	42936	11358	2649	7986	3103	4836	9026	3032	945
2023	45082	11803	2785	8371	3283	5094	9551	3197	998

7-4 城镇居民分区、县(市)家庭人均可支配收入情况(2023年)

指标	长沙	芙蓉区	天心区	岳麓区
人均可支配收入	67276	71870	72085	71688
一、工资性收入	37456	33560	36890	43762
二、经营净收入	8791	8617	10022	8996
三、财产净收入	8522	14609	9385	6582
四、转移净收入	12507	15084	15788	12348

7-5 城镇居民分区、县(市)家庭人均消费支出情况(2023年)

指标	长沙	芙蓉区	天心区	岳麓区
人均消费支出	45082	50219	50405	52201
一、食品烟酒	11803	13341	12885	13855
二、衣着	2785	3831	2598	2960
三、居住	8371	8753	7599	9215
四、生活用品及服务	3283	3207	3360	3515
五、交通通信	5094	5112	8774	6494
六、教育文化娱乐	9551	10297	10024	11290
七、医疗保健	3197	4031	4021	3641
八、其他用品和服务	998	1647	1144	1231

单位：元

开福区	雨花区	望城区	长沙县	浏阳市	宁乡市
71017	72557	62637	61908	61113	57041
35268	38567	35562	40168	41155	31462
4808	10121	16154	6513	9039	7877
9096	6042	6050	11906	5062	8431
21845	17827	4871	3322	5857	9271

单位：元

开福区	雨花区	望城区	长沙县	浏阳市	宁乡市
41606	55836	41295	39100	35086	36550
12847	14513	10146	10770	9082	9060
2450	3171	2536	2513	2397	2348
7592	9865	7301	6244	7769	8412
2675	6652	2452	2098	1880	2519
2930	4619	7006	5711	2806	3276
8790	11942	9082	8751	7849	8263
3830	4062	1899	2622	2131	1646
492	1011	873	391	1172	1026

7-6 2000—2023年农村居民家庭调查户基本情况

年 份	调查户数（户）	平均每户家庭人口（人）	人均纯收入（元）	人均可支配收入（元）	人均消费支出（元）	人均住房使用面积（m^2）
2000	560	4.02	3005	2941	2584	44.1
2005	1000	3.90	4908	4735	4166	49.4
2006	1000	3.89	5653	5438	4574	53.4
2007	1000	3.90	6613	6339	5414	57.1
2008	1000	3.83	8003	7632	6212	58.6
2009	1000	3.83	9432	8986	6826	59.9
2010	1000	3.84	11206	10640	7533	59.5
2011	980	3.87	13400	12717	8579	62.0
2012	690	3.84	15763	15057	10155	62.6
2013	308	3.54		19713	11586	62.0
2014	305	3.65		21723	13147	51.8
2015	304	3.74		23601	15954	56.5
2016	310	3.83		25448	17574	60.0
2017	310	3.84		27360	19189	59.1
2018	310	3.63		29714	20959	59.4
2019	310	3.63		32329	23090	58.1
2020	310	3.72		34754	24427	62.4
2021	310	3.85		38195	27676	61.0
2022	300	3.80		40678	29309	61.3
2023	360			43200	31127	

注：自2013年起，因统计方法制度改革，2013年统计数据与以往年度数据不具有可比性。

7-7 历年农村居民家庭人均可支配收入情况

单位:元

年　份	人均可支配收入	工资性收入	经营净收入	财产净收入	转移净收入
2013	19713	10311	6891	558	1953
2014	21723	10103	8118	583	2919
2015	23601	13355	7483	311	2452
2016	25448	15617	7265	263	2303
2017	27360	16709	7944	356	2351
2018	29714	18130	8608	386	2590
2019	32329	20110	9040	472	2708
2020	34754	21211	10099	497	2948
2021	38195	23293	10972	651	3279
2022	40678	24627	11707	709	3636
2023	43200	26179	12471	740	3809

7-8 历年农村居民家庭人均消费支出情况

单位:元

年　份	人均消费支出	食品烟酒支出	衣着支出	居住支出	生活用品及服务支出	交通通讯支　出	教育文化娱乐支出	医疗保健支　出	其他用品及服务支出
2013	11586	2845	793	3008	726	2066	1110	866	171
2014	13147	4055	812	2823	835	1772	1726	892	232
2015	15954	4033	942	3408	1020	3080	2342	831	297
2016	17574	4386	1068	3445	1034	3654	2868	900	219
2017	19189	4621	1104	3739	1187	3827	3481	981	249
2018	20959	5344	1176	4271	1341	3797	3563	1210	257
2019	23090	5859	1257	4780	1456	4146	3990	1318	284
2020	24427	6177	1323	4973	1572	4441	4114	1471	357
2021	27676	6971	1408	5250	1875	4617	5472	1680	403
2022	29309	7301	1446	5508	1950	5028	5882	1788	407
2023	31127	7722	1515	5760	2070	5368	6327	1931	435

7－9 农村居民分区、县(市)家庭人均可支配收入情况(2023年)

单位:元

项 目	全 市	望城区	长沙县	浏阳市	宁乡市
人均可支配收入	43200	46775	46168	45968	39383
一、工资性收入	26179	30267	34407	19119	25285
二、经营净收入	12471	13269	8085	21532	9093
三、财产净收入	740	1117	797	572	356
四、转移净收入	3809	2122	2878	4745	4650

注:7－9表至7－10表芙蓉区、天心区、岳麓区、开福区和雨花区无农村调查点。

7－10 农村居民分区、县(市)家庭人均消费支出情况(2023年)

单位:元

项 目	全 市	望城区	长沙县	浏阳市	宁乡市
人均消费支出	31127	31099	30549	27383	31359
一、食品烟酒	7722	8314	7586	6477	8169
二、衣着	1515	1461	1791	1161	1404
三、居住	5760	6108	6012	5000	5213
四、生活用品及服务	2070	1738	2816	1777	1824
五、交通通信	5368	4820	4405	5097	5861
六、教育文化娱乐	6327	6362	6581	4933	6739
七、医疗保健	1931	1930	1109	2489	1748
八、其他用品和服务	435	366	248	450	401

8 城市建设、环境保护

长沙统计年鉴

8-1 2009-2023年城市公共交通情况

年 份	全年客运总量（万人次）	公共汽车营运情况				出租汽车营运情况		轨道交通营运情况		
		客运量（万人次）	年末营运车辆数（辆）	年末营运线网长度（公里）	年末营运线路条数（条）	客运量（万人次）	年末营运车辆数（辆）	客运量（万人次）	年末营运车数（辆）	年末营运线路长度（公里）
2009	104478	67305	3553	1018	129	37173	6280			
2010	101303	72222	3557	1048	129	29081	6280			
2011	106159	75433	3651	3195	135	30726	6420			
2012	105599	75844	3775	3263	140	29755	6420			
2013	104103	73943	4157	3484	141	30160	6915			
2014	115109	75221	5142	3512	150	35308	7816	4580	96	21.9
2015	116944	74324	6102	3559	180	34213	7816	8407	162	26.6
2016	112719	68162	7187	4519	187	28524	7816	16033	345	68.8
2017	121732	69118	8361	5570	226	29267	7820	23347	345	68.8
2018	120860	68457	8806	6603	266	27373	7840	25030	345	68.8
2019	142104	76644	11486	10238	284	31671	9128	33789	522	100.5
2020	98765	41359	11858	7344	366	18830	8080	38576	891	158
2021	128362	48203	10063	7341	280	21369	8164	58790	911	162
2022	116109	38003	9712	7440	384	20323	8156	57783	1149	210
2023	149142	33782	8897	7162	375	20969	8354	94391	1275	227

注:1. 从2011年开始，表中数据含望城区。
2. 从2011年开始，公交车年末营运线网长度统计口径变更，与以前年度数据不可比，按同口径计算，2010年为3173公里；从2014年开始全年客运总量中含有轨道交通客运量。
3. 2023年数据含西延线的数据。

8-2 2000-2023年城市房屋发展状况及住房水平

年 份	城市房屋建筑面积（万 m^2）	#住宅	人均住房建筑面积（m^2/人）	年末危险房屋（万 m^2）
2000	5283.28	2839.76	18.6	24.2
2001	5635.30	3097.40	19.6	35.4
2002	6132.40	3447.20	21.5	35.4
2003	6624.90	3771.81	23.2	33.3
2004	7352.00	4268.30	25.3	31.7
2005	8223.00	4776.00	27.2	27.7
2006	9021.62	5280.36	28.3	26.2
2007	9939.52	5883.72	28.9	22.2
2008	10891.33	6561.62	28.3	21.7
2009	10578.92	9219.11	29.5	3.0
2010	14940.70	10581.09	30.9	2.5
2011	16619.67	11813.00	32.2	3.2
2012	18583.00	13267.00	31.8	4.7
2013	17249.29	11858.72	41.4	8.6
2014	19177.00	13239.00	48.3	120.0
2015	21407.00	14836.00	45.3	120.0
2016	22904.80	15844.30	44.8	81.9
2017	25630.41	18617.19	45.5	42.0
2018	29950.63	20658.21	42.7	33.5
2019	32848.39	22750.63	41.3	32.2
2020	31869.14	22408.16	41.2	60.2
2021	34340.49	24090.92	40.9	64.6
2022	35907.68	24855.12	41.7	69.4
2023	39432.66	27366.18		55.1

注:1. 人均住房建筑面积统计指标2012年以前为城市统计口径，2013年开始调整为城镇统计口径。
2. 从2014年起年末危险住宅指标改为年末危险房屋，统计口径由危房改造面积调整为危房存量面积。
3. 以2021年国土变更调查数据为基础，对2020年以来城市住房建筑面积进行了调整。

8－3　2000－2023年城市自来水、供气、用电供应情况

年份	自来水					供气情况			
						液化气			
	年末水厂个数(个)	年末供水管道长度(公里)	年末供水总量(万吨)	#生活用水	年末水厂生产能力(万吨/日)	供气总量(吨)	#生活用	用气人口(万人)	储气能力(吨)
2000	6	1087	37399	21246	132	65700	63796	106.5	3700
2001	6	1120	39872	22262	157	70200	68806	137.8	3700
2002	6	1188	36748	24199	165	72306	70870	140.3	3800
2003	6	1292	38845	29369	165	75668	74911	142.2	3800
2004	6	1338	39819	30105	165	91500	90584	149.1	3800
2005	6	1450	41969	31540	165	92600	91600	151.1	3800
2006	6	1529	43328	32441	165	85000	80300	138	3800
2007	6	1659	32840	24630	167	84000	79500	119.9	4000
2008	6	1801	44866	24870	167	82000	78000	146.5	4000
2009	6	1925	45144	26597	167	85000	80000	125	4000
2010	6	2012	46431	26611	180	83000	77000	115	4000
2011	7	2323	51224	29243	221	93000	84300	101.5	4000
2012	7	3050	41997	29950	265	76663	63385	267.3	4000
2013	7	3300	52739	31263	270	86492	72573	275	4000
2014	8	3490	55589	33880	225	101838	87210	210	6400
2015	8	3457	57652	34507	215	60876	49667	64	3770
2016	8	3647	60558	35201	215	61620	48766	64	3770
2017	9	3817	50167	37083	235	52120	38417	60	3770
2018	8	5721	67721	45300	235	58742	45405	50	3770
2019	8	5885	69466	40892	240	73572	56868	59.1	3770
2020	8	7533	70747	24325	240	69187	39459	61.2	3770
2021	9	7710	76495	28114	285	82835	40656	84.8	1708
2022	9	7888	85417	30836	290	80665	35005	81.4	1708
2023	9	7930	83273	30271	290	72697	42005	66.1	1496

天然气				供电(万千瓦时)					
供气总量(万 m^3)	#生活用	用气人口(万人)	储气能力(万 m^3)	全市用电总量	#工业用电	#居民生活用电	其中:市区用电总量	#工业用电	#居民生活用电
				480160	221763	136507	313975	131522	105952
				529409	281711	143681	343137	156001	119738
				591319	310605	235649	375933	175375	163622
				696000	354800	360300	439000	201500	154200
				722087	375058	276637	430300	194500	215800
3418	2238	25	10	923856	384129	282458	501464	193501	205719
11947	3390	68	10	1039585	345094	423066	602611	200408	277750
19254	4647	90.1	10	1153430	368754	456961	637260	167545	247098
26607	6192	90.9	10	1265685	498417	426619	683642	198858	273759
32948	10618	164.7	100	1414653	456798	564587	817921	185517	343932
39300	12500	192	100	1603152	573315	513122	943789	223612	344333
50363	19450	246.1	100	1838972	675729	587635	1156205	308003	417589
64298	24911	264.7	100	2040474	757802	666846	1268341	332841	464827
70321	26019	311.9	100	2245429	898159	718282	1373249	383172	489662
85657	30780	337.2	1200	2274871	923598	691650	1382042	387454	465045
72731	23057	260	1280	2464961	993670	754227	1501794	423836	506081
76757	27625	290	1280	2848657	1142014	915832	1759889	527313	610681
80157	26703	320	1280	3129032	1296129	980630	1862295	558290	644786
86826	35097	319	1280	3636932	1488684	1126535	2138396	619967	737304
88998	37017	322.8	1280	3959312	1569024	1250627	2354586	661979	826907
84475	35495	333	1280	4116782	1688776	1269589	2424258	675468	871864
101748	46873	497.9	1298	4848104	1959807	1446078	2889280	802864	993102
107781	53744	521.2	1118	5167903	2023727	1601768	3076379	804076	1101701
106628	53741	544.5	1118	5329436	2122308	1536401	3212689	890186	1051600

8－4　2000－2023年城市环境卫生基本情况

年份	道路清扫保洁面积（万 m^2）	生活垃圾无害处理量（万吨）	环卫专用车辆（辆）垃圾运输车	真空吸粪车	洒水车	清扫车	专用集装式垃圾中转车	公共厕所（座）	#本年新建	垃圾站（个）	#本年新建
2000	540		156	9	27			462	10	504	11
2001	566	68	148	7	29			461	2	504	4
2002	912	68	160	8	31			431	7	494	5
2003	1200	66	173	1	35			388	13	458	15
2004	1741	77	219	8	65			422	35	487	32
2005	1912	77	182	8	77			455	33	576	42
2006	2689	76	199	9	85			516	61	637	61
2007	3033	86	180	9	104			545	29	545	25
2008	2523	102	187	10	99	43	25	490	24	570	287
2009	2638	107	200	6	99	45	27	542	52	615	51
2010	2954	117	368	10	104	52	40	551	9	635	20
2011	3543	143	201	4	133	82	40	543		661	
2012	3608	169	204	4	170	73	48	567		673	
2013	5238	160	264	2	296	124	60	566		676	
2014	5140	207	368	5	307	148	63	519		620	
2015	5810	201	339	6	492	181	80	536		641	
2016	6846	215	395	8	493	195	72	549		672	
2017	6920	228	341	9	595	232	82	557		650	
2018	7162	251	627	13	549	271	80	539	26	668	23
2019	8461	286	594	12	490	282		549	10	670	2
2020	8104	257	587	1	502	255	91	551	22	657	2
2021	8588	295	618	1	534	268	99	565	14	661	4
2022	10649	321	624		630	271	101	611		668	
2023	10916	367	547		912	299	106	625	14	705	30

8－5 2000－2023年市政设施基本情况

年 份	城市道路		年末实有永久性桥梁(座)	年末实有排水管道长度(公里)	路灯盏数(盏)
	年末实有道路长度(公里)	年末实有道路面积(万 m^2)			
2000	998	928	71	636	16259
2001	1098	1099	71	648	17309
2002	1150	1575	73	648	26411
2003	1188	1980	73	770	37215
2004	1323	2385	76	800	43215
2005	1415	2795	77	895	53468
2006	1466	3002	77	1046	64938
2007	1552	3131	87	1046	69731
2008	1608	3320	92	1186	77135
2009	1660	3489	93	1230	76200
2010	1781	3618	97	1842	79542
2011	2173	4258	168	2601	82423
2012	2342	3958	172	2169	87389
2013	2966	4307	174	2169	91393
2014	1698	4382	179	2698	102602
2015	1698	4596	186	2172	84848
2016	1798	4706	196	2270	86349
2017			219	2637	89943
2018	1985	4808		2742	94157
2019	1950	4950	236	3198	101167
2020	2530	6988		3521	107939
2021	3113	8931		6526	120103
2022	2838	8062		6899	157699
2023	2989	8662		7120	171861

注:1. 路灯盏数2015年以前为城市拥有路灯统计口径,2015年统计口径开始调整为移交使用路灯盏数。
2. 2021年开始相关指标统计口径包括望城区。2020年开始,城市道路相关指标、统计口径进行了调整。
3. 2022年年末实有道路长度和道路面积统计口径为已经移交验收的,以前年度为实际维护的。

8－6　2000－2023 年城市园林、绿化情况

年　份	城市园林绿化覆盖面积(公顷)	城市园林绿地面积(公顷)	公园绿地面积(公顷)	公园处数(处)	公园面积(公顷)
2000	5508	5152	889	10	575
2001	5846	5541	1006	11	576
2002	6094	5712	1085	12	717
2003	6720	5712	1229	14	904
2004	6949	5907	1240	14	904
2005	7368	6244	1381	18	1143
2006	7876	6706	1590	19	1210
2007	8541	5656	1892	21	1302
2008	8818	7693	2142	21	1302
2009	9304	8134	2348	22	1323
2010	9857	8598	2522	22	1323
2011	10235	9188	2794	22	1323
2012	10729	9293	2804	23	1573
2013	11206	9611	2913	24	1581
2014	11813	10163	3256	26	1779
2015	12278	10586	3538	27	1809
2016	12928	11177	3779	30	2002
2017	14877	12584	4031	32	2235
2018	15157	12848	4261	36	2286
2019	15633	13324	4444	42	2476
2020	16978	14472	4620	44	2797
2021	19530	17888	6371	245	5254
2022	20531	18648	6845	257	5369
2023	20818	18892	7075	357	5476

注:1. 绿地面积、绿化覆盖面积均不含湿地面积。
2. 2021 年公园数据包含社区公园情况,2023 年含口袋公园数量。

8－7 2000－2023年城市环境污染和治理情况

年 份	工业废水排放总量（万吨）	工业废水排放达标量（万吨）	工业废气排放总量（万标 m^3）	工业颗粒物排放量（万吨）	工业颗粒物去除量（万吨）	工业固体废物产生量（万吨）	#综合利用	工业锅炉数（台）	#达标数	工业炉窑数（台）	#达标数
2000	5532.9	4212.6	2624324	7.81	11.19	137.53	101.79	407	359	465	232
2001	4992.2	3956.9	3252834	4.81	9.32	133.95	120.83	392	321	477	149
2002	4310.7	3556.8	2762532	7.11	13.37	111.83	105.64	351	285	430	150
2003	4006.7	3510	2501271	7.22	13.34	112.72	99.67	318	245	371	309
2004	4047	3552	2679022	9.39	11.03	107.70	94.00	324	257	262	124
2005	4065	3562	3078324	10.06	11.83	109.70	98.40	307	243	222	117
2006	4073	3482	2891585	10.35	10.58	111.69	102.94	273	267	226	118
2007	4377	3704	2933547	10.29	19.15	107.30	101.96	229	222	251	194
2008	4162	3665	5278500	13.48	20.08	183.60	164.60	187	167	213	163
2009	3726	3354	5315831	13.35	19.19	154.60	140.10	267	254	232	178
2010	4336	3955	6269499	10.52	12.62	148.80	148.40	284	256	219	151
2011	4051		10219789	1.59	198.59	177.60	174.80	269		108	
2012	3777		5470000	1.20	131.69	103.50	94.70	259		116	
2013	4049		6233559	1.90	114.10	100.50	86.90	280		108	
2014	4397		6486474	1.73	138.90	107.00	91.50	288		117	
2015	5102		4803775	1.16	102.20	107.60	92.70	272		124	
2016	4287		4834697	0.69	40.80	141.30	132.80	264		94	
2017	4066		6360805	0.76	150.80	113.10	93.30	223		118	
2018	3475		8775533	0.55	132.00	148.70	122.00	239		147	
2019	6063			1.56		301.93	223.94	370		331	
2020	4537		11973900	0.40	109.26	141.93	114.06	345		259	
2021	4395		14219779	0.23	98.30	157.02	132.31	300		259	
2022	4313.3		14957999	0.18	80.50	161.06	119.55	301		219	
2023	4168.9		16170639	0.18	79.60	167.16	130.86	325		404	

注：2011年起工业粉尘排放量（去除量）指标改为工业烟粉尘排放量（去除量）。

9 农　业

长沙统计年鉴

9－1 历年农、林、牧、渔业总产值

（按现行价格计算）

单位：万元

年份	合计	农业	林业	牧业	渔业	服务业
1978	97658					
1980	99524					
1983	133455					
1984	139627					
1985	165803					
1986	180977					
1987	212304					
1988	274536					
1989	307534					
1990	365244					
1991	368160					
1992	409372					
1993	480104	237282	16083	205582	21157	
1994	725156	351689	17108	328777	27582	
1995	868362	426578	28951	375241	37592	
1996	1011363	509820	40193	416774	44576	
1997	1114485	561705	41906	460042	50832	
1998	1137969	596651	43425	446164	51729	
1999	1146402	635440	41800	413206	55956	
2000	1167935	628013	43598	442543	53781	
2001	1239985	672704	47407	464641	55233	
2002	1302245	700436	57148	486981	57680	
2003	1371608	694002	70917	527412	61035	18242
2004	1720668	825189	73635	734973	68050	18821
2005	1871313	926445	76257	771539	75967	21105
2006	1903000	994600	80300	712700	74700	40600
2007	2171300	1146600	94000	780900	103500	46100
2008	2818996	1367085	112079	1165305	122893	51634
2009	2946120	1465841	123699	1171296	127520	57764
2010	3236412	1735890	144988	1156629	137340	61565
2011	3877163	2082639	179791	1405473	142489	66770
2012	4197846	2303064	195535	1484271	145535	69441
2013	4546157	2518547	217452	1572730	161432	75996
2014	4905925	2849093	238930	1552892	182015	82995
2015	5371294	3173856	273543	1637130	194604	92161
2016	5042983	3121606	291856	1202878	158241	268402
2017	5141997	3239403	318304	1110648	169161	304481
2018	5269212	3327540	348683	1083731	173735	335523
2019	6076974	3782294	382424	1354874	191116	366265
2020	7221925	4251662	393552	1953530	225399	397782
2021	7315233	4516665	391920	1701658	274659	430332
2022	7760263	5022470	374829	1586373	297805	478787
2023	7782079	5090175	420252	1451129	298885	521637

注：1. 2003 年开始农林牧渔服务业从规模以下工业中划归农业统计，同时种植业中的农民家庭兼营商品性工业产值划入规模以下工业中。

2. 2006 年、2007 年、2008 年数据根据第二次全国农业普查结果予以调整。

3. 2016 年、2017 年数据根据第三次全国农业普查结果予以调整。

9－1 续表1

（按不变价格计算）

单位:万元

年　份	合　计	农　业	林　业	牧　业	渔　业	服务业
	（按1952年不变价格计算）					
1949	17020	15081	390	1356	193	
1952	21728	18337	734	2084	573	
1957	27743	22819	504	4001	419	
	（按1957年不变价格计算）					
1957	27743	22819	504	4001	419	
1962	24328	21436	527	2084	281	
1965	29799	24251	663	4499	386	
1970	38426	31441	639	6115	231	
1971	43127	35736	1137	5982	272	
	（按1970年不变价格计算）					
1971	43127	35736	1137	5982	272	
1972	62622	50111	1576	10618	317	
1973	66813	54094	1730	10637	352	
1974	67157	54138	1777	10849	393	
1975	67676	54516	1675	11096	389	
1976	70920	57176	1536	11753	455	
1977	73598	59758	1771	11603	466	
1978	73800	58941	1911	12475	473	
1979	78000	61738	1726	13968	568	
1980	77400	59996	1789	14927	688	
	（按1980年不变价格计算）					
1980	98260	73690	3079	20109	1382	
1981	102770	76279	3380	21494	1617	
1982	115532	85345	3406	24870	1911	
1983	125664	93427	3253	26879	2105	
1984	129025	92077	3588	30767	2593	
1985	139379	93056	3819	39692	2812	
1986	147691	97645	3586	43193	3267	
1987	152161	100216	4491	43812	3642	
1988	159036	100182	4570	50212	4072	
1989	163414	102263	5623	51134	4394	
1990	167152	104672	4217	53793	4470	

9－1 续表 2

（按不变价格计算）

单位:万元

年 份	合 计	农 业	林 业	牧 业	渔 业	服务业
（按 1990 年不变价格计算）						
1990	393694	222433	12668	143383	15210	
1991	407495	231266	13740	145338	17151	
1992	419479	222100	14341	163178	19860	
1993	442505	219393	15467	184955	22690	
1994	470439	227779	16548	201545	24567	
1995	500336	236182	23768	212214	28172	
1996	542354	267499	31460	213555	29840	
1997	584737	290795	35970	223452	34520	
1998	605182	293536	36341	238917	36388	
1999	623902	321588	34528	229693	38093	
2000	653582	336044	37905	238238	41395	
2001	692224	357291	37281	252324	45328	
2002	723725	375476	41428	259782	47039	
2003	746034	339273	57973	276659	53887	
2004	800454	361818	56654	305791	57070	
（按可比价格计算）						
2005	1841526	882440	76519	791928	70443	20196
2006	1860893	950749	80731	713768	75825	39819
2007	1987611	1051292	87366	728379	77090	43483
2008	2318577	1179040	94567	887459	107671	49840
2009	3004722	1432889	110758	1276600	128220	56255
2010	3078386	1600565	130924	1152458	133944	60495
2011	3365918	1864808	159174	1136426	138659	66851
2012	4032356	2180591	192860	1443670	144529	70705
2013	4324845	2386699	204710	1503566	155792	74078
2014	4752645	2691186	231027	1574997	173981	81455
2015	5080925	3036773	257485	1504251	190846	91571
2016						
2017	5209402	3257593	319582	1172806	165520	293901
2018	5318095	3354143	339668	1124710	170536	329039
2019	5437824	3449518	371580	1066580	192814	357332
2020	6326196	4006199	412197	1299167	216730	391903
2021	7951330	4448091	424826	2412467	240718	425229
2022	7593234	4671804	416602	1749064	284981	470783
2023	8055153	5223731	395280	1604680	312936	518526

注:1. 根据湖南省统计局制定的 2004 年农林牧渔业综合统计报表制度规定,从 2004 年开始取消不变价计算农林牧渔业产值,改用可比价计算产值,用农产品价格指数缩减法计算农业发展速度。

2. 2006 年、2007 年、2008 年数据根据第二次农业普查结果予以调整。

3. 2016 年数据因第三次农业普查数据修正无核定数据。

9－2 历年粮食总产量

单位：吨

年份	合计	稻谷	小麦	折粮薯类	杂粮	大豆
1949	742990	694100	2835	30400	10980	4675
1950	836155	774735	3165	37490	11290	9475
1951	924745	858455	3965	47375	10720	4230
1952	941680	879335	4900	36270	14185	6990
1953	959055	892065	6345	39730	13800	7115
1954	855385	784730	7735	44225	13730	4965
1955	1026360	925905	12220	69045	14845	4345
1956	982635	919265	9565	42550	9210	2045
1957	1002970	911700	4480	69455	13155	4180
1958	1054150	947910	8155	82070	10645	5370
1959	962480	861870	8325	70490	14745	7050
1960	657725	622300	7280	21100	6420	625
1961	607360	543910	7650	45385	9605	810
1962	833095	729930	11180	74505	15465	2015
1963	920345	853725	5960	40875	18485	1300
1964	936420	872145	5265	39790	17200	2020
1965	1010075	929350	7675	55745	13895	3410
1966	1145640	1098985	6355	29465	7265	3570
1967	1198540	1127455	9465	48510	9910	3200
1968	1252535	1189595	6660	46560	7195	2525
1969	1166505	1100210	6735	51155	6510	1895
1970	1308655	1249270	9515	40930	6040	2900
1971	1536300	1468475	8905	47170	7480	4270
1972	1453085	1370820	8100	61575	8200	4390
1973	1562770	1487460	7040	60010	5400	2860
1974	1550020	1493725	6245	43145	4035	2870
1975	1546080	1478850	8410	50855	5220	2745
1976	1543550	1471275	14965	49300	4835	3175
1977	1537670	1465765	11240	53105	4710	2850
1978	1898070	1829940	15135	44545	3300	5150
1979	1960495	1892480	13060	44880	5000	5075
1980	2028640	1970115	7885	42590	3565	4485
1981	1931885	1878290	8575	35120	5525	4375
1982	2334880	2269795	8630	44360	4735	7360
1983	2558240	2487825	7335	51200	4860	7020
1984	2443660	2373670	6565	48105	7915	7405
1985	2449215	2386240	5210	45600	5215	6950
1986	2518856	2458199	5550	37918	9536	7653
1987	2554153	2469708	5487	45653	24970	8335
1988	2535020	2453928	6436	42982	23901	7773
1989	2588563	2499928	7733	47108	24606	9188
1990	2641261	2542642	6094	50715	31949	9861

9－2 续表

单位:吨

年 份	合 计					
		稻 谷	小 麦	折粮薯类	杂 粮	大 豆
1991	2693046	2586304	7760	53322	33903	11757
1992	2548991	2440907	8370	53100	33969	12645
1993	2450080	2349086	7318	50828	26659	16189
1994	2534843	2412841	5801	62742	37218	16241
1995	2448028	2325133	4928	77917	24793	15257
1996	2737179	2597117	6905	77701	40598	14858
1997	2928132	2757668	9551	85889	58636	16388
1998	2618000	2443065	10211	90492	57497	16735
1999	2750152	2503557	9372	100343	121111	15769
2000	2623327	2405899	5324	98682	98444	14978
2001	2503041	2299943	6859	97099	86043	13097
2002	2119788	1908942	5245	116868	72908	15825
2003	2163732	1939536	3091	121342	82360	17403
2004	2520412	2300549	3498	125934	74045	16386
2005	2622817	2386731	3598	131021	82366	19101
2006	2424098	2344684	607	37223	32502	9082
2007	2230293	2018315	1030	124066	73827	13055
2008	2174385	2107480	372	35998	24062	6473
2009	2155996	2052794	1698	53948	38192	9364
2010	2090484	1967873	2285	63203	46338	10785
2011	2160047	2012963	3108	69802	59573	14601
2012	2248647	2086972	2599	75314	69346	14416
2013	2303074	2158998	3239	57159	68805	14873
2014	2345703	2204677	1218	55116	68643	16049
2015	2368295	2235192	1070	49305	67944	14784
2016	2330692	2200024	448	45627	69006	15587
2017	2264435	2126581	568	47341	74460	15485
2018	2155160	1990866	627	50673	92482	20512
2019	2156812	1981479	623	53602	98291	22817
2020	2117806	1974654	370	58892	69031	14859
2021	2160423	2015342	379	59392	70150	15160
2022	2100100	1968839		50056	66515	14689
2023	2129455	1988791		56052	69407	15205

注:1. 2006年数据根据第二次全国农业普查结果予以调整。
2. 2007－2017年数据根据第三次全国农业普查结果予以调整。
3. 2020年开始,粮食数据由国家统计局长沙调查队核定提供。

9－3 历年耕地面积

单位：千公顷

年份	合计	水田	旱地	每一农业人口占有耕地(亩)
1949	274.27	253.77	20.50	
1950	278.19	255.97	22.22	1.60
1951	282.98	258.87	24.11	1.60
1952	287.05	264.09	22.96	1.62
1953	291.23	265.75	25.48	1.62
1954	292.94	265.89	27.05	1.62
1955	297.80	266.27	31.53	1.63
1956	298.36	265.45	32.91	1.62
1957	295.05	260.49	34.56	1.61
1958	276.36	247.11	29.25	1.54
1959	271.76	241.87	29.89	1.56
1960	266.09	234.82	31.27	1.58
1961	261.71	235.12	26.59	1.55
1962	263.38	234.45	28.93	1.53
1963	261.97	235.25	26.72	1.47
1964	264.50	235.60	28.90	1.45
1965	265.87	235.99	29.88	1.41
1966	264.43	234.05	30.38	1.36
1967	263.07	231.56	31.51	1.32
1968	257.48	231.51	25.97	1.26
1969	260.65	231.72	28.93	1.22
1970	261.79	231.55	30.24	1.19
1971	261.47	231.93	29.54	1.18
1972	260.93	231.17	29.76	1.16
1973	260.49	230.51	29.98	1.14
1974	260.03	229.66	30.37	1.14
1975	258.92	228.44	30.48	1.09
1976	257.33	227.44	29.89	1.08
1977	257.11	227.22	29.89	1.06
1978	255.91	226.27	29.64	1.05
1979	255.49	225.86	29.63	1.05
1980	254.80	225.85	28.95	1.04
1981	254.31	225.74	28.57	1.03
1982	253.96	225.77	28.19	1.02
1983	253.30	225.11	28.19	1.01
1984	251.97	224.80	27.17	1.02
1985	250.05	223.64	26.41	1.00
1986	249.58	223.65	25.93	0.97
1987	249.04	223.33	25.71	0.96
1988	248.44	222.91	25.53	0.94
1989	248.20	222.69	25.51	0.92
1990	247.93	222.47	25.46	0.91

9－3 续表

单位:千公顷

年 份	合 计			每一农业人口占有耕地(亩)
		水 田	旱 地	
1991	248.07	222.58	25.49	0.91
1992	247.89	220.03	27.86	0.90
1993	246.89	219.37	27.52	0.90
1994	246.00	218.36	27.64	0.90
1995	245.77	218.18	27.59	0.89
1996	244.68	217.20	27.48	0.89
1997	244.07	216.70	27.37	0.88
1998	242.99	215.73	27.26	0.88
1999	242.14	215.26	26.88	0.87
2000	242.32	215.26	27.06	0.87
2001	242.53	215.48	27.05	0.87
2002	239.99	214.73	25.26	0.87
2003	237.10	215.20	21.90	0.86
2004	246.79	224.31	22.48	0.89
2005	246.90	220.43	26.47	0.88
2006	243.66	202.19	38.02	
2007	262.20	226.24	35.96	1.01
2008	274.03			
2009	278.07	245.62	32.45	1.05
2010	276.79	244.41	32.38	1.05
2011	275.65	243.33	32.32	1.04
2012	274.89	241.62	33.27	1.04
2013	274.15	241.42	32.73	1.04
2014	273.36	241.00	32.36	
2015	271.97	236.01	35.64	
2016	270.16	234.17	35.65	
2017	274.16	240.99	32.80	
2018	273.56	240.19	33.00	
2019	202.40	189.03	13.20	
2020	201.72	188.32	13.24	
2021	201.91	188.12	13.64	
2022	204.17	188.52	15.51	
2023	206.09	188.99	16.96	

注:从 2017 年开始,农业用地有关数据均来自自然资源规划部门;2019 年数据为第三次国土调查核定数据。

9-4 历年生猪、水产品生产情况

年　份	全年出栏肉猪(万头)	年末生猪存栏(万头)	每一农业人口出栏肉猪(头)	水产品产量(吨)	#鱼　类(吨)	#虾贝类(吨)
1950	31.14	36.44	0.12	4945	4945	
1951	34.83	39.44	0.13	4865	4865	
1952	39.97	46.42	0.15	5335	5335	
1953	43.40	48.64	0.16	5840	5840	
1954	48.56	39.24	0.18	7320	7320	
1955	45.69	41.77	0.17	6300	6300	
1956	46.70	81.19	0.17	7105	7105	
1957	72.89	123.12	0.26	7195	7175	20
1958	73.25	102.37	0.27	6635	6580	55
1959	49.19	88.98	0.19	7055	6730	325
1960	37.64	66.15	0.15	6270	5780	490
1961	15.44	37.05	0.06	4180	4125	55
1962	14.09	55.42	0.05	3875	3575	300
1963	31.27	82.81	0.12	3815	3490	325
1964	73.35	79.57	0.27	5050	4355	700
1965	68.20	76.22	0.24	7620	6170	1450
1966	55.80	101.08	0.19	8130	6805	1325
1967	80.36	104.46	0.27	3950	3925	25
1968	92.58	104.17	0.30	4220	4190	30
1969	92.69	96.31	0.29	5950	5585	365
1970	80.19	129.80	0.24	5370	5365	5
1971	97.24	150.42	0.29	5845	5835	10
1972	147.12	162.80	0.44	5350	5205	145
1973	151.93	166.88	0.44	5535	5445	90
1974	155.31	166.56	0.45	6380	6375	5
1975	132.83	165.53	0.37	6490	6480	10
1976	149.60	182.02	0.42	7415	7340	75
1977	146.23	171.03	0.40	7555	7425	130
1978	147.47	170.29	0.40	7755	7575	180
1979	154.09	199.79	0.42	9995	9510	485
1980	184.47	185.29	0.50	11865	11185	680
1981	162.53	185.15	0.44	13195	12045	1150
1982	171.95	209.23	0.46	15520	14175	1345
1983	186.52	238.51	0.49	17025	16100	925
1984	230.25	245.42	0.62	21310	21140	170
1985	273.91	265.86	0.74	23265	22785	480
1986	306.75	283.68	0.81	27050	26572	478
1987	331.33	294.08	0.87	29983	29464	519
1988	370.10	307.93	0.93	33426	32983	443
1989	378.68	313.48	0.94	36079	35585	494
1990	399.12	328.75	0.98	36669	36184	485

9－4 续表

年　份	全年出栏肉猪(万头)	年末生猪存栏(万头)	每一农业人口出栏肉猪(头)	水产品产量(吨)	#鱼　类(吨)	#虾贝类(吨)
1991	415.00	336.04	1.02	41276	40726	550
1992	480.11	358.38	1.17	47762	47198	564
1993	537.38	396.32	1.31	53917	53234	683
1994	560.84	385.31	1.37	56256	55128	1128
1995	592.63	369.33	1.43	61664	60719	679
1996	601.34	346.91	1.50	67887	66601	710
1997	608.33	355.90	1.53	75529	73663	851
1998	622.75	345.52	1.54	77425	75451	954
1999	596.75	322.08	1.52	82195	80965	771
2000	621.28	350.78	1.58	85191	83744	1015
2001	655.78	364.91	1.67	89965	88334	1208
2002	658.26	367.07	1.69	92874	90875	1502
2003	683.13	391.77	1.77	94235	91553	2104
2004	756.66	415.30	1.96	100128	97790	1805
2005	801.54	432.77	2.08	104201	101355	2249
2006	786.94	417.29		105074	102726	1764
2007	832.20	424.90	2.13	95302	93000	1537
2008	835.90	446.26	2.13	96395	94296	1442
2009	846.00	450.70	2.14	101443	99056	1738
2010	824.65	438.00	2.08	106571	104328	1819
2011	804.68	427.60	2.02	107154	104889	1563
2012	833.20	436.20	2.01	84550	82537	1735
2013	547.44	371.74	1.38	88450	86299	1847
2014	552.03	368.81	1.42	90740	88587	1841
2015	517.10	343.28	1.33	94000	91715	1990
2016	490.31	324.91	1.32	93622	90496	2644
2017	436.94	309.36		93435	90772	2363
2018	438.53	274.94		92595	89552	2754
2019	349.50	92.09		98698	91620	6769
2020	275.34	203.82		113631	96984	14738
2021	361.91	227.71		120660	105534	13281
2022	367.78	216.38		123673	108126	13593
2023	372.06	204.74		129612	113656	14065

注:1. 2013－2017 年畜牧指标数据根据第三次农业普查结果予以调整。
2. 2012－2017 年水产指标数据根据第三次农业普查结果予以调整。

9－5 农业主要能源及物资消耗(2023 年)

指标	单位	全市	芙蓉区	天心区
农用化肥施用量				
1. 按实物量计算	吨	493285		2434
(1)氮　肥	吨	162789		985
(2)磷　肥	吨	95304		510
(3)钾　肥	吨	59912		316
(4)复合肥	吨	175279		624
2. 按折纯量计算	吨	162888		759
(1)氮　肥	吨	42162		255
(2)磷　肥	吨	13343		71
(3)钾　肥	吨	29559		156
(4)复合肥	吨	77824		277
农用塑料薄膜使用量	吨	7087		12
# 地膜使用量	吨	5223		6
地膜覆盖面积	公顷	61834		47
农用柴油使用量	吨	70016		
农药使用量(实物量)	吨	6296		5

岳麓区	开福区	雨花区	望城区	长沙县	浏阳市	宁乡市
14570	3756	1251	62288	87461	137872	183654
6216	1704	214	32466	28960	31724	60521
3319	594	311	13191	18200	23208	35971
1567	433	35	6772	8151	16004	26634
3468	1024	692	9858	32150	66936	60528
4333	1194	423	17944	28358	49107	60769
1610	441	55	8409	7501	8217	15675
465	83	43	1847	2548	3249	5036
719	215	17	3311	4035	7922	13184
1540	455	307	4377	14275	29720	26874
385	51	60	1039	659	2592	2290
207	40	44	815	461	1891	1759
2239	767	702	9302	8657	21045	19075
342	325	20	2348	10810	43386	12786
171	45	12	771	1260	1482	2551

9－6 主要农产品生产情况(2023年)

指　　标	单　位	全　市	芙蓉区	天心区
农作物总播种面积	**千公顷**	**583.44**		**1.45**
一、粮食作物播种面积	千公顷	308.86		0.13
单　产	公斤/亩	460		508
总产量	吨	2129455		1016
(一)谷物播种面积	千公顷	292.21		0.13
单　产	公斤/亩	468		518
总产量	吨	2052008		978
1.稻谷播种面积	千公顷	283.18		0.12
单　产	公斤/亩	468		520
总产量	吨	1988791		970
(1)早稻播种面积	千公顷	95.87		
单　产	公斤/亩	408		
总产量	吨	586718		
(2)中稻与一季晚稻播种面积	千公顷	89.46		0.12
单　产	公斤/亩	547		520
总产量	吨	733555		970
(3)晚稻播种面积	千公顷	97.86		
单　产	公斤/亩	455		
总产量	吨	668518		

岳麓区	开福区	雨花区	望城区	长沙县	浏阳市	宁乡市
13.82	**2.28**	**0.79**	**86.74**	**125.49**	**174.01**	**178.87**
6.43	1.20	0.20	40.09	73.40	80.33	107.07
456	452	373	457	450	472	459
43980	8134	1118	274632	495454	568675	736446
6.19	1.18	0.18	38.63	65.94	75.91	104.06
462	454	381	462	464	482	464
42938	8005	1027	267454	459242	548814	723550
6.15	1.18	0.18	38.50	61.96	74.11	100.98
462	454	380	461	464	483	463
42666	8005	1022	266459	431457	537429	700784
1.07	0.07		14.87	23.67	20.20	36.00
407	419		410	426	415	392
6509	419		91388	151156	125746	211500
4.50	1.04	0.18	7.28	12.91	34.38	29.04
483	459	380	557	545	545	560
32607	7181	1022	60809	105498	281304	244164
0.58	0.07		16.36	25.39	19.53	35.93
405	406		466	459	445	455
3550	405		114262	174802	130379	245120

9－6 续表1

指　　标	单　位	全　市	芙蓉区	天心区
2. 小麦播种面积	千公顷			
单　产	公斤/亩			
总产量	吨			
3. 玉米播种面积	千公顷	8.58		
单　产	公斤/亩	476		367
总产量	吨	61270		8
4. 高粱播种面积	千公顷	0.34		
单　产	公斤/亩	311		
总产量	吨	1605		
5. 其他谷物播种面积	千公顷	0.10		
单　产	公斤/亩	225		
总产量	吨	342		
(二)豆类播种面积	千公顷	6.70		
单　产	公斤/亩	213		
总产量	吨	21395		
1. 大豆播种面积	千公顷	4.54		
单　产	公斤/亩	223		
总产量	吨	15205		
2. 绿豆播种面积	千公顷	0.38		
单　产	公斤/亩	159		
总产量	吨	895		
3. 红小豆播种面积	千公顷			
单　产	公斤/亩			
总产量	吨			
4. 其他杂豆播种面积	千公顷	1.79		
单　产	公斤/亩	198		
总产量	吨	5295		

岳麓区	开福区	雨花区	望城区	长沙县	浏阳市	宁乡市
0.04			0.13	3.86	1.54	3.01
427		512	510	472	444	497
265		5	995	27302	10255	22440
				0.10	0.17	0.07
261				274	336	307
7				426	846	326
				0.01	0.09	
				267	218	
				58	284	
0.09		0.01	0.35	2.94	2.10	1.22
192	218	214	201	215	214	212
256	4	21	1040	9462	6721	3892
0.07		0.01	0.17	1.60	1.70	1.00
196	218	214	225	220	226	225
196	4	21	563	5290	5763	3370
0.02				0.09	0.13	0.14
175				197	140	151
40				258	272	325
0.01			0.18	1.25	0.27	0.08
190			178	208	170	168
20			477	3915	686	197

9－6 续表 2

指标	单位	全市	芙蓉区	天心区
(三)薯类播种面积	千公顷	9.95		0.01
单　产	公斤/亩	375		335
总产量	吨	56052		38
1.甘薯播种面积	千公顷	5.86		0.01
单　产	公斤/亩	391		335
总产量	吨	34396		38
2.马铃薯播种面积	千公顷	4.09		
单　产	公斤/亩	353		
总产量	吨	21657		
二、油料播种面积	千公顷	64.04		0.31
单　产	公斤/亩	120		100
总产量	吨	115316		468
1.花生果播种面积	千公顷	3.52		
单　产	公斤/亩	208		
总产量	吨	10954		
2.油菜籽播种面积	千公顷	59.67		0.31
单　产	公斤/亩	115		100
总产量	吨	102715		468
3.芝麻播种面积	千公顷	0.66		
单　产	公斤/亩	100		
总产量	吨	986		
三、棉花播种面积	千公顷			
单　产	公斤/亩			
总产量	吨			
四、生麻播种面积	千公顷			
单　产	公斤/亩			
总产量	吨			
# 生苎麻播种面积	千公顷			
单　产	公斤/亩			
总产量	吨			
五、甘蔗播种面积	千公顷	0.05		
单　产	公斤/亩	1703		
总产量	吨	1393		

岳麓区	开福区	雨花区	望城区	长沙县	浏阳市	宁乡市
0.14	0.02	0.01	1.12	4.53	2.33	1.79
362	364	339	367	394	376	335
786	125	70	6138	26750	13140	9004
0.08	0.02	0.01	0.44	3.10	1.60	0.61
372	365	335	398	395	395	361
440	115	39	2612	18375	9475	3301
0.07		0.01	0.68	1.42	0.73	1.18
349	349	344	347	392	333	322
346	10	31	3526	8375	3665	5703
1.48	0.17	0.02	5.87	10.23	33.14	12.82
130	105	87	143	111	122	112
2891	268	27	12609	17051	60410	21592
0.06			0.78	0.59	0.93	1.16
233			215	194	198	215
223			2512	1710	2757	3752
1.41	0.17	0.02	4.83	9.40	32.01	11.50
125	105	87	129	105	120	103
2659	268	27	9348	14808	57432	17705
0.01			0.16	0.15	0.19	0.15
91			151	129	71	59
9			353	283	206	135
					0.02	0.04
					1543	1787
					435	958

9－6 续表3

指　　　标	单　位	全　市	芙蓉区	天心区
六、烟叶播种面积	千公顷	7.47		
单　产	公斤/亩	141		
总产量	吨	15794		
1.烤烟播种面积	千公顷	7.28		
单　产	公斤/亩	140		
总产量	吨	15351		
2.晒(土)烟播种面积	千公顷	0.19		
单　产	公斤/亩	157		
总产量	吨	443		
七、药材播种面积	千公顷	2.53		
单　产	公斤/亩	556		
总产量	吨	21087		50
八、蔬菜播种面积(含菜用瓜)	千公顷	168.56		0.89
单　产	公斤/亩	2407	2043	1462
总产量	吨	6085283	3	19588
九、瓜果类播种面积	千公顷	8.05		0.10
单　产	公斤/亩	1941		1026
总产量	吨	234359		1540
1.西瓜播种面积	千公顷	5.83		0.02
单　产	公斤/亩	2031		2372
总产量	吨	177440		804
2.甜瓜播种面积	千公顷	1.56		
单　产	公斤/亩	1823		1367
总产量	吨	42562		92
3.草莓播种面积	千公顷	0.35		0.07
单　产	公斤/亩	911		588
总产量	吨	4765		643
十、其他农作物播种面积	千公顷	23.87		0.01
# 青饲料播种面积	千公顷	7.99		0.01

岳麓区	开福区	雨花区	望城区	长沙县	浏阳市	宁乡市
				0.01	4.27	3.20
				130	144	137
				13	9200	6581
					4.27	3.02
					144	136
					9200	6151
				0.01		0.18
				130		158
				13		430
			0.07	0.07	1.71	0.68
579			85	724	590	494
22			84	767	15129	5035
4.85	0.87	0.56	36.49	30.31	46.02	48.56
2258	1990	1265	2408	2599	2290	2449
164240	26023	10687	1317989	1181700	1581176	1783878
0.13	0.01		1.18	1.24	4.01	1.37
2587	1582	1295	2277	2312	1887	1481
5173	123	79	40376	43093	113605	30370
0.06			0.99	0.93	2.51	1.29
3213	2729	2000	2342	2504	1975	1493
3097	85	38	34910	35045	74468	28993
0.04			0.13	0.22	1.12	0.04
2633	2143	958	2012	1966	1744	1969
1493	15	23	4006	6456	29390	1087
0.03			0.03	0.05	0.13	0.04
1165	595	1000	1126	1065	1039	542
515	24	18	441	838	1996	290
0.92	0.03		3.04	10.23	4.50	5.14
0.11	0.03		2.36	1.76	2.99	0.72

9-7 茶叶、水果生产情况(2023年)

指标	单位	全市	芙蓉区	天心区
一、茶叶产量	吨	51408		
绿茶	吨	40377		
青茶	吨	46		
红茶	吨	7598		
其他茶	吨	3387		
二、水果产量	吨	419429		1609
1.园林水果	吨	185070		69
柑	吨	30052		2
桔	吨	64661		8
橙	吨	3067		3
柚	吨	9344		36
桃	吨	19169		12
猕猴桃	吨	1232		
李子	吨	10074		2
梨	吨	11260		
葡萄	吨	20529		
红枣(干枣折成鲜枣)	吨	497		1
鲜柿子(柿饼折成鲜柿)	吨	4827		3
枇杷	吨	1112		2
其他园林水果	吨	9248		2
2.瓜果类水果(西瓜、甜瓜、草莓)	吨	234359		1540
三、食用坚果	吨	6686		
# 板栗	吨	6683		
四、年末茶园面积	千公顷	14.17		
# 当年采摘	千公顷	13.13		
五、年末果园面积	千公顷	15.68		
# 柑桔园面积	千公顷	4.80		
桃园面积	千公顷	2.18		
猕猴桃园面积	千公顷	0.25		
梨园面积	千公顷	2.23		
葡萄园面积	千公顷	1.66		

岳麓区	开福区	雨花区	望城区	长沙县	浏阳市	宁乡市
48			832	43938	1729	4861
48			824	34171	1441	3893
					22	24
			8	7057	2	531
				2710	264	413
15413	125	95	49652	91529	200770	60237
10240	1	16	9277	48436	87165	29867
1325			611	1088	22945	4081
2104			5264	11017	29026	17242
55			356	1020	1269	364
161			99	4148	4641	259
1076			231	6365	9873	1612
			76	658	281	217
87			15	4254	3076	2640
286			469	1918	5872	2715
2135	1	16	1931	12511	3222	713
2			27	351	105	11
2			4	363	4455	
6			5	374	721	4
3001			188	4369	1679	9
5173	123	79	40376	43093	113605	30370
15			57	4390	2191	33
12			57	4390	2191	33
0.09			0.75	7.12	2.81	3.40
0.05			0.71	6.91	2.37	3.09
0.38			0.84	4.87	5.63	3.95
0.11			0.48	0.60	1.24	2.37
0.04			0.10	0.45	1.34	0.25
			0.01	0.07	0.12	0.04
0.03			0.04	0.44	1.38	0.35
0.11			0.19	0.55	0.53	0.27

9-8 畜牧业生产情况(2023年)

指标	单位	全市	芙蓉区	天心区
一、当年出栏猪头数	万头	372.06		0.70
1. 出栏肉猪	万头	372.06		0.70
2. 出口中仔猪	万头			
二、当年出售和自宰的肉用牛	万头	5.12		0.01
三、当年出售和自宰的肉用羊	万只	57.26		0.06
四、当年出售和自宰的肉用驴	匹	38		
五、当年出售和自宰的家禽(鸡鸭鹅)	万羽	4730.15		6.84
六、当年出售和自宰的肉用兔	万只	5.25		
七、当年肉类总产量	吨	357273		600
1. 猪肉产量	吨	273400		500
①肉猪肉产量	吨	273400		500
②出口中仔猪肉产量	吨			
2. 牛肉产量	吨	6000		
3. 羊肉产量	吨	9400		
4. 驴肉产量	吨	6		
5. 禽肉产量	吨	68100		100
6. 兔肉产量	吨	76		
7. 其他肉产量	吨	291		
八、当年牛奶产量	吨	6700		
九、当年蜂蜜产量	吨	1032		
十、当年禽蛋产量	吨	49684		
十一、大牲畜存栏总头数	头	98812		
1. 牛存栏	头	98800		
2. 马存栏	匹	5		
3. 驴存栏	头	7		
4. 骡存栏	头			
十二、生猪存栏	万头	204.74		0.53
# 能繁母猪	万头	17.96		0.04
十三、山羊存栏	万只	42.40		0.08
十四、兔存栏	万只	3.13		
十五、家禽存笼	万羽	2456.21		4.12

岳麓区	开福区	雨花区	望城区	长沙县	浏阳市	宁乡市
1.98	1.26	0.94	31.21	66.79	134.42	134.76
1.98	1.26	0.94	31.21	66.79	134.42	134.76
0.04	0.01	0.01	0.72	0.65	1.68	2.00
0.50	0.01	0.02	2.28	2.67	42.06	9.66
						38
41.38	6.67	6.73	223.53	261.00	1272.00	2912.00
					4.47	0.78
2400	1000	800	27403	53700	125052	146318
1500	900	700	22900	49100	98800	99000
1500	900	700	22900	49100	98800	99000
100			900	700	1900	2400
100			400	400	6800	1700
						6
700	100	100	3200	3500	17200	43200
					64	12
			3		288	
			1800	900		4000
				44	988	
1500	100	200	7301	8147	16737	15700
1100	100		10400	8300	36005	42907
1100	100		10400	8300	36000	42900
					5	
						7
1.19	1.00	0.65	15.67	38.57	74.62	72.51
0.09	0.07	0.06	1.51	3.10	6.57	6.52
0.50	0.03	0.02	2.20	1.90	31.52	6.15
					2.15	0.98
46.30	7.76	4.93	258.40	250.00	727.70	1157.00

9-9 渔业生产情况(2023年)

指标	单位	全市	芙蓉区	天心区
一、水产品总产量	吨	129612		1563
(一)淡水产品捕捞产量	吨	2		
1. 鱼类(含鳝鱼、泥鳅)	吨	2		
2. 虾蟹类	吨			
3. 贝类	吨			
4. 其他类	吨			
(二)淡水产品养殖产量	吨	129610		1563
1. 鱼类(含鳝鱼、泥鳅)	吨	113656		1563
2. 虾蟹类	吨	12507		
3. 贝类	吨	1558		
4. 其他类	吨	1889		
二、淡水养殖面积合计	公顷	21556		170
(一)池塘养殖	公顷	15249		159
# 精养池塘	公顷			
(二)湖泊养殖	公顷	1550		
(三)河沟养殖	公顷	147		6
(四)水库养殖	公顷	4561		5
(五)其他养殖	公顷	49		
附:1. 稻田养殖面积	公顷	8515		
2. 养殖水面中鱼种池面积	公顷			

岳麓区	开福区	雨花区	望城区	长沙县	浏阳市	宁乡市
6382	1960	2397	42730	15542	24678	34360
		2				
		2				
6382	1960	2395	42730	15542	24678	34360
6218	1750	2390	31620	14951	23888	31276
164	205		10300	583	320	935
					190	1368
	5	5	810	8	280	781
770	360	290	5643	2983	4080	7260
770	334	245	4311	2098	1870	5462
			1020			530
			121	20		
	26	45	191	864	2210	1220
				1		48
179	80		4667	494	327	2768

9－10 农林牧渔业总产值(2023年)

指标	全市	芙蓉区	天心区	岳麓区
农林牧渔业总产值	**7782079**	**30**	**20272**	**159172**
一、农业产值	5090175	1	13637	124736
1. 谷物及其他作物	926405		768	17573
# 粮食	762234		349	14969
(1)谷物	719902		336	14435
# 小麦				
稻谷	651987		333	14308
玉米	27572		3	119
(2)折粮薯类	20833		13	249
(3)油料	105793		419	2604
# 花生	10428			212
油菜籽	91951		419	2380
(4)豆类	21499			285
# 大豆	15023			193
(5)棉花				
(6)生麻				
(7)糖料	501			
(8)烟草	56957			
(9)其他农作物	920			
# 饲料作物	200			
2. 蔬菜园艺作物	3489203	1	11713	98853
(1)蔬菜	2766832	1	9368	75072
(2)食用菌(干鲜混合)	54963		27	
(3)花卉	28757		169	2514
(4) 盆景园艺	638652		2150	21267
3. 水果、坚果、饮料和香料作物	609619		1002	8243
# 水果(含果用瓜)	170856		1002	7769
# 梨	4707			118
柑桔	37928		18	1282
# 茶及其他饮料	432339			455
4. 中药材	64948		154	68

单位:万元

按现行价格计算					
开福区	雨花区	望城区	长沙县	浏阳市	宁乡市
21440	**95424**	**1088911**	**1608314**	**2377657**	**2410859**
14154	85096	760649	1214995	1386081	1490825
3008	419	107833	195695	294249	306860
2768	396	95936	179800	205559	262458
2723	353	92431	160936	193803	254885
2723	350	86671	140210	177911	229482
	2	448	12286	4615	10098
41	22	2507	9597	4932	3471
240	24	11724	15693	55132	19957
		2391	1628	2624	3572
240	24	8366	13253	51402	15867
4	20	998	9267	6824	4102
4	20	556	5226	5694	3330
				157	345
			47	33166	23744
		173	155	236	356
		58	40	38	64
11086	84620	622342	622505	945162	1092921
11086	4669	600150	513807	692247	860432
	2	538	37540	7882	8974
	142	305	12628	7967	5032
	79807	21350	58530	237065	218483
61	57	30206	394433	100334	75284
61	57	19212	43316	77015	22426
		192	802	2454	1140
		2230	6141	20506	7751
		10945	346988	21259	52693
		269	2362	46336	15760

9－10 续表

指　　标	全　市	芙蓉区	天心区	岳麓区
二、林业产值	420252		75	3181
(一)林木的培育和种植	65847			1783
1. 育种育苗	17929			4
2. 造林	38149			1779
3. 抚育和管理	9768			
(二)竹木采运	45210		75	934
(三)林产品	309196			464
三、牧业产值	1451129		2335	11420
(一)牲畜饲养	125036		157	913
1. 牛的饲养	35459		69	260
2. 羊的饲养	83313		87	653
3. 牛奶	6265			
(二)猪的饲养	982173		1858	5177
# 肉猪	982173		1858	5177
(三)家禽饲养	334266		321	5331
1. 肉禽	221844		321	1941
2. 禽蛋	112422			3390
(四)其他畜牧业	9654			
# 兔	287			
四、渔业产值	298886		3157	12463
1. 鱼类	239135		3157	11815
2. 虾蟹类	51279			648
3. 贝类	1391			
4. 其他	7081			
五、农林牧渔服务业	521637	29	1068	7372

单位:万元

按现行价格计算					
开福区	雨花区	望城区	长沙县	浏阳市	宁乡市
27	339	16912	51625	270734	77360
		6040	23279	20941	13805
		333	13046	3107	1440
		5707	9567	10949	10148
			667	6884	2217
27		1858	2928	14105	25284
	339	9015	25418	235689	38271
3883	2953	120899	210799	500178	598661
84	98	9489	8729	72872	32694
69	69	4842	4359	10845	14944
15	29	2964	3484	62026	14055
		1683	887		3695
3260	2087	81272	170704	327989	389827
3260	2087	81272	170704	327989	389827
539	768	29248	30608	93397	174055
313	316	10998	12528	56856	138573
227	452	18250	18080	36541	35482
		890	758	5921	2085
				210	77
2576	3124	105769	36160	57456	78182
1890	3107	60339	33685	54868	70274
656		41945	2449	1488	4093
				170	1222
30	17	3485	27	930	2593
800	3912	84682	94735	163208	165831

10 工　业

长沙统计年鉴

10－1　历年工业总产值

单位：万元

年　份	合　计	#大中型企业	#国有工业	#集体工业	#乡办工业	轻工业	重工业
1949	5791		433			4896	895
1950	9002		1630	39		7921	1081
1951	14892		4057	129		12945	1947
1952	20409		10400	201		17076	3333
1953	28847		14602	378		24199	4648
1954	30875		17846	714		24523	6352
1955	35450		19311	2234		28742	6708
1956	45732		36351	7660		35686	10046
1957	49355		39277	9360		39189	10166
			按1957年不变价格计算				
1957	46096		36541	8845		36868	9228
1958	80433		58213	22109	4659	59711	20722
1959	105816		75554	30262	4455	68870	36946
1960	120489		86411	34078	3508	68554	51935
1961	63898		46444	17333	1051	46572	17326
1962	53339		38507	14580	467	40256	13083
1963	54016		40829	12992	178	38672	15344
1964	64857		49533	15219	290	45358	19499
1965	79691		58891	20797	1277	51868	27823
1966	96285		68584	27701	3073	62743	33542
1967	87318		59683	27635	3151	57524	29794
1968	78585		51981	26604	3382	54247	24338
1969	97375		68078	29297	2194	60575	36800
1970	140654		104311	36343	2948	78545	62109
1971	150535		111997	38538	3577	81623	68912
			按1970年不变价格计算				
1971	132575		96260	36315	3577	72794	59781
1972	154173	48387	113309	40864	3627	86545	67628
1973	163927	50018	118714	45213	4691	93632	70295
1974	128974	34209	89526	39448	5633	82062	46912
1975	163374	51074	113325	50049	7181	94128	69246
1976	147984	37453	97010	50974	9479	88653	59331
1977	190006	50228	125967	64039	11791	106133	83873
1978	238489	55004	153188	85301	14509	132376	106113
1979	274260	63033	178564	95696	17671	155407	118853
1980	302624	69477	192773	108551	19593	180677	121947
1981	312240	67577	193803	117076	20046	199146	113094

10－1 续表 单位:万元

年份	合计	#大中型企业	#国有工业	#集体工业	#乡办工业	轻工业	重工业
	按1980年不变价格计算						
1981	305989	65529	190040	114625	20357	197536	108453
1982	318933	68386	192110	124599	22348	204500	114433
1983	339270	80644	203733	135294	24694	213291	125979
1984	387985	108532	228587	158835	30208	239867	148118
1985	463521	139538	255540	207209	42044	279040	184481
1986	524318	179662	294463	218422	46225	301104	223214
1987	635046	227241	348228	271609	65890	364015	271031
1988	763387	275958	406300	329184	90309	418990	344397
1989	837404	307890	418981	369449	68336	465656	371748
1990	864295	332217	428900	388730	79207	481316	382979
	按1990年不变价格计算						
1990	1201241	519530	685839	461738	124188	680329	520912
1991	1389702	572449	751752	561615	167332	780430	609272
1992	1655135	646830	877163	716342	219372	856131	799004
1993	1923267	828288	907141	900189	345084	988828	934439
1994	2261762	917685	950930	664639	352342	1215599	1046163
1995(原规定)	2625906	888684	1072289	635231	388926	1458138	1167768
1995(新规定)	2465662	884923	1047582	887074	410523	1347777	1117885
1996	2874962	916152	1112524	1103270	492329	1465786	1409176
1997	3366581	1029812	1169371	1147896	518527	1655539	1711042
1998	3871568	1157742	1244845	1082559	490985	1812982	2058586
1999	4316798	1322056	1338019	990848		1990907	2325891
2000	4836651	1486342	1530512	914127		2235016	2601635
2001	5349642	1975827	1208526	1011082		2404381	2945261
2002	6079083	2522050	1318284			2412608	3666475
2003	7147780	2435058	1703105			2516350	4631430
	按当年价格计算						
2003	8034980	4075032	2273348			3438771	4596209
2004	10060596	4848325	2679230			4488562	5572034
2005	13006235	6193647	3151357			5802766	7203469
2006	16509547	7667315	3998824			5978281	10531266
2007	21546411	9933579	5289693			7461083	14085328
2008	35074824	17520328	10109994			14391159	20683665
2009	41618121	20436243	11793145			16262144	25355977
2010	54877395	28190353	15158744			21443162	33434233
2011	71273582	38750233	19293574			27958192	43315390
2012	82630847	42333662	21852534			32276868	50353979
2013	89380523	49570685	22108786			31876211	57504312
2014	104445106	59472793	22111685			32681853	62765763
2015	111746223	67380196	22134390			37262597	74483626
2016	122077301	74148116	21927534			41378142	80699159
2017	124115779	76349482	26580545				

10－2 历年工业总产值指数

（以1949年为100）

年份	工业总产值	#国有工业	轻工业	重工业
1949	100	100	100	100
1950	155.4	376.4	161.8	120.8
1951	257.2	937	264.4	217.5
1952	352.4	2401.8	348.8	372.4
1953	498.1	3372.3	496.3	519.3
1954	533.2	4121.5	500.9	709.7
1955	612.2	4459.8	587.1	749.5
1956	789.1	8395.2	728.9	1122.5
1957	852.3	9070.9	800.4	1135.9
1958	1487.1	14451	1296.4	2550.5
1959	1956.4	18755.9	1495.3	4547.5
1960	2227.7	21451	1488.4	6392.4
1961	1181.4	11529.6	1011.2	2132.5
1962	986.2	9559.1	874	1610.3
1963	998.7	10135.6	839.6	1888.6
1964	1199.1	12296.3	984.8	2400
1965	1473.4	14619.4	1126.1	3424.6
1966	1780.2	17025.6	1362.3	4128.5
1967	1614.4	14815.9	1248.9	3667.2
1968	1453	12903.9	1177.8	2995.6
1969	1800.4	16900	1315.2	4529.5
1970	2600.6	25894.7	1705.3	7544.6
1971	2783.3	27802.8	1772.2	8481.9
1972	3236.5	32726.1	2106.9	9595.6
1973	3441.3	34287.3	2279.4	9974.1
1974	2707.5	25857	1997.8	6656.3
1975	3429.7	32730.7	2291.5	9825.1
1976	3106.6	28018.7	2158.2	8418.3
1977	3988.8	36382	2583.7	11900.6
1978	5006.7	44180.5	3280.2	15302
1979	5757.7	51499.1	3860	17181.1
1980	6353.2	55597.1	4477.1	17585.4
1981	6555	55894.1	4934.7	16308.7
1982	6832.3	56502.9	5108.7	17208
1983	7268	59921.5	5328.3	18944.2
1984	8311.6	67231.5	5992.2	22273.4
1985	9929.8	75158.8	6970.8	27741.5

10－2 续表 1 （以 1949 年为 100）

年　份	工业总产值	#国有工业	轻工业	重工业
1986	11232.2	86606.8	7522	33566
1987	13604.2	102420	9093.6	40756.5
1988	16353.6	119500	10466.6	51789
1989	17939.4	123387.3	11764.7	56626.4
1990	18514.8	126305.5	12159.6	58332.8
1991	21419.6	138444.2	13948.7	68227.5
1992	25510.7	161540.1	15301.7	89446.2
1993	29643.5	167061	17673.5	104562.7
1994	34860.7	175125	21720.7	117057.9
1995	40473.3	181107.4	26043.1	130636.7
1996	47191.9	192334.7	28334.9	164732.8
1997	55261.7	202162.5	31990.1	199985.6
1998	63550.9	215210.6	35029.2	240582.7
1999	70859.3	237359	38462.1	271858.5
2000	79362.4	271506.4	43191.8	303937.8
2001	87774.8	214490.1	46474.4	344057.6
2002	99712.2	234008.7	46613.8	428351.1
2003	120950.9	302339.2	48618.2	541007.4
2004	151430.5	367946.9	63461.3	655863.3
2005	192771	484954	80215.1	847375.4
2006	251951.7	614921.7	101632.5	1129551.4
2007	328819.1	813425.8	126840.5	1510749
2008	433712.4	1002954	160326.4	2870788.7
2009	514643.1	1169945.8	181168.8	3519299.9
2010	618774	1515874.4	214431.6	4343423.3
2011	803787.4	1929708.1	279618.8	5629076.6
2012	931589.6	2186359.3	322680.1	6540987
2013	1007686.2	2202992.9	318674.6	7469816
2014	1177526	2203281.8	326728.8	8153279
2015	1259839.6	2201714.9	372523.7	9675430.6
2016	1376313.3	2181138.9	413667.9	10482829
2017	1399295.3	2643975.4		

10－2 续表 2

（以上年为 100）

年 份	工业总产值	#国有工业	轻工业	重工业
1950	155.4	376.4	161.8	120.8
1951	165.4	248.9	163.4	180.1
1952	137.0	256.3	131.9	171.2
1953	141.3	140.4	141.7	139.5
1954	107.0	122.2	101.3	136.7
1955	114.8	108.2	117.2	105.6
1956	129.0	188.2	124.2	149.8
1957	107.9	108.0	109.8	101.2
1958	174.5	159.3	162.0	224.5
1959	131.6	129.8	115.3	178.3
1960	113.9	114.4	99.5	140.6
1961	53.0	53.7	67.9	33.4
1962	83.5	82.9	86.4	75.5
1963	101.3	106.0	96.1	117.3
1964	120.1	121.3	117.3	127.1
1965	122.9	118.9	114.4	142.7
1966	120.8	116.5	121.0	120.6
1967	90.7	87.0	91.7	88.8
1968	90.0	87.1	94.3	81.7
1969	123.9	131.0	111.7	151.2
1970	144.4	153.2	129.7	168.8
1971	107.0	107.4	103.9	110.0
1972	116.3	117.7	118.9	113.1
1973	106.3	104.8	108.2	103.9
1974	78.7	75.4	87.6	66.7
1975	126.7	126.6	114.7	147.6
1976	90.6	85.6	94.2	85.7
1977	128.4	129.8	119.7	141.4
1978	125.5	121.6	124.7	126.5
1979	115.0	116.6	117.4	112.0
1980	110.3	108.0	110.2	102.6
1981	103.2	100.5	110.2	92.1
1982	104.2	101.1	103.5	105.5
1983	106.4	106.1	104.3	110.1
1984	114.4	112.2	112.5	117.6
1985	119.5	111.8	116.3	124.6
1986	113.1	115.2	107.9	121.0
1987	121.1	118.3	120.9	121.4
1988	120.2	116.7	115.1	127.1
1989	109.7	103.1	111.1	107.9
1990	103.2	102.4	103.4	103.0

10－2 续表3　　　　（以上年为100）

年　份	工业总产值	#国有工业	轻工业	重工业
1991	115.7	109.6	114.7	117.0
1992	119.1	116.7	109.7	131.1
1993	116.2	103.4	115.5	116.9
1994	117.6	104.8	122.9	112.0
1995	116.1	112.8	119.9	111.6
1996	116.6	106.2	108.8	126.1
1997	117.1	105.1	112.9	121.4
1998	115.0	111.0	109.5	120.3
1999	111.5	110.3	109.8	113.0
2000	112.0	112.8	112.3	111.8
2001	110.6	79.0	107.6	113.2
2002	113.6	109.1	100.3	124.5
2003	121.3	129.2	104.3	126.3
2004	125.2	121.7	130.5	121.2
2005	127.3	131.8	126.4	129.2
2006	130.7	126.8	126.7	133.3
2007	130.5	132.3	124.8	133.7
2008	131.9	123.3	126.4	137.4
2009	118.7	116.7	113.0	122.6
2010	131.9	128.5	131.9	131.9
2011	129.9	127.3	130.4	129.6
2012	115.9	113.3	115.4	116.2
2013	108.2	100.8	98.8	114.2
2014	116.9	100.0	102.5	109.1
2015	107.0	99.9	114.0	118.7
2016	109.2	99.1	111.0	108.3
2017	101.7	121.2		

10－3 规模以上工业主要产品产量

产品	单位	2023年	2022年	2023年为2022年的%
饲料	万吨	214.46	239.20	89.7
精制食用植物油	万吨	10.20	24.44	41.8
酱油	万吨	14.79	19.38	76.3
大米	万吨	11.28	12.69	88.9
乳制品	万吨	30.15	36.29	83.1
饮料	万吨	431.70	497.73	86.7
精制茶	万吨	1.75	2.18	80.2
服装	万件	2716.15	2174.60	124.9
涂料	万吨	97.00	56.20	172.6
化学试剂	万吨	19.77	16.74	118.1
焰火制品	亿元	428.84	337.68	127.0
家具	万件	142.85	160.99	88.7
水泥	万吨	431.78	587.37	73.5
商品混凝土	万立方米	2334.35	2629.16	88.8
铝材	万吨	22.35	25.92	86.2
起重机	万吨	84.10	76.27	110.3
挖掘机	万台	1.57	1.36	115.7
混凝土机械	万台	3.06	2.64	115.9
环境污染防治专用设备	万台	3.37	3.99	84.5
汽车	万辆	65.93	71.96	91.6
工业机器人	套	4629	8938	51.8
光电子器件	亿只	201.48	147.42	136.7
印制电路板	万平方米	86.89	79.78	108.9
电力电缆	亿米	6.88	5.17	133.2
自来水生产量	亿立方米	13.66	13.86	98.6
发电量	万千瓦小时	1025508.41	960011.11	106.8

10－4　1998－2017年规模以上工业企业主要经济指标

指　　标	1998年	1999年	2000年	2001年	2002年	2003年	2004年	2005年	2006年
企业单位数(个)	602	672	657	744	895	1096	1464	1691	1920
# 亏损企业	273	241	223	230	258	226	263	217	165
工业总产值(当年价格)	2656096	3098178	3301641	3700281	4441769	5643301	7699353	9733713	12717585
工业销售产值(当年价格)	2560872	3007318	3229826	3636080	4391451	5578889	7594852	9551244	12673496
工业增加值(当年价格)	990023	1071758	1178774	1325474	1603271	2031020	2718925	3523338	4411148
流动资产合计	1889708	2097902	2456692	2742156	3077790	3772809	4574168	5102554	6357110
存货	713805	726300	849283	917658	1073247	1291700	1607995	1838326	2267629
# 产成品	238900	259808	313282	314616	387805	443290	478979	507981	718122
固定资产合计	1905649	2113116	2364939	2416425	2673026	2775924	3283857	3955661	4259095
固定资产原价合计	2337912	2590306	2909204	3153749	3496219	3817462	4300092	5051470	5542976
固定资产净值平均余额	1582335	1756358	1888985	2076331	2298696	2411178	2748064	3167717	3820512
资产总计	4277157	4722014	5406433	5891896	6629858	7582870	9251983	10675036	12728342
流动负债合计	1954242	2101611	2306733	2551023	2729096	3220482	3871544	4505124	4881277
负债合计	2666746	2859586	3148273	3328496	3637202	4148846	5014353	5802134	6722111
主营业务收入	2531715	2916883	3212467	3538980	4296915	5679012	7490187	9351579	12350206
主营业务成本	1714194	1963016	2171292	2399290	2944484	3842496	5428851	6753573	8770195
主营业务税金及附加	322040	348163	370445	356460	356106	402640	580931	648061	714015
营业利润	363206	455412	506053	579018	759425	1115558	558645	688131	1172544
利润总额	99866	176898	211786	240180	332138	470195	569891	640280	950519
亏损企业亏损额	94747	79032	55843	60056	66425	60483	80676	62222	48274
应交增值税	173616	192623	207553	237311	248126	285078	347826	482333	572429

注:1. 从1998年起工业企业主要经济指标为规模以上工业企业(即年主营业务收入500万元以上独立核算工业企业)主要经济指标。

2. 2008年数据按第二次经济普查数据修正。

3. 从2011年起,规模以上工业企业统计标准由年主营业务收入500万元以上变更为2000万元及以上。

单位:万元

2007年	2008年	2009年	2010年	2011年	2012年	2013年	2014年	2015年	2016年	2017年
2047	2575	2527	2617	2219	2282	2407	2593	2708	2793	2886
133	139	172	83	107	133	133	162	215	162	221
17326728	28153645	33728555	45716906	59756609	70583246	82891332	95447615	105459223	115582830	117562858
17105805	27807656	33256951	45390816	59014457	69289554	81506860	91924403	101995173	116536722	111368232
5845815	11296207	12360165	15722264	21092400	23098396	26532834	30420534	32282141	32530272	35332603
7761100	12471386	14094846	21065939	24386980	31078962	34637238	41059381	44827621	48302600	53668587
2564681	4130906	4820399	5985926	6907187	8391415	9349379	11166999	12561060	13521522	14516957
1010958	1154176	1377478	1833303	1894490	2589496	2360520	3473773	3851748	4090793	4372825
5181152	9879593	12853030	13662049	14022082	16886035		23249698	24152862	25806732	25404048
6435469	12819906	14421067	15780005	18563250	21314194		31458658	34316223	38403910	42442237
4112795	7985703	10379476	11360425	13364154						
15679718	27347526	30867064	40568029	47623577	58250722	62596081	74286273	80761003	89110901	99104880
5891835	8910948	9765456	13402078	17902397	21572983		25564713	28907233	31729208	36023466
8464062	14926586	16705263	21315603	25903355	32693115	33628362	40306440	42917138	48558797	50384464
17518483	27181162	32754428	45087877	58597585	68645424	77588408	90240638	99478355	108795018	111472203
12115525	19484114	23391354	33142414	42733271	51359043	59274178	69004779	76844816	85833548	87343048
899198	2452071	2617761	3388886	4043661	4748995	5385138	5950556	6377474	6304222	6422320
1756969	3356097	4234120	5160913	5882254	5977448	5615275	6321657	6432841	5896892	7193825
1704861	2924227	3341951	4962418	5632994	6084527	5896607	6549215	6754329	6355174	7515701
161573	124990	101164	28593	157392	197853	190173	258971	476813	527415	147362
792824	1657657	1504850	2296193	2558087	2697660	3029488	3719432	3944615	3685395	3693179

10－5 规模以上工业企业主要经济指标(2023 年)

指标	企业单位数(个)	#亏损企业	流动资产合计	#应收账款
总计	**3225**	**550**	**75536279**	**24959563**
按登记注册类型分组				
内资企业	3084	511	66891181	22221318
国有独资公司	4	1	213237	6719
私营有限责任公司	2163	333	14831939	6137907
其他有限责任公司	551	135	30059745	8436541
私营股份有限公司	161	34	7128272	1922686
其他股份有限公司	50	8	14376002	5583355
全民所有制企业(国有企业)	1		4251	281
集体所有制企业(集体企业)	5		6522	2823
个人独资企业	83		159970	88899
合伙企业	66		111244	42108
港澳台投资企业	64	13	6052186	1943034
港澳台投资有限责任公司	57	11	4046556	1070001
港澳台投资股份有限公司	6	2	1865097	792915
港澳台投资合伙企业	1		140534	80118
外商投资企业	77	26	2592912	795211
外商投资有限责任公司	72	26	2077942	721985
外商投资股份有限公司	4		155142	59475
其他外商投资企业	1		359828	13751
在总计中:国有控股企业	185	43	25932992	7616796
在总计中:大型企业	51	5	42263618	13671523
中型企业	230	36	13083475	4118882
小型企业	2478	407	18606066	6571600
微型企业	466	102	1583121	597558
在总计中:亏损企业	550	550	10825854	3756929

单位:万元

#存货	#产成品	资产总计	固定资产原价	累计折旧	固定资产净额	负债合计	流动负债合计	#应付账款	所有者权益合计
13766493	**3950826**	**137899961**	**55145198**	**22776486**	**31552225**	**72846757**	**56096001**	**21158557**	**65053185**
12772214	3492049	113305750	38733864	15446362	22572928	61406579	49896900	18982355	51899153
6525	2079	272956	32743	7355	25180	234008	210984	5487	38948
2684663	1190108	22424216	7038575	2777039	4104954	13220792	11235832	3940940	9203412
6628454	1307417	53759452	25673893	10706640	14590193	29600613	24053105	9904533	24158833
1231022	408624	11819934	2635964	830068	1633930	4774530	4059096	1362035	7045403
2138551	524585	24496704	3122400	1037024	2082637	13317054	10153085	3682151	11179649
240	240	15996	1851	270	340	6574			9422
1974	1955	7520	4717	2335	2383	3831	913	198	3689
47756	33152	255268	111731	44070	66903	125755	90233	45917	129513
33030	23891	253705	111990	41562	66410	123423	93653	41095	130282
622820	318387	19893022	13476659	5582698	7849949	8939530	4156410	1481414	10953491
406445	193174	12466519	11607029	4634729	6934771	6781788	2731615	1156744	5684730
190532	116482	7281687	1867648	946887	914278	2088461	1356633	298105	5193226
25843	8731	144817	1982	1082	900	69281	68163	26565	75536
371459	140390	4701189	2934676	1747426	1129348	2500648	2042691	694788	2200541
311865	123497	3681995	1833203	967564	823745	1787068	1581797	557838	1894927
30622	16893	325629	92662	41206	51456	81978	72475	37244	243651
28971		693565	1008811	738656	254147	631602	388419	99706	61963
6385709	814333	54070438	28800335	12960119	15750623	30259302	20531536	6600734	23811133
7724078	1653501	81917292	37012705	15894269	20640529	43375178	32571632	13227098	38542113
2507606	901082	21469534	6100353	2328349	3724456	9950991	8042601	2729236	11518542
3392125	1321518	31755624	11366706	4360375	6757229	17643634	14065505	4953957	14111976
142684	74725	2757511	665435	193494	430011	1876954	1416264	248267	880554
1651111	686399	20731528	8572473	3174277	5228490	12743958	10084883	3057626	7987568

10－5 续表1

指　　标	企业单位数（个）	#亏损企业	流动资产合计	#应收账款
按行业大类分组				
采矿业	25	3	257908	18553
黑色金属矿采选业	1		2256	462
有色金属矿采选业	4	2	23525	2817
非金属矿采选业	20	1	232127	15275
制造业	3121	536	72580906	24275553
农副食品加工业	175	23	930635	177265
食品制造业	115	33	1173634	167153
酒、饮料和精制茶制造业	44	6	337610	69137
烟草制品业	2		6422008	156337
纺织业	17	5	669324	304850
纺织服装、服饰业	17	2	112268	18650
皮革、毛皮、羽毛及其制品和制鞋业	6	1	23940	8022
木材加工和木、竹、藤、棕、草制品业	37	1	50462	12717
家具制造业	40	8	102164	33249
造纸和纸制品业	77	4	251856	96967
印刷和记录媒介复制业	77	9	355721	97467
文教、工美、体育和娱乐用品制造业	11	1	62116	10197
石油、煤炭及其他燃料加工业	10		28321	11650
化学原料和化学制品制造业	454	22	2468148	776431
医药制造业	114	35	2583561	469429
化学纤维制造业	1		1092	62
橡胶和塑料制品业	89	11	618828	227864
非金属矿物制品业	321	52	2994972	1733812
黑色金属冶炼和压延加工业	9	3	111098	24500
有色金属冶炼和压延加工业	53	11	1094351	191872
金属制品业	204	30	1369893	581392
通用设备制造业	314	49	13493297	5154109
专用设备制造业	283	74	9328107	3364593
汽车制造业	156	50	8870742	3324445
铁路、船舶、航空航天和其他运输设备制造业	28	12	1795825	967647
电气机械和器材制造业	164	23	4688360	1500859
计算机、通信和其他电子设备制造业	173	46	9384863	3498723
仪器仪表制造业	102	20	1997481	761793
其他制造业	9	3	32877	11551
废弃资源综合利用业	19	2	1227354	522810
电力、热力、燃气及水生产和供应业	79	11	2697464	665457
电力、热力生产和供应业	32	5	1405475	395995
燃气生产和供应业	18		331839	41404
水的生产和供应业	29	6	960150	228059

单位:万元

#存货	#产成品	资产总计	固定资产原价	累计折旧	固定资产净额	负债合计	流动负债合计	#应付账款	所有者权益合计
7049	6434	375236	93281	37906	53082	316710	273582	25586	58526
1138	1126	2769	2587	1126	1460	1301			1467
3321	2921	48360	28737	11266	15178	32820	32248	14237	15540
2590	2386	324108	61957	25515	36443	282589	241335	11349	41519
13673902	3903835	117866150	33218165	13415533	19016638	59810743	49906840	19709112	58055391
287798	113947	1618655	683389	249658	409305	899475	773197	173213	719179
288405	86674	2305836	955311	375558	562862	1104894	990278	243723	1200941
71942	26934	729122	430968	191417	235459	391770	313445	89911	337352
3445773	64343	8253121	2492408	1651517	838089	941146	929489	199375	7311975
101226	71236	972417	272974	105023	56457	715569	697489	290705	256848
34545	26700	164075	45258	23390	21377	76267	71754	27711	87808
12283	2352	30527	16550	8847	7704	16502	15309	8714	14025
12494	6653	138548	62213	18338	43138	60253	44926	13772	78295
20200	10627	158427	51273	16814	32841	101135	80243	16492	57292
56659	25362	440627	240523	93795	139977	202667	145185	48396	237959
84492	33571	645953	500789	290526	205653	345106	291961	96316	300847
28750	21109	95098	27826	10831	16995	45842	30445	4230	49256
5486	2487	38978	12178	7370	4806	16888	15558	6082	22090
473511	291347	4556838	1572461	489079	1048837	1914016	1428906	474156	2642820
452661	202088	5079726	1312753	454788	823259	1415457	1198586	257095	3664269
461	341	1402	419	125	294	298	298	16	1104
106809	46629	1167145	737067	343942	386785	537307	455340	130627	629837
315281	139465	4599989	1294792	517064	718302	2933309	2441435	994541	1666678
5478	2755	170021	29453	9948	18836	44597	42758	6062	125424
256503	88138	1796852	841641	425314	340544	904981	555122	152577	891872
223903	99112	1999544	587181	241644	337441	1097967	953148	290445	901575
1650503	687820	20773529	2129078	881252	1235937	13128484	10697060	3897911	7645042
2204134	613117	13540834	2174298	747657	1421252	7905715	6779240	2367018	5635118
743126	242000	12464947	4670151	2297293	2314794	10194086	9617463	4814377	2270860
517775	69103	3320318	1112369	326064	786250	1207380	1024277	512904	2112937
685448	243583	7103512	1672197	540515	874117	3842938	3202403	1478585	3260573
1215931	551358	21274127	8476863	2823446	5617881	7796778	5513341	2605765	13477348
245314	81534	2606909	372724	130241	240555	949900	762037	310247	1657008
10464	6181	43619	11180	5366	3556	25492	23079	3817	18128
116548	47267	1775455	431879	138710	273337	994523	813069	194329	780932
85542	40557	19658575	21833753	9323047	12482505	12719305	5915579	1423860	6939269
37930	1412	14799111	19322950	8542879	10770958	9356243	3834287	1135491	5442867
39901	36584	839268	558308	145259	394785	574219	538496	48174	265049
7711	2561	4020196	1952495	634909	1316762	2788843	1542796	240195	1231353

10－5 续表 2

指　　标	所有者权益合计			
	#实收资本	国家资本	集体资本	法人资本
总　　计	**23012732**	**3328923**	**595644**	**11893254**
按登记注册类型分组				
内资企业	17665271	2619291	381395	9918468
国有独资公司	38693	6200		32493
私营有限责任公司	3418060	36399	46426	1581871
其他有限责任公司	9894839	2059288	196029	6885593
私营股份有限公司	1710879	1680	89904	594627
其他股份有限公司	2520421	515724	49036	788737
全民所有制企业（国有企业）				
集体所有制企业（集体企业）	50			50
个人独资企业	44765			19650
合伙企业	37563			15447
港澳台投资企业	4200581	674768		1739748
港澳台投资有限责任公司	3525504	664987		1587769
港澳台投资股份有限公司	670077	6532		151979
港澳台投资合伙企业	5000	3250		
外商投资企业	1146880	34864	214250	235038
外商投资有限责任公司	1072760	34864	214250	194441
外商投资股份有限公司	74121			40597
其他外商投资企业				
在总计中：国有控股企业	8028094	3214574	255047	3216875
在总计中：大型企业	11675371	1422895	16340	6873388
中型企业	3900715	1087947	132423	1395904
小型企业	6893887	797295	239759	3405512
微型企业	542759	20786	207122	218450
在总计中：亏损企业	5130612	229667	266894	3055419

单位:万元

			营业收入	营业成本	销售费用	管理费用	财务费用		
个人资本	港澳台资本	外商资本						利息费用	利息收入
4710735	**1846971**	**637205**	**95598075**	**70909266**	**3329042**	**3414903**	**436640**	**760465**	**302675**
4528768	206287	11064	85687999	62993907	2986718	2866736	286008	555575	280036
			32413	28679	622	3443	53	277	－225
1751046	1000	1318	24200531	19177885	938097	1002952	157473	138134	31115
735586	11300	7042	48001091	34073714	882777	1236034	109176	255543	121058
1023402		1266	5373720	3495782	698611	310980	22387	38903	19208
971501	193987	1438	6245345	4737699	417922	258388	－12026	120988	108837
			25632	18255	1089	521	80		
			10667	7209	993	1333	31		
25116			868780	702368	24668	26982	3500	1157	9
22117			929821	752316	21940	26102	5334	573	34
154477	1603081	28507	5554341	4326622	218809	260928	147763	188673	24914
6963	1260427	5358	3477439	2844685	128311	172314	130936	153350	8856
147513	342655	21398	1988066	1422296	78499	87068	17065	35324	15756
		1750	88837	59642	12000	1546	－238		303
27491	37604	597635	4355735	3588737	123515	287240	2869	16217	－2274
12175	37604	579427	3166449	2572310	117957	222606	2828	13627	－4092
15316		18208	165445	109222	5558	13173	－469	268	－181
			1023841	907205		51461	510	2321	1998
747543	581820	12234	29826789	18517713	488745	1042776	188711	404556	199084
1549813	1527218	285718	52428016	37171513	1633394	1358010	95651	449279	270890
981615	135707	167118	15224924	11870388	631944	540086	75076	90064	13399
2088887	178066	184369	26404509	20536945	1040023	1334480	247855	206816	17564
90420	5980		1540626	1330421	23681	182327	18058	14305	823
867672	580473	130487	9485658	8389068	509782	649194	95108	134091	18943

10－5 续表3

指　　标	所有者权益合计			
	#实收资本			
		国家资本	集体资本	法人资本
按行业大类分组				
采矿业	58355	10000		34227
黑色金属矿采选业				
有色金属矿采选业	15708	10000		1000
非金属矿采选业	42647			33227
制造业	19117506	1843421	554421	9966268
农副食品加工业	379913	22488	8300	207957
食品制造业	538593	9000	13233	173825
酒、饮料和精制茶制造业	118028	9686	2301	46371
烟草制品业	446000	446000		
纺织业	154722			106871
纺织服装、服饰业	39173	3483	500	15822
皮革、毛皮、羽毛及其制品和制鞋业	7026			6526
木材加工和木、竹、藤、棕、草制品业	18327			1257
家具制造业	34331			9969
造纸和纸制品业	65633	1347		10112
印刷和记录媒介复制业	169756	5000	32448	72653
文教、工美、体育和娱乐用品制造业	11326			2922
石油、煤炭及其他燃料加工业	8684			101
化学原料和化学制品制造业	942800	239865	23559	332250
医药制造业	903981	17238	6393	308351
化学纤维制造业	540			
橡胶和塑料制品业	397437	55323		100496
非金属矿物制品业	776690	161869	40626	277066
黑色金属冶炼和压延加工业	79314			60254
有色金属冶炼和压延加工业	440665	226193		167288
金属制品业	334987	17100	801	141996
通用设备制造业	1668267	212425	98458	464645
专用设备制造业	1775543	68826	21675	796921
汽车制造业	910802	26231	203531	325284
铁路、船舶、航空航天和其他运输设备制造业	823499	32867		601320
电气机械和器材制造业	968609	15400	24260	545017
计算机、通信和其他电子设备制造业	6529321	269999	25533	4960751
仪器仪表制造业	471262	1006	52804	160057
其他制造业	5811			4871
废弃资源综合利用业	96465	2074		65316
电力、热力、燃气及水生产和供应业	3836871	1475502	41223	1892759
电力、热力生产和供应业	2903382	838219	41223	1637403
燃气生产和供应业	118190	44327		69944
水的生产和供应业	815299	592957		185412

单位:万元

个人资本	港澳台资本	外商资本	营业收入	营业成本	销售费用	管理费用	财务费用	利息费用	利息收入
14128			217834	178403	4171	14003	1244	1012	-17
			2666	2054	85	230	2		
4708			59159	52036	728	3523	248	257	-20
9420			156010	124314	3359	10251	994	755	3
4676333	1439858	637205	88229946	64434474	3273027	3222268	146729	476204	296980
124830	852	15486	2408395	2030247	86351	77997	15004	10877	-882
213293	69558	59684	1862349	1428679	136664	105387	5966	9297	-3812
19255	17629	22786	873354	675004	52136	22460	3279	2997	609
			10833831	2300249	88149	373315	-86677	757	83727
47852			512041	362032	95996	37361	2562	632	-362
16550		2818	149097	108465	10907	20589	481	384	132
500			108455	91264	2359	3088	707	142	-10
17070			322901	262361	11679	14875	2179	705	3
24361			275302	224915	12190	13324	1778	1153	67
44341	6000	3833	710101	583171	26404	30728	2849	2281	-145
38185	20559	911	700854	553362	20307	53140	4118	4195	-694
5892	2512		98223	65405	5278	6007	1377	815	-2
8583			56637	43408	2682	2678	877	496	
321506	5071	20550	6991897	5427265	211433	252237	34260	18824	3049
567839	3010	1149	2226426	1132144	550137	153781	1589	12393	10243
540			2493	1261	629	238	5	5	
40921	4282	196416	1022463	801093	31970	37637	8021	4595	108
283947	13184		3277965	2702146	121286	148049	48190	35270	1503
19060			102215	85705	1984	6550	-1331	525	2025
30076		17108	2448608	2021792	24568	66432	13672	11370	1020
158258	16483	350	1680825	1310768	51246	92029	20636	16805	2241
680403	203337	8998	7255380	5803507	383216	277171	-30661	94559	110168
843927	19221	24973	6537858	4817399	524361	293574	14270	63673	27116
147716	29574	178465	16744310	14579804	350338	482042	3679	29539	-5085
177455	1625	10232	1163383	771976	44689	54984	8080	11417	1800
338660	44714	558	6888507	5467276	139590	163540	25080	31073	11829
342112	861258	69669	10043511	8562149	193989	328693	39724	93488	39007
135885	120990	520	1159477	714005	87110	71792	3322	6571	4746
940			33239	20153	2067	2196	581	501	4
26377		2698	1739850	1487469	3315	30374	3115	10867	8577
20274	407114		7150295	6296389	51844	178633	288666	283249	5713
4675	381862		5315436	4827885	3791	111381	232725	228776	4756
1520	2400		1145911	1018897	22789	21495	3277	3598	376
14079	22852		688948	449608	25265	45757	52665	50874	580

10－5 续表 4

指　　标	税金及附加	营业利润	投资收益	其他收益	营业外收入
总　　计	**7267631**	**6756617**	**96638**	**615316**	**296790**
按登记注册类型分组					
内资企业	7144978	6621301	303855	505610	244384
国有独资公司	283	－760		627	21
私营有限责任公司	321572	1721805	40197	91584	127348
其他有限责任公司	6661361	3615298	51339	237707	81808
私营股份有限公司	46532	576188	80264	87420	18134
其他股份有限公司	43004	567082	132252	88272	16790
全民所有制企业(国有企业)	46	4518			
集体所有制企业(集体企业)	257	754			
个人独资企业	36476	61949			109
合伙企业	35447	74466	－198		173
港澳台投资企业	54304	352343	19358	80329	17602
港澳台投资有限责任公司	32226	50502	27150	34721	14813
港澳台投资股份有限公司	21502	283859	－7792	43857	2755
港澳台投资合伙企业	576	17981		1751	34
外商投资企业	68349	－217026	－226576	29377	34804
外商投资有限责任公司	26583	－304164	－257123	25557	34678
外商投资股份有限公司	1291	64151	30547	3821	105
其他外商投资企业	40476	22987			21
在总计中:国有控股企业	6640847	1840301	－155029	167969	65538
在总计中:大型企业	6739265	4125273	186498	342399	69921
中型企业	141069	1157955	84475	136635	37209
小型企业	366717	1913409	87495	116555	176983
微型企业	20580	－440020	－261830	19728	12677
在总计中:亏损企业	69072	－1302097	－257807	114085	49434

单位:万元

营业外支出	利润总额	所得税费用	亏损企业亏损额	本年应付职工薪酬	本年应交增值税	平均用工人数（人）	总资产贡献率（%）	资　产负债率（%）	流动资产周转率（次/年）
175216	**6878186**	**939231**	**1301728**	**8784685**	**3496034**	**631750**	**13.34**	**52.83**	**1.27**
147217	6718463	823565	536161	7326653	3091683	512005	15.45	54.2	1.28
1079	-1818	2	2614	6172	164	340	-0.4	85.73	0.15
41278	1807871	121554	218492	2533320	739338	213608	13.41	58.96	1.63
86656	3610449	629707	234770	3076115	1892019	190001	23.1	55.06	1.6
11131	583192	43761	44252	747854	215244	48305	7.48	40.39	0.75
4656	579216	23350	36034	791235	161097	38734	3.69	54.36	0.43
	4518			533	1398	71	37.27	41.1	6.03
22	732			2839	748	488	23.09	50.94	1.64
69	61989	2572		86428	41569	11380	55.31	49.26	5.43
2326	72314	2619		82158	40106	9078	58.51	48.65	8.36
14181	355764	25950	165719	985425	309736	94393	4.57	44.94	0.92
12743	52572	-8661	139181	577474	103978	51057	2.74	54.4	0.86
1430	285185	32758	26538	399058	202245	42886	7.47	28.68	1.07
8	18007	1853		8893	3513	450	15.26	47.84	0.63
13818	-196041	89716	599848	472607	94615	25352	-0.36	53.19	1.68
13544	-283030	85563	599848	409815	70912	21723	-4.67	48.54	1.52
207	64049	4153		21154	3648	1327	21.27	25.18	1.07
67	22941			41639	20056	2302	12.37	91.07	2.85
52378	1853462	489420	636518	2166983	1494382	91600	19.22	55.96	1.15
88328	4106865	626263	203051	4382524	2136836	267053	16.4	52.95	1.24
21690	1173475	90095	229564	1555264	456135	114398	8.67	46.35	1.16
57429	2032959	161055	313175	2677060	866748	235636	10.94	55.56	1.42
7770	-435113	61819	555938	169838	36315	14663	-13.2	68.07	0.97
49067	-1301728	-23636	1301728	1636298	214830	112557	-4.26	61.47	0.88

10－5 续表 5

指　　标	税金及附加	营业利润	投资收益	其他收益	营业外收入
按行业大类分组					
采矿业	5283	9175	62	21	589
黑色金属矿采选业	75	133			
有色金属矿采选业	731	164	62	21	322
非金属矿采选业	4477	8879			266
制造业	7225837	6416671	77642	559823	256190
农副食品加工业	11286	127373	－2005	4518	5607
食品制造业	12356	140772	29124	13253	5506
酒、饮料和精制茶制造业	7620	106693	1269	2947	4611
烟草制品业	6501725	1565493	32462	1020	891
纺织业	3986	12019	9974	340	1783
纺织服装、服饰业	1830	4209	71	857	1274
皮革、毛皮、羽毛及其制品和制鞋业	1751	7195			104
木材加工和木、竹、藤、棕、草制品业	4290	23345			99
家具制造业	4557	11837		224	927
造纸和纸制品业	9834	40507	695	472	2191
印刷和记录媒介复制业	6889	62849	2616	1343	12755
文教、工美、体育和娱乐用品制造业	1179	12008	307	325	652
石油、煤炭及其他燃料加工业	868	4759	609	140	372
化学原料和化学制品制造业	264650	593073	57828	19699	10130
医药制造业	25063	321622	70091	27900	6211
化学纤维制造业	1	212			3
橡胶和塑料制品业	7381	99794	76	1675	6458
非金属矿物制品业	24340	129152	－9731	6161	10427
黑色金属冶炼和压延加工业	452	5983		21	392
有色金属冶炼和压延加工业	19943	132119	9885	3570	19996
金属制品业	10242	130396	1308	2260	10736
通用设备制造业	37330	459372	－3404	90746	24796
专用设备制造业	42520	436782	24096	60188	24427
汽车制造业	100160	233988	－262689	26646	50236
铁路、船舶、航空航天和其他运输设备制造业	8904	174409	12009	19549	3671
电气机械和器材制造业	33997	703204	18603	27115	9860
计算机、通信和其他电子设备制造业	63042	486441	34980	198812	32419
仪器仪表制造业	10058	195721	25788	23423	8540
其他制造业	327	6431	－3	91	132
废弃资源综合利用业	9256	188917	23685	26532	987
电力、热力、燃气及水生产和供应业	36511	330771	18934	55472	40011
电力、热力生产和供应业	25123	143806	14794	37772	34327
燃气生产和供应业	1715	76313	1023	422	1217
水的生产和供应业	9674	110652	3117	17279	4467

单位:万元

营业外支出	利润总额	所得税费用	亏损企业亏损额	本年应付职工薪酬	本年应交增值税	平均用工人数（人）	总资产贡献率（%）	资产负债率（%）	流动资产周转率（次/年）
3517	6247	761	5966	18902	7429	2275	5.32	84.40	0.84
13	120			325	213	37	14.75	47.00	1.18
152	334	399	3352	4858	1462	550	5.76	67.87	2.51
3353	5792	362	2614	13719	5755	1688	5.18	87.19	0.67
159316	6513541	913119	1281781	8170256	3368318	599048	14.92	50.74	1.22
1721	131258	7471	18235	171754	55744	18605	12.92	55.57	2.59
5797	140481	21620	28663	201105	63742	17972	9.80	47.92	1.59
1017	110287	19362	3075	62753	22402	6784	19.65	53.73	2.59
24710	1541674	419021		440363	1127300	8466	111.13	11.40	1.69
4411	9391	2042	7351	50788	21075	4577	3.61	73.59	0.77
665	4819	547	251	26099	3608	3060	6.49	46.48	1.33
11	7288	878	1	14011	3232	1790	40.66	54.06	4.53
171	23273	601	98	20268	16234	2567	32.12	43.49	6.40
504	12260	811	924	30288	8269	3739	16.56	63.84	2.69
647	42050	936	2235	56526	22034	6264	17.29	46.00	2.82
2143	73462	6645	2245	94386	20505	8804	16.26	53.43	1.97
37	12623	1671	460	14429	1653	1509	17.11	48.20	1.58
17	5113	92		5384	1765	478	21.14	43.33	2.00
4612	598589	28996	33453	682641	313570	70170	26.24	42.00	2.83
7608	320225	25166	32914	297783	131519	23684	9.63	27.86	0.86
	214			383	-23	39	13.99	21.28	2.28
2018	104233	14132	5536	95687	34243	8764	12.89	46.04	1.65
4609	134968	3063	46323	217594	106832	20967	6.55	63.77	1.09
11	6364	-13	1026	4147	1141	367	4.99	26.23	0.92
2552	149564	4223	35680	113171	25776	7574	11.50	50.36	2.24
1920	139213	11558	9497	180390	54234	17176	11.03	54.91	1.23
8236	475931	34085	36399	738863	170884	47851	3.75	63.20	0.54
11196	450012	18305	124517	1216712	188658	58279	5.50	58.38	0.70
53948	230277	141145	579832	1188564	272311	83404	5.07	81.78	1.89
1139	176941	15612	11276	191432	28345	7876	6.79	36.36	0.65
4045	709018	64067	39007	435484	167873	29200	13.26	54.10	1.47
8558	510301	28024	241791	1344076	414222	120744	5.08	36.65	1.07
1746	202516	18692	11407	201609	50975	12656	10.36	36.44	0.58
42	6521	682	187	5767	1769	589	20.90	58.44	1.01
5225	184679	23685	9401	67797	38429	5093	13.70	56.02	1.42
12384	358399	25352	13981	595528	120286	30427	4.06	64.70	2.65
9866	168268	3740	3539	470498	100474	23013	3.53	63.22	3.78
612	76919	5263		36643	5125	2395	10.41	68.42	3.45
1906	113212	16349	10442	88387	14688	5019	4.69	69.37	0.72

10－6 规模以上国有及国有控股工业企业主要经济指标(2023年)

指　　标	企业单位数(个)	#亏损企业	流动资产合计	#应收账款
总　　计	**185**	**43**	**25932992**	**7616796**
在总计中:大型企业	11	2	19384606	5505676
中型企业	29	2	2985559	1014413
小型企业	123	30	3017084	1061028
微型企业	22	9	545743	35679
在总计中:亏损企业	43	43	1264449	309025
按行业大类分组				
采矿业	1	1	180841	
非金属矿采选业	1	1	180841	
制造业	145	35	23842031	7153479
农副食品加工业	6	1	68561	3748
食品制造业	7	4	44675	5004
酒、饮料和精制茶制造业	2		22177	4833
烟草制品业	2		6422008	156337
纺织业	1	1	1531	268
纺织服装、服饰业	5		39470	3512
造纸和纸制品业	1		16910	4483
印刷和记录媒介复制业	3	1	79608	16182
化学原料和化学制品制造业	6	1	605880	141192
医药制造业	6	3	53523	6970
橡胶和塑料制品业	2		35946	31838
非金属矿物制品业	18	3	561363	381011
有色金属冶炼和压延加工业	10	1	266912	52291
金属制品业	3	2	29301	10231
通用设备制造业	13	1	9153383	3758202
专用设备制造业	13	2	2555153	906432
汽车制造业	15	8	912870	342143
铁路、船舶、航空航天和其他运输设备制造业	8	3	1611351	912029
电气机械和器材制造业	7	1	360042	155492
计算机、通信和其他电子设备制造业	14	3	981270	255105
仪器仪表制造业	2		13889	5691
废弃资源综合利用业	1		6208	485
电力、热力、燃气及水生产和供应业	39	7	1910120	463317
电力、热力生产和供应业	15	2	1151231	305139
燃气生产和供应业	8		290865	23721
水的生产和供应业	16	5	468023	134456

单位:万元

#存货	#产成品	资产总计	固定资产原价	累计折旧	固定资产净额	负债合计	流动负债合计	#应付账款	所有者权益合计
6385709	**814333**	**54070438**	**28800335**	**12960119**	**15750623**	**30259302**	**20531536**	**6600734**	**23811133**
5165690	487819	41003370	23777051	11029640	12727724	22515129	14547371	4685303	18488241
842503	223177	5172495	1850362	738703	1110403	2908192	2363468	780420	2264302
369268	97644	6409433	2969631	1163985	1758566	3797725	2835087	1099144	2611706
8248	5693	1485141	203291	27792	153930	1038256	785611	35867	446885
164084	85906	3726962	2283182	688378	1569793	3182538	2484259	355894	544424
		231222	23771	3819	19952	211584	189584	1	19639
		231222	23771	3819	19952	211584	189584	1	19639
6313624	779454	36154213	7857827	3861668	3925452	18357956	14817963	5328083	17796255
34584	14072	123059	42751	14601	28146	90308	83218	19641	32751
5687	2742	133437	74923	19832	55015	118277	98990	16642	15161
8333	1728	53016	18606	5436	13053	18311	18166	4599	34705
3445773	64343	8253121	2492408	1651517	838089	941146	929489	199375	7311975
337	146	16465	19821	7461	12360	10324	8222	86	6141
6193	4036	51067	16181	9411	6550	19748	19580	10283	31318
4930	2383	18592	4892	3343	1549	10994	10994	4213	7598
13890	5863	114265	75474	55465	20009	35652	34650	13405	78614
71806	51378	1069452	275531	58790	216546	411107	254273	74662	658346
14898	7026	112163	57049	27794	25973	38845	36295	9009	73318
1628	969	150786	123414	35376	87936	80468	66238	18664	70318
19129	6735	818412	279603	132418	127116	585296	548389	266488	233116
104415	26702	549215	244421	90287	153390	297315	205725	56339	251900
7513	3797	46327	32200	21295	10840	50184	50118	6842	–3857
702342	268516	14614582	758905	338437	419881	9614923	7607413	2588160	4999658
1156967	183168	3159751	399061	149223	249095	2298422	1698667	775634	861330
84315	21780	1556338	1250962	826096	384018	1444083	1122858	361142	112255
469870	56031	3019116	1043033	302657	740325	1042660	895536	471233	1976456
50266	10060	576866	153585	27311	125531	382685	361275	188723	194181
106329	46757	1694536	493893	84149	409684	850896	753723	239988	843640
3377	181	15159	988	759	230	10681	9775	2082	4478
1044	1044	8489	129	10	119	5633	4369	875	2856
72086	34878	17685002	20918738	9094632	11805220	11689763	5523989	1272650	5995239
33392	1048	13845806	18591072	8372960	10218054	8894781	3673045	1070840	4951026
36769	33776	762117	523963	136605	369353	537306	508239	38162	224810
1925	54	3077080	1803703	585067	1217813	2257676	1342705	163648	819403

10－6 续表 1

指　　标	所有者权益合计			
	#实收资本	国家资本	集体资本	法人资本
总　　计	**8028094**	**3214574**	**255047**	**3216875**
在总计中:大型企业	4654617	1406977		1970382
中型企业	1475505	1065473	1813	376444
小型企业	1607858	734987	50792	789514
微型企业	290115	7138	202442	80535
在总计中:亏损企业	866182	217353	202442	426589
按行业大类分组				
采矿业	25400			25400
非金属矿采选业	25400			25400
制造业	4498665	1756557	233824	1543549
农副食品加工业	24586	17561		3333
食品制造业	46100	9000		37100
酒、饮料和精制茶制造业	4632			4632
烟草制品业	446000	446000		
纺织业	2000			2000
纺织服装、服饰业	15598	3483		12115
造纸和纸制品业	5180	1347		
印刷和记录媒介复制业	30667	5000		25667
化学原料和化学制品制造业	311518	239512		72006
医药制造业	38044	16545		21498
橡胶和塑料制品业	55706	55323		
非金属矿物制品业	189621	157619	28250	3588
有色金属冶炼和压延加工业	250684	220193		30490
金属制品业	23228	17100		3832
通用设备制造业	1009441	212345	9555	132339
专用设备制造业	319936	67330		120941
汽车制造业	291229	12357	194700	71451
铁路、船舶、航空航天和其他运输设备制造业	768960	28386		586964
电气机械和器材制造业	194329	15000		178926
计算机、通信和其他电子设备制造业	466849	230182		236667
仪器仪表制造业	1599	200	1319	
废弃资源综合利用业	2760	2074		
电力、热力、燃气及水生产和供应业	3504029	1458017	21223	1647926
电力、热力生产和供应业	2741030	830862	21223	1512083
燃气生产和供应业	102970	39227		63744
水的生产和供应业	660029	587929		72100

单位:万元

个人资本	港澳台资本	外商资本	营业收入	营业成本	销售费用	管理费用	财务费用	利息费用	利息收入
747543	**581820**	**12234**	**29826789**	**18517713**	**488745**	**1042776**	**188711**	**404556**	**199084**
705573	570849	837	21662851	11692818	355087	671696	130923	334504	189902
30025		1750	4587731	3725724	73619	97065	16366	21538	2686
11946	10971	9647	3302092	2821314	65849	145959	38029	42234	6235
			274115	277858	-5810	128056	3393	6280	261
3013	10971	5814	1384739	1313237	25971	185111	36843	42955	1928
			76	367		1056	-2	1	-3
			76	367		1056	-2	1	-3
747543	204958	12234	23314307	12624335	450363	890613	-75859	146061	195381
3691			167704	140295	2296	2136	928	1007	30
			73200	57946	7831	3741	1843	2043	64
			29827	21973	3609	2233	369	170	59
			10833831	2300249	88149	373315	-86677	757	83727
			4794	4895	68	1350	208	212	6
			39129	22354	1408	13219	-247		130
		3833	21408	18848	401	790	-112	1	-120
			100318	79555	1634	8774	-319	162	-460
			639694	538341	2506	12309	-715	2134	1387
			48250	29473	9320	4225	401	251	12
384			82672	45677	5559	2384	881	568	8
164			518781	458960	6013	15185	4219	3237	-64
			1438470	1162241	3713	12152	4961	4626	780
2296			18870	14110	1145	1895	1668	270	104
461215	193987		3332803	2791720	181211	119221	-37013	75172	96093
130828		837	1084542	790043	51198	41303	23959	33211	4985
	10971	1750	2029312	1845725	17800	186401	780	5912	2383
147796		5814	1023361	671742	38667	41448	5054	8670	1721
403			637441	544994	11513	20401	1761	2280	954
			1151140	1050948	14894	26498	1920	5113	3588
80			9741	6159	1184	1299	130	115	4
686			29023	28089	247	334	141	150	-8
	376862		6512407	5893011	38382	151107	264572	258494	3705
	376862		5072534	4695457	3689	101702	218453	214592	3119
			973633	876446	15901	18221	2880	3282	335
			466240	321108	18792	31185	43239	40620	251

10－6 续表2

指　　标	税金及附加	营业利润	投资收益	其他收益	营业外收入
总　　计	**6640847**	**1840301**	**－155029**	**167969**	**65538**
在总计中:大型企业	6589542	1911753	63842	104321	40644
中型企业	22985	301771	1844	27518	5133
小型企业	20249	147599	45991	18398	19419
微型企业	8071	－520823	－266706	17732	342
在总计中:亏损企业	15829	－632431	－261678	36384	8964
按行业大类分组					
采矿业	210	－1555			1
非金属矿采选业	210	－1555			1
制造业	6609401	1671099	－166749	119306	31824
农副食品加工业	549	21488		1217	26
食品制造业	622	327		577	122
酒、饮料和精制茶制造业	271	912	5	237	271
烟草制品业	6501725	1565493	32462	1020	891
纺织业	235	－1528	338	284	3
纺织服装、服饰业	346	1885	48	810	166
造纸和纸制品业	76	550		138	
印刷和记录媒介复制业	606	8805	2044	321	1
化学原料和化学制品制造业	1970	18647	32592	8281	1866
医药制造业	570	－431	－123	549	980
橡胶和塑料制品业	95	24647		248	253
非金属矿物制品业	3333	20775	－431	414	1090
有色金属冶炼和压延加工业	10866	95555	3509	1750	6645
金属制品业	362	－1483	168	146	11
通用设备制造业	17394	117199	－5566	51397	7319
专用设备制造业	6092	95260	2880	3526	1221
汽车制造业	50482	－487500	－263045	19692	7713
铁路、船舶、航空航天和其他运输设备制造业	7590	171586	11803	18279	1584
电气机械和器材制造业	3047	12199	－60	1536	161
计算机、通信和其他电子设备制造业	3010	6194	16631	8681	1471
仪器仪表制造业	131	425		203	23
废弃资源综合利用业	30	96			10
电力、热力、燃气及水生产和供应业	31236	170757	11719	48663	33713
电力、热力生产和供应业	21954	59368	10684	32526	31827
燃气生产和供应业	1258	56378		104	899
水的生产和供应业	8025	55010	1035	16033	986

单位:万元

营业外支出	利润总额	所得税费用	亏损企业亏损额	本年应付职工薪酬	本年应交增值税	平均用工人数（人）	总资产贡献率（%）	资产负债率（%）	流动资产周转率（次/年）
52378	**1853462**	**489420**	**636518**	**2166983**	**1494382**	**91600**	**19.22**	**55.96**	**1.15**
35517	1916880	415692	21826	1473376	1335545	55871	24.82	54.91	1.12
2289	304616	6410	25564	281996	76511	15195	8.23	56.22	1.54
13385	153635	16176	56602	291855	79555	17184	4.61	59.25	1.09
1188	-521669	51142	532525	119756	2772	3350	-33.97	69.91	0.5
13052	-636518	44369	636518	239141	26426	11561	-14.79	85.39	1.1
1061	-2614		2614	346	10	16	-1.04	91.51	
1061	-2614		2614	346	10	16	-1.04	91.51	
40350	1662574	484067	621248	1617711	1393036	64185	27.14	50.78	0.98
66	21449		177	6419	9753	428	26.62	73.39	2.45
66	384	1121	4438	8186	3009	894	4.54	88.64	1.64
	1183	213		4326	791	340	4.56	34.54	1.34
24710	1541674	419021		440363	1127300	8466	111.13	11.4	1.69
1	-1527		1527	1723	127	171	-5.78	62.7	3.13
111	1939	458		8598	2288	579	8.95	38.67	0.99
3	548	-127		1886	563	130	6.38	59.13	1.27
107	8698	-938	149	17456	2116	976	10.14	31.2	1.26
216	20297	-8634	23810	30017	31307	1943	5.21	38.44	1.06
106	443	441	2021	8989	2388	853	3.26	34.63	0.9
	24901	3521		7302	4267	694	19.78	53.37	2.3
306	21559	-93	2340	41441	16261	2839	5.42	71.52	0.92
1110	101090	338	778	49866	5403	2299	22.21	54.13	5.39
14	-1486	-105	2486	4127	844	381	-0.02	108.32	0.64
1992	122526	-346	672	255604	69820	13949	1.95	65.79	0.36
461	96020	339	2899	208576	31093	6615	5.27	72.74	0.42
10570	-490358	54503	539990	209569	32279	8124	-25.81	92.79	2.22
313	172856	15496	5353	167333	25037	6120	7.09	34.54	0.64
100	12260	482	12036	40451	8361	2265	4.5	66.34	1.77
99	7566	-1636	22575	102180	19463	5889	2.07	50.21	1.17
	448	-1		2789	567	207	8.32	70.46	0.7
	106	15		509	1	23	3.37	66.36	4.67
10968	193502	5353	12656	548926	101337	27399	3.31	66.1	3.41
8945	82250	-4165	2449	453881	89107	22179	2.95	64.24	4.41
575	56703	781		30249	2544	1741	8.37	70.5	3.35
1448	54549	8737	10207	64797	9685	3479	3.67	73.37	1

10－7　规模以上大中型工业企业主要经济指标(2023年)

指　　标	企业单位数(个)	#亏损企业	流动资产合计	#应收账款
总　　计	**281**	**41**	**55347093**	**17790405**
按登记注册类型分组				
内资企业	241	35	48350066	15411990
私营有限责任公司	94	14	5503327	2511983
其他有限责任公司	81	14	24120732	6255146
私营股份有限公司	39	6	5222145	1253053
其他股份有限公司	23	1	13487636	5382586
个人独资企业	3		15563	8930
合伙企业	1		663	293
港澳台投资企业	20	5	5367050	1839250
港澳台投资有限责任公司	13	3	3361420	966217
港澳台投资股份有限公司	6	2	1865097	792915
港澳台投资合伙企业	1		140534	80118
外商投资企业	20	1	1629977	539165
外商投资有限责任公司	17	1	1178684	491478
外商投资股份有限公司	2		91465	33937
其他外商投资企业	1		359828	13751
在总计中:国有控股	40	4	22370165	6520089
在总计中:大型	51	5	42263618	13671523
中型	230	36	13083475	4118882
在总计中:亏损企业	41	41	6776624	2482158

单位:万元

#存货	#产成品	资产总计	固定资产原价	累计折旧	固定资产净额	负债合计	流动负债合计	#应付账款	所有者权益合计
10231684	**2554583**	**103386826**	**43113057**	**18222618**	**24364985**	**53326169**	**40614232**	**15956333**	**50060655**
9448209	2183829	81436226	27778350	11374284	15936976	43582919	35772163	14082126	37853306
790075	364898	7843654	1929015	760348	1160149	4922963	4339276	1477876	2920692
5693090	1009263	42634125	21583115	9285904	11972656	22682644	18818644	8058438	19951479
933584	303097	8505105	1801667	545529	1123244	3193612	2819269	979870	5311493
2025380	502202	22426913	2452493	777009	1674397	12769539	9782247	3560683	9657374
5834	4137	22273	9596	4547	5049	11633	10576	3827	10640
245	233	4156	2464	947	1480	2527	2152	1433	1629
539671	274410	18870365	13038706	5385587	7614023	8256263	3695292	1389781	10614103
323295	149196	11443862	11169077	4437618	6698845	6098520	2270497	1065112	5345341
190532	116482	7281687	1867648	946887	914278	2088461	1356633	298105	5193226
25843	8731	144817	1982	1082	900	69281	68163	26565	75536
243804	96345	3080235	2296001	1462747	813986	1486988	1146777	484426	1593247
204224	91688	2159997	1215051	689194	522597	805579	716709	356721	1354418
10609	4657	226672	72139	34897	37242	49807	41649	27999	176866
28971		693565	1008811	738656	254147	631602	388419	99706	61963
6008193	710996	46175864	25627414	11768343	13838128	25423321	16910838	5465723	20752543
7724078	1653501	81917292	37012705	15894269	20640529	43375178	32571632	13227098	38542113
2507606	901082	21469534	6100353	2328349	3724456	9950991	8042601	2729236	11518542
887705	407632	13401484	5760173	2104342	3602348	7332593	5601661	1916780	6068891

10－7 续表1

指　　标	企业单位数（个）	#亏损企业	流动资产合计	#应收账款
按行业大类分组				
采矿业	2	1	11344	870
有色金属矿采选业	1	1	2821	870
非金属矿采选业	1		8523	
制造业	270	39	54050156	17427636
农副食品加工业	11	1	116392	35043
食品制造业	13	2	646918	77810
酒、饮料和精制茶制造业	4		76050	5298
烟草制品业	2		6422008	156337
纺织业	3		566571	251321
纺织服装、服饰业	4		70664	7653
皮革、毛皮、羽毛及其制品和制鞋业	2		9332	5419
家具制造业	2		8470	1045
印刷和记录媒介复制业	4		114141	29123
化学原料和化学制品制造业	41	1	1056816	345137
医药制造业	19	4	1880737	259998
橡胶和塑料制品业	6	1	289595	109549
非金属矿物制品业	4	2	647229	296575
有色金属冶炼和压延加工业	5	1	609809	62850
金属制品业	6		348751	113238
通用设备制造业	22	6	11736960	4539748
专用设备制造业	28	5	6984365	2569789
汽车制造业	21	2	7720245	2805558
铁路、船舶、航空航天和其他运输设备制造业	3		1450754	860155
电气机械和器材制造业	16	2	3244268	908933
计算机、通信和其他电子设备制造业	40	10	7637567	2996130
仪器仪表制造业	10	1	1285556	520922
废弃资源综合利用业	4	1	1126960	470008
电力、热力、燃气及水生产和供应业	9	1	1285593	361899
电力、热力生产和供应业	3		809629	283744
燃气生产和供应业	3		247960	3612
水的生产和供应业	3	1	228004	74543

单位:万元

#存货	#产成品	资产总计	固定资产原价	累计折旧	固定资产净额	负债合计	流动负债合计	#应付账款	所有者权益合计
237	74	18293	17657	13184	4473	9354	7221	2088	8939
237	74	5753	5381	3703	1678	4536	4196	2088	1217
		12541	12276	9481	2795	4818	3025		7723
10168863	2519569	88791513	23981497	9761052	13695046	43486143	36024828	14867619	45305369
36313	8563	242559	133345	50213	83132	104161	102393	27792	138397
185762	54043	1330080	590504	249751	326372	400351	379557	178008	929729
17129	9632	154322	127469	62089	65380	74209	67517	18099	80114
3445773	64343	8253121	2492408	1651517	838089	941146	929489	199375	7311975
75812	51487	830277	221096	83037	26565	632089	618725	265369	198188
27456	22615	79906	12408	8663	3745	37776	36128	19171	42131
2475	569	13262	11913	6627	5286	2694	1784	638	10568
1482	152	13112	4458	1880	2341	11510	10317	1553	1602
27150	10924	197902	143359	97387	45802	93609	78338	30294	104293
199021	130395	1861749	614758	161620	447235	791607	530050	188692	1070141
303854	129200	3823482	822846	273523	531148	853642	706596	138569	2969840
44925	12911	663538	507023	229424	277498	265286	220233	62635	398252
64027	34846	1141317	125627	32836	92791	667837	463475	106844	473480
134843	45548	969815	515330	281205	169958	367729	129424	53054	602086
66310	25051	599959	164293	63795	97623	203365	160975	36414	396594
1213071	554131	18228777	1393106	574371	816180	11607420	9352393	3415219	6621357
1778777	485889	10312301	1531050	486180	1043541	6039479	5121892	1708255	4272822
512245	139320	10569275	3842539	1907841	1918689	8759621	8386342	4363760	1809654
433820	44806	2599797	907390	257415	649924	890897	765503	406167	1708900
466620	175015	4960006	1204342	399224	550156	2685060	2175827	1009959	2274946
895984	444509	18828399	8053657	2683197	5340299	6703589	4631137	2329260	12124810
137123	37901	1553296	201204	73411	127767	479359	430590	171894	1073938
98893	37723	1565261	361372	125847	235524	873708	726145	136600	691553
62583	34940	14577020	19113903	8448382	10665466	9830673	4582184	1086626	4746347
26189	50	12219239	17786898	8052247	9734596	8209224	3307522	1024906	4010015
32540	32468	635758	430438	113912	316526	466307	446053	24550	169451
3855	2422	1722023	896567	282223	614345	1155142	828609	37171	566881

10－7 续表 2

指　　标	所有者权益合计			
	#实收资本	国家资本	集体资本	法人资本
总　　计	**15576086**	**2510841**	**148763**	**8269292**
按登记注册类型分组				
内资企业	11088185	1849990	129214	6532070
私营有限责任公司	615250		4478	422202
其他有限责任公司	7539122	1579793	94540	5355323
私营股份有限公司	1010700	874	22382	237346
其他股份有限公司	1921814	269323	7813	517199
个人独资企业	500			
合伙企业	800			
港澳台投资企业	3953349	660851		1659783
港澳台投资有限责任公司	3278272	651069		1507804
港澳台投资股份有限公司	670077	6532		151979
港澳台投资合伙企业	5000	3250		
外商投资企业	534552		19550	77440
外商投资有限责任公司	474832		19550	48162
外商投资股份有限公司	59721			29277
其他外商投资企业				
在总计中:国有控股	6130122	2472449	1813	2346826
在总计中:大型	11675371	1422895	16340	6873388
中型	3900715	1087947	132423	1395904
在总计中:亏损企业	3100698	81172	32214	2001529

单位:万元

个人资本	港澳台资本	外商资本	营业收入	营业成本	销售费用	管理费用	财务费用	利息费用	利息收入
2531428	**1662926**	**452836**	**67652940**	**49041900**	**2265338**	**1898096**	**170727**	**539344**	**284289**
2371679	201487	3746	59262285	42392998	1961824	1559722	25701	347495	261147
188569			8481731	7114088	298044	190629	7914	39110	26248
500924	7500	1042	41147630	28491995	657490	931789	28383	175836	113791
748833		1266	3743836	2304708	599561	213276	2863	18761	15638
932054	193987	1438	5761398	4372935	403703	220911	-13828	113674	105465
500			94288	78388	2686	2759	167	114	6
800			33402	30884	339	358	201		
147513	1461439	23763	4999256	3876025	203103	226973	143511	183806	24818
	1118784	614	2922354	2394088	112604	138358	126684	148482	8759
147513	342655	21398	1988066	1422296	78499	87068	17065	35324	15756
		1750	88837	59642	12000	1546	-238		303
12235		425328	3391399	2772877	100412	111402	1515	8043	-1676
		407120	2244713	1781144	99997	49580	1344	5456	-3376
12235		18208	122846	84528	415	10361	-339	266	-298
			1023841	907205		51461	510	2321	1998
735597	570849	2587	26250582	15418542	428706	768761	147289	356043	192588
1549813	1527218	285718	52428016	37171513	1633394	1358010	95651	449279	270890
981615	135707	167118	15224924	11870388	631944	540086	75076	90064	13399
430726	524922	30135	6367680	5707588	310902	242323	31487	70949	13703

10－7 续表3

指　　标	所有者权益合计			
	#实收资本	国家资本	集体资本	法人资本
按行业大类分组				
采矿业	7465			7257
有色金属矿采选业	208			
非金属矿采选业	7257			7257
制造业	12443141	1212997	148763	6818526
农副食品加工业	63491			48635
食品制造业	278674		9369	15734
酒、饮料和精制茶制造业	25263	9386		5829
烟草制品业	446000	446000		
纺织业	134293			96793
纺织服装、服饰业	23018			11200
皮革、毛皮、羽毛及其制品和制鞋业	5000			5000
家具制造业	310			
印刷和记录媒介复制业	41184			41049
化学原料和化学制品制造业	379700	179788	19550	104693
医药制造业	587236			106185
橡胶和塑料制品业	262150	55000		28522
非金属矿物制品业	65889			33768
有色金属冶炼和压延加工业	161730	61730		100000
金属制品业	76409			46703
通用设备制造业	1161587	202985	28153	224632
专用设备制造业	1176986	59164	6000	448712
汽车制造业	276980	3250	8000	139294
铁路、船舶、航空航天和其他运输设备制造业	628250			480454
电气机械和器材制造业	392783		10200	190737
计算机、通信和其他电子设备制造业	5941030	195694	17491	4591531
仪器仪表制造业	250231		50000	48948
废弃资源综合利用业	64950			50107
电力、热力、燃气及水生产和供应业	3125480	1297844		1443509
电力、热力生产和供应业	2506250	734541		1394848
燃气生产和供应业	84170	37727		44044
水的生产和供应业	535060	525577		4618

单位:万元

			营业收入	营业成本	销售费用	管理费用	财务费用		
个人资本	港澳台资本	外商资本						利息费用	利息收入
208			27143	17881	285	4722	25	27	3
208			6217	4016	285	1670	25	27	3
			20927	13865		3052			
2526355	1283664	452836	61733433	43642664	2229317	1770453	-65311	308844	282775
14425		431	490839	410427	21943	16264	2935	742	6
167106	35860	50605	1187477	905890	91315	59246	-1085	3110	-3687
1008	5054	3985	247914	182539	31364	3493	-509	10	544
			10833831	2300249	88149	373315	-86677	757	83727
37500			414010	295599	80512	26096	1664	41	-386
9000		2818	62993	47289	6525	4391	385	89	13
			64049	56733	612	640	502	1	-10
310			22242	17494	925	1463	120		
135			177145	142096	2651	15055	-461	96	300
56120		19550	1922858	1485113	61328	72463	8134	6137	748
481051			1304610	534938	447643	86728	-5226	6015	10037
500		178128	549691	425300	17445	11741	2871	1390	200
19918	12204		740365	673014	9600	22055	16136	17204	1474
			1626667	1319125	12323	38772	433	876	164
29706			339822	244392	10048	15389	2836	3925	881
503379	195987	6451	5469541	4449100	299900	163439	-50589	81407	110082
645654	14752	2703	4816681	3636893	411556	170048	-2009	46874	24607
10341		116095	14927763	12958535	327837	268598	-4660	18048	-6363
147796			976351	642825	36812	33845	5338	7726	2474
153932	37914		4802832	3778157	77917	86474	14353	21451	10386
206038	860903	69372	8546310	7415931	138466	248040	28869	78544	34994
30293	120990		667696	397550	52974	28654	-1226	3962	4112
12145		2698	1541747	1323477	1470	24243	2557	10440	8473
4865	379262		5892364	5381356	35736	122921	236013	230472	1512
	376862		4769291	4445605	286	87241	209124	203237	827
	2400		782169	694428	13857	16420	3085	3217	132
4865			340905	241323	21593	19260	23804	24018	553

10－7 续表 4

指　　标	税金及附加	营业利润	投资收益	其他收益	营业外收入
总　　计	**6880334**	**5283228**	**270972**	**479034**	**107130**
按登记注册类型分组					
内资企业	6776623	4697802	217851	392850	84385
私营有限责任公司	82448	527523	20026	46749	13868
其他有限责任公司	6618980	3259704	43924	198014	50514
私营股份有限公司	33361	425669	65972	66543	7095
其他股份有限公司	37935	478630	87928	81545	12908
个人独资企业	3807	5353			
合伙企业	92	924			
港澳台投资企业	48124	313683	14818	78859	9022
港澳台投资有限责任公司	26046	11842	22610	33251	6233
港澳台投资股份有限公司	21502	283859	－7792	43857	2755
港澳台投资合伙企业	576	17981		1751	34
外商投资企业	55587	271744	38304	7325	13723
外商投资有限责任公司	14110	193971	7774	4944	13599
外商投资股份有限公司	1002	54786	30530	2381	103
其他外商投资企业	40476	22987			21
在总计中:国有控股	6612527	2213524	65686	131839	45777
在总计中:大型	6739265	4125273	186498	342399	69921
中型	141069	1157955	84475	136635	37209
在总计中:亏损企业	38757	－429087	3733	71846	12000

单位:万元

营业外支出	利润总额	所得税费用	亏损企业亏损额	本年应付职工薪酬	本年应交增值税	平均用工人数（人）	总资产贡献率（%）	资产负债率（%）	流动资产周转率（次/年）
110018	**5280340**	**716358**	**432615**	**5937788**	**2592971**	**381451**	**14.79**	**51.58**	**1.22**
98481	4683706	670632	250728	4738399	2218650	276572	17.22	53.52	1.23
11718	529673	34666	96332	948671	207327	58771	10.95	62.76	1.54
74610	3235608	586247	100134	2461706	1689257	145364	27.49	53.2	1.71
8212	424553	31517	23778	584621	170782	35269	7.61	37.55	0.72
3941	487596	17948	30483	724664	146139	35179	3.5	56.94	0.43
	5353	254		13117	4413	1671	61.45	52.23	6.06
	924	1		5622	732	318	42.06	60.81	50.42
6781	315924	14472	155692	928942	295043	89256	4.47	43.75	0.93
5343	12732	-20139	129154	520990	89285	45920	2.42	53.29	0.87
1430	285185	32758	26538	399058	202245	42886	7.47	28.68	1.07
8	18007	1853		8893	3513	450	15.26	47.84	0.63
4756	280710	31253	26195	270447	79278	15623	13.75	48.28	2.08
4496	203074	28231	26195	213087	57066	12348	12.95	37.3	1.9
193	54695	3022		15722	2157	973	25.64	21.97	1.34
67	22941			41639	20056	2302	12.37	91.07	2.85
37806	2221496	422102	47391	1755372	1412056	71066	22.96	55.06	1.17
88328	4106865	626263	203051	4382524	2136836	267053	16.4	52.95	1.24
21690	1173475	90095	229564	1555264	456135	114398	8.67	46.35	1.16
15529	-432615	-68216	432615	1041418	142723	68117	-1.34	54.71	0.94

10－7 续表 5

指　　标	税金及附加	营业利润	投资收益	其他收益	营业外收入
按行业大类分组					
采矿业	837	1396			347
有色金属矿采选业	233	－279			142
非金属矿采选业	604	1675			205
制造业	6852920	5152095	257488	432238	75182
农副食品加工业	2918	25855	171	934	665
食品制造业	8046	113161	29853	11743	2755
酒、饮料和精制茶制造业	1803	27791	49	2002	746
烟草制品业	6501725	1565493	32462	1020	891
纺织业	3042	11997	9635	53	1398
纺织服装、服饰业	365	1963	6	143	565
皮革、毛皮、羽毛及其制品和制鞋业	902	3932			73
家具制造业	92	1589			
印刷和记录媒介复制业	1109	32812	2044	946	296
化学原料和化学制品制造业	54074	98896	－154	12537	2226
医药制造业	15436	217678	63799	23214	2233
橡胶和塑料制品业	4283	71121	76	853	3070
非金属矿物制品业	3168	－22532	－10972	3989	626
有色金属冶炼和压延加工业	13221	84980	2312	1406	1654
金属制品业	2794	51405	486	447	3523
通用设备制造业	26607	350813	－5913	76602	9660
专用设备制造业	30330	265456	21761	40664	9723
汽车制造业	85491	750735	－303	5761	18036
铁路、船舶、航空航天和其他运输设备制造业	6612	170316	13347	15552	1556
电气机械和器材制造业	24302	611724	22517	20762	1543
计算机、通信和其他电子设备制造业	53088	393674	27037	172332	12082
仪器仪表制造业	5439	153732	25753	15472	1569
废弃资源综合利用业	8075	169503	23523	25807	292
电力、热力、燃气及水生产和供应业	26578	129737	13484	46796	31600
电力、热力生产和供应业	19852	36307	9745	32218	30223
燃气生产和供应业	937	53035	1023	35	888
水的生产和供应业	5789	40395	2716	14543	490

单位:万元

营业外支出	利润总额	所得税费用	亏损企业亏损额	本年应付职工薪酬	本年应交增值税	平均用工人数（人）	总资产贡献率（%）	资　产负债率（%）	流动资产周转率（次/年）
53	1689		191	7975	2237	1027	26.18	51.13	2.39
53	-191		191	2632	541	342	10.62	78.85	2.2
	1880			5343	1696	685	33.33	38.42	2.46
99912	5127366	720043	428366	5420457	2501065	354712	16.66	48.98	1.14
291	26228	2331	1734	50517	9369	6045	16.18	42.94	4.22
3676	112240	17673	9934	121680	46770	9336	12.79	30.1	1.84
257	28281	6915		26396	7743	2499	24.52	48.09	3.26
24710	1541674	419021		440363	1127300	8466	111.13	11.4	1.69
424	12971	1478		36831	16686	3042	3.94	76.13	0.73
509	2019	79		15938	78	2073	3.19	47.28	0.89
4	4001	779		11728	1622	1552	49.2	20.32	6.86
	1589	1		6083	732	790	18.4	87.78	2.63
178	32930	2638		32869	6173	2211	20.37	47.3	1.55
1178	99945	-1326	23810	198364	88440	18172	13.35	42.52	1.82
3608	216303	17052	13674	197059	99625	14418	8.82	22.33	0.69
444	73747	11158	2286	47083	21862	3703	15.26	39.98	1.9
827	-22733	-3542	24504	28678	14523	2178	1.07	58.51	1.14
296	86339	-140	30483	65159	10900	3752	11.48	37.92	2.67
267	54660	6540		49492	11228	3414	12.1	33.9	0.97
3246	357226	25980	10075	469183	114205	26345	3.18	63.68	0.47
7414	267765	-952	76803	950844	122416	38056	4.53	58.57	0.69
37310	731461	86468	2414	931532	239965	67886	10.17	82.88	1.93
299	171574	15283		153439	23063	5316	8.04	34.27	0.67
2625	610642	53849	17251	284689	122577	17554	15.71	54.13	1.48
6941	398816	21917	206647	1135908	348872	107491	4.67	35.6	1.12
370	154931	16127	230	110452	31370	6272	12.6	30.86	0.52
5038	164757	20715	8521	56171	35546	4141	13.98	55.82	1.37
10053	151285	-3686	4059	509356	89669	25712	3.42	67.44	4.58
8393	58137	-8795		431609	78056	21387	2.94	67.18	5.89
503	53419	-142		25626	2350	1640	9.43	73.35	3.15
1157	39729	5251	4059	52121	9263	2685	4.58	67.08	1.5

10－8 规模以上工业企业主要能源按行业分组消费量(2023 年)

行业名称	能源消费量（吨标准煤）	原煤（吨）	1. 无烟煤（吨）	2. 炼焦烟煤（吨）	3. 一般烟煤（吨）	4. 褐煤（吨）
总　　计	**5846160**	**2792104**	**25289**	**27692**	**2739123**	
采矿业	9126					
黑色金属矿采选业	2750					
有色金属矿采选业	2924					
非金属矿采选业	3452					
制造业	2715406	228413	25289	27692	175431	
农副食品加工业	98582	829	829			
食品制造业	89697					
酒、饮料和精制茶制造业	27791	47			47	
烟草制品业	14748					
纺织业	14239					
纺织服装、服饰业	3022					
皮革、毛皮、羽毛及其制品和制鞋业	1287					
木材加工和木、竹、藤、棕、草制品业	2359					
家具制造业	3426					
造纸和纸制品业	80656	4868			4868	
印刷和记录媒介复制业	30548					
文教、工美、体育和娱乐用品制造业	944					
石油加工、炼焦和核燃料加工业	1248					
化学原料和化学制品制造业	201207	11159			11159	
医药制造业	81944					
化学纤维制造业						
橡胶和塑料制品业	68493	5	5			
非金属矿物制品业	421158	187238	1771	27692	157774	
黑色金属冶炼和压延加工业	3709					
有色金属冶炼和压延加工业	165159					
金属制品业	108878					
通用设备制造业	85675					
专用设备制造业	101061	22684	22684			
汽车制造业	225314					
铁路、船舶、航空航天和其他运输设备制造业	14251					
电气机械和器材制造业	149562	1583			1583	
计算机、通信和其他电子设备制造业	683646					
仪器仪表制造业	6892					
其他制造业	16133					
废弃资源综合利用业	13777					
电力、热力、燃气及水生产和供应业	3121627	2563691			2563691	
电力、热力生产和供应业	2922845	2563691			2563691	
燃气生产和供应业	100077					
水的生产和供应业	98705					

其他洗煤（吨）	煤制品（吨）	焦炭（吨）	转炉煤气（万立方米）	天然气（万立方米）	液化天然气（吨）	氢气（万立方米）	原油（吨）	汽油（吨）	煤油（吨）
				44231	**2206**	**264**		**9842**	**5**
								22	
								22	
				30734	2115	264		9641	2
				2509	3			1075	
				2247	52			78	
				140	59			320	
				692					
				85	4			18	
				105				20	
				28				3	
				49				42	
				438				62	
				595				218	
				44				2	
				1435				532	2
				2096				132	
				1126				221	
				2146	41			252	
				2297	772	129		95	
				3091	736	13		608	
				1202	349			606	
				1078				594	
				5870	100			3364	
				321	1	1		281	
				1399				189	
				1266		120		369	
				72				159	
				282					
				120				401	
				13498	91			179	3
				4393				12	3
				8514	91			121	
				591				46	

10－8 续表

行业名称	柴油（吨）	燃料油（吨）	液化石油气（吨）	润滑油（吨）	石蜡（吨）	溶剂油（吨）
总　　计	**27759**	**6707**	**247**	**20138**	**101**	**3340**
采矿业	676					
黑色金属矿采选业	39					
有色金属矿采选业	25					
非金属矿采选业	612					
制造业	26178	6707	247	20089	101	3340
农副食品加工业	352	1		4		
食品制造业	421		149	8		
酒、饮料和精制茶制造业	81					
烟草制品业	19					
纺织业	3					
纺织服装、服饰业	35					
皮革、毛皮、羽毛及其制品和制鞋业						
木材加工和木、竹、藤、棕、草制品业	64					
家具制造业	61		9			
造纸和纸制品业	251			4		
印刷和记录媒介复制业	308					
文教、工美、体育和娱乐用品制造业			4			
石油加工、炼焦和核燃料加工业	40					
化学原料和化学制品制造业	401		2	4		3340
医药制造业	172					
化学纤维制造业						
橡胶和塑料制品业	216			153		
非金属矿物制品业	7896	6523		60	101	
黑色金属冶炼和压延加工业	1					
有色金属冶炼和压延加工业	264			40		
金属制品业	931		11	109		
通用设备制造业	5003		68	9941		
专用设备制造业	2828			4105		
汽车制造业	1503			3922		
铁路、船舶、航空航天和其他运输设备制造业	229			5		
电气机械和器材制造业	276		2	1695		
计算机、通信和其他电子设备制造业	799			32		
仪器仪表制造业	18					
其他制造业	1			3		
废弃资源综合利用业	4007	183		2		
电力、热力、燃气及水生产和供应业	905			49		
电力、热力生产和供应业	598			44		
燃气生产和供应业	307					
水的生产和供应业				5		

石油焦（吨）	石油沥青（吨）	其他石油制品（吨）	热力（百万千焦）	电力（万千瓦时）	煤矸石（用于燃料）（吨）	城市生活垃圾（用于燃料）（吨）	生物燃料（吨标准煤）	余热余压（百万千焦）	其他燃料（吨标准煤）
12302	**61818**	**1664**	**8601392**	**1627050**	**95378**	**2767477**	**55066**	**457001**	**5438**
				6598					
				2165					
				2350					
				2084					
12302	61818	1664	8320418	1284784	95378		28706	456490	5438
			621649	24895			10642		469
			821341	25214			86		317
			157875	15090			534		889
				5422					
			15077	10255					
				1261					
				1047					
				1579					
				2146					
			1239493	17610			4680		2785
			57532	16265			326		
				762					
				486					
			1234265	95204			5110	121528	
			495253	28989			534		464
			130846	39151					
2997	61772	1387	203122	75230	95378		6501	334962	102
				3016					
			2015597	51685					
			1459	52091					
		21	23903	37324			47		
			12979	44232					
		90	1391	109896			246		
		2		7512					
		165	944726	76668					85
9305	46		343124	522872					
			784	4608					
				10071					
				4203					328
			280973	335668		2767477	26360	512	
			280973	261134		2767477	26360	512	
				678					
				73856					

10－9　规模以上工业企业能源购进、消费及库存(2023年)

能源名称	计量单位	年初库存量	购进实物量	工业生产消费量	#用于原材料	#运输工作消费	年末库存量
原煤	吨	346021	2781137	2792104		26	335033
无烟煤	吨	784	25615	25289			1110
炼焦烟煤	吨	14359	25631	27692			12298
一般烟煤	吨	330877	2729891	2739123		26	321625
褐煤	吨						
其他洗煤	吨						
煤制品	吨						
焦炭	吨	10					10
转炉煤气	万立方米						
天然气	万立方米	1211	173583	44231	65	171	1159
液化天然气	吨	40	2229	2206			49
氢气	万立方米	2	263	264	249		2
原油	吨						
汽油	吨	168	10723	9842	5	5285	43
煤油	吨		5	5		3	
柴油	吨	1214	33375	27759	26	15143	1024
燃料油	吨	620	6434	6707		1	346
液化石油气	吨	2	253	247	9	10	
润滑油	吨	352	20034	20138	19606		106
石蜡	吨	1	102	101	101		
溶剂油	吨	125	3328	3340	3340		113
石油焦	吨		12302	12302	12302		
石油沥青	吨	7639	61335	61818	57618		7150
其他石油制品	吨	152	1656	1664	165		75
热力	百万千焦		8858801	8601392			
电力	万千瓦时		1733053	1627050		42389	
煤矸石(用于燃料)	吨	274	95757	95378			653
城市生活垃圾(用于燃料)	吨		1672991	2767477			
生物燃料	吨标准煤	117	41368	55066		15	343
余热余压	百万千焦		121528	457001			
其他燃料	吨标准煤	318	5332	5438	64	969	
能源合计	吨标准煤			5846160	125308	85195	

10－10 规模以上工业企业能源加工转换与回收利用表(2023年)

能源名称	计量单位	工业生产消费量	加工转换投入合计	火力发电	供热	能源加工转换产出	回收利用
原煤	吨	2729071	2563691	2203263	360428		
无烟煤	吨						
炼焦烟煤	吨	27692					
一般烟煤	吨	2701379	2563691	2203263	360428		
褐煤	吨						
煤制品	吨						
焦炭	吨						
转炉煤气	万立方米						
天然气	万立方米	3988	3612		3612		
液化天然气	吨						
原油	吨						
汽油	吨						
煤油	吨						
柴油	吨	627	144	144			
燃料油	吨						
液化石油气	吨						
润滑油	吨	77	27	27			
石蜡	吨						
溶剂油	吨						
石油焦	吨						
石油沥青	吨						
其他石油制品	吨						
热力	百万千焦	280973				6912180	
电力	万千瓦时	68780				695790	
城市生活垃圾(用于燃料)	吨	2767477	2767477	2767477			
生物燃料	吨标准煤	26848	26345	14276	12069		
余热余压	百万千焦	335473	335473	335473			1868964
其他燃料	吨标准煤	26					
能源合计	吨标准煤	2817132	2592806	2292630	300175	1090831	63732

10－11 主要耗能规模以上工业企业单位产品能源消耗情况

指 标	计量单位	2022 年	2023 年
吨水泥熟料综合能耗	千克标准煤/吨	108.59	103.49
吨水泥熟料综合电耗	千瓦时/吨	52.48	52.66
吨水泥熟料烧成标准煤耗	千克标准煤/吨	103.51	97.02
吨水泥综合能耗	千克标准煤/吨	62.74	55.38
吨水泥综合电耗	千瓦时/吨	60.29	49.72
吨水泥标准煤耗	千克标准煤/吨	56.57	41.51
电厂火力发电标准煤耗	克标准煤/千瓦时	286.14	281.99
电厂火力供电标准煤耗	克标准煤/千瓦时	301.50	301.54
发电厂用电率	%	5.09	5.41

10－12 规模以上工业企业用水情况(2023年)

单位:万立方米

指　　标	全市	芙蓉区	天心区	岳麓区	开福区
取水量合计	164191	62	74321	1265	254
1. 地表淡水	153135		74292	48	39
2. 地下淡水	373	1	6	28	7
3. 自来水	10516	61	23	1173	208
4. 其他水	168			16	
5. 外排水量	110305	4620	72	3526	15142
6. 重复用水量	36974	3	3660	164	30
7. 直流冷却水量(河湖水)	52708		190		
8. 污水处理企业污水处理量	112285	4581	4	9228	15070
用新水量	16165	62	81	1265	254

10－12 续表

单位:万立方米

指　　标	雨花区	望城区	长沙县	浏阳市	宁乡市
取水量合计	20906	10994	16118	31112	9158
1. 地表淡水	20441	9970	13682	27338	7325
2. 地下淡水	5	99	18	188	21
3. 自来水	460	924	2390	3504	1770
4. 其他水	1	1	27	82	42
5. 外排水量	39460	18670	18665	7819	2331
6. 重复用水量	159	29082	693	2199	985
7. 直流冷却水量(河湖水)		52514	4		
8. 污水处理企业污水处理量	39082	17217	16905	5603	4595
用新水量	492	2702	3585	4462	3261

11 运输和邮电

长沙统计年鉴

11－1　2000－2023年全社会客、货运输量

指标	单位	2000年	2001年	2002年	2003年	2004年	2005年	2006年	2007年	2008年	2009年
一、货物运输量	万吨	5910	7550	8766	10632	11066	10991	12478	16184	17158	21074
#铁路	万吨	206	188	162	189	196	218	233	244	164	158
公路	万吨	4972	6668	7929	9572	9831	9834	10905	13994	14651	18084
水运	万吨	729	691	671	867	1035	934	1334	1939	2336	2669
民航(吞吐量)	万吨	1.9	2	2.5	3.5	4.3	5.2	6.3	6.9	7.1	8.7
民航(发送量)	万吨	0.9	1	1.4	2.1	2.6	3.1	3.5	3.6	3.7	4.5
二、货物周转量	万吨公里	1404785	1396492	799550	910771	1011770	1003793	1094995	1296332	1323224	1769962
#公路	万吨公里	308200	322125	434100	445990	446428	447386	480520	517363	535795	1036295
水运	万吨公里	1094511	1072216	58837	69841	124605	99596	142569	277565	287962	210498
三、旅客运输量	万人	9052	8578	10032	10609	11580	10895	11863	11919	13488	31304
#铁路	万人	981	1070	984	942	1187	1218	1243	1305	1442	1479
公路	万人	7825	7242	8743	9351	10003	9228	10022	9934	11334	28868
水运	万人	43	44	45	17	9	7	3			16
民航(吞吐量)	万人	203	222	260	299	380	442	595	680	713	942
民航(发送量)	万人	101	111	130	149	191	221	281	341	355	471
四、旅客周转量	万人公里	348315	398125	739488	835591	978328	995729	1073632	1190289	1249445	1747800
#公路	万人公里	275029	322154	393873	457038	496035	469947	506305	540261	596745	1060178
水运	万人公里	3580	3094	4103	2362	1459	1211	467			116

注：1. 铁路旅客发送量从2018年报起，采用广铁集团报送省统计局数据，2018年、2017年、2016年、2015年、2014年实际数为5392.31万、4769.52万、4102.51万、3633.37万、3053.42万人。

2. 2020年，水运沿海部分的货运周转量数据省局不再分市州；疫情防控期间高速公路免费通行，无法获取客货运数据；全省铁路相关数据未分市州。

2010年	2011年	2012年	2013年	2014年	2015年	2016年	2017年	2018年	2019年	2020年	2021年	2022年	2023年
22947	25651	26145	28048	30449	33932	36767	41739	43792	49017				
167	172	157	149	133	138	113	114	123	128				
19270	21788	23139	24627	27098	30412	34047	38808	41265	46497			50412	51371
3369	3529	2668	3080	3014	3159	2388	2603	2330	2122			1545	2058
10.8	11.5	11.1	11.8	12.5	12.2	13	13.9	15.6	17.6	19.2	20.9	15.6	17.7
6	6	5.6	5.9	6.2	6	6.3	6.8	8	9	10.7	11	8	9.1
2192493	2571162	3016629	3340723	3597375	3861850	3876534	4487906	4874183	5674719				
1285375	1609109	2061286	2352483	2642698	2898610	3274392	3833118	4233826	5000574			3426239	3776396
369090	408774	425713	485042	498947	546979	186206	203338	171022	176890			159382	163339
33983	35525	36440	37922	13610	13078	12655	12435	12488	12705				
1642	1816	1954	2088	3053	3633	4103	4770	5392	6049				
31257	33102	33847	35143	9765	8606	7578	6558	5889	5351			1545	2072
18	15	1						10	21			30	74
1066	1183	1278	1390	1588	1684	1949	2218	2527	2691	1922	1998	1251	2725
535	592	638	691	792	839	974	1108	1196	1285	926	953	601	1315
1945489	2454122	2544691	2767006	2210039	2436877	2736009	2792997	3003678	3062983				
1130385	1206736	1236101	1304296	611156	517820	495170	429333	412031	381250			159382	221636
141	125	9						122	246			574	1427

11－2 陆运工具情况

单位:辆

年 份	汽车	载客汽车	载货汽车	其他汽车	摩托车	普通	轻便	拖拉机	大型	小型	挂车
2005	190684	149154	38759	2771	221983	216528	5455	8759	20	8739	607
# 私人	126289	104718	20309	1262	215481	210112	5369	8759	20	8739	155
2006	233388	188563	41492	3333	221008	216475	4533	10351	439	9912	648
# 私人	163162	138760	23002	1400	215401	210932	4469	10351	439	9912	140
2007	298280	239870	45384	13026	218738	214406	4332	12112	725	11387	751
# 私人	221801	184369	26878	10554	213957	209680	4277	12112	725	11387	154
2008	375305	308420	50298	16587	219100	215010	4090	12763	4700	8063	842
# 私人	290783	245501	31898	13384	215313	211275	4038	12757	4699	8058	181
2009	520622	441276	62932	16414	253653	251639	2014	15098	5641	9210	2324
# 私人	403195	347324	43213	12658	249451	247474	1977	15098	5641	9210	313
2010	672275	572881	82361	17033	312693	310253	2440	18172	6464	11422	2873
# 私人	546834	473654	59529	13651	308761	306358	2403	18172	6464	11422	560
2011	826223	712671	96161	17391	340740	339181	1559	20002	6814	12832	3521
# 私人	689957	604727	71360	13870	337480	335933	1547	20002	6814	12832	750
2012	1001039	876321	107715	17003	375796	373989	1807	22949	7819	14493	4049
# 私人	856813	761391	82028	13394	372928	371126	1802	22949	7819	14493	942
2013	1189387	1058547	114695	16145	365006	363081	1925	25954	8980	15900	4391
# 私人	1055542	953004	89766	12772	363903	361983	1920	25954	8980	15900	1160
2014	1444002	1296480	129278	18244	377168	375074	2094	28188	9693	17239	5043
# 私人	1285080	1172006	99836	13238	374169	372080	2089	28188	9693	17239	1328
2015	1688299	1540228	129994	18077	376321	374307	2014	29585	10748	17511	5768
# 私人	1522538	1408674	101230	12634	373522	371509	2013	29585	10748	17511	1558
2016	1942362	1795437	131152	15773	275607	273899	1708	30694	11375	17983	6981
# 私人	1762027	1651429	100344	10254	272751	271043	1708	30694	11375	17983	8853
2017	2177513	2039624	122812	15077	339770	337936	1834	29824	10987	17730	8968
# 私人	1978243	1880184	88705	9354	336076	334242	1834	29824	10987	17730	2209
2018	2428064	2279041	133329	15694	338436	336612	1824	31749	12760	18169	9791
# 私人	2190072	2086715	94273	9084	336076	334242	1834	31749	12760	18169	2473
2019	2648012	2487280	143553	17179	343820	342003	1817	29120			12791
# 私人	2384485	2275818	99478	9189	338089	336272	1817	29120			2790
2020	2833006	2656811	157197	18998	362038	351781	10257	23574			15348
# 私人	2549808	2438836	101970	9002	355466	345234	10232				3463
2021	3010353	2819168	172085		360404	329643	30761	23260			16375
# 私人	2712313	2599769	105304		357593	326932	30661				3722
2022	3225160	3028712	176874		386856	338984	47872	33976			15913
# 私人	2899042	2790140	101897		380776	333089	47687				3490
2023	3419341	3220458	178736		409051	354137	54914				15259
# 私人	3068559	2967010	95078		387842	333145	54697				3245

注:1. 2021 年年报中拖拉机(农机部门数据)未分大型、小型。

2. 2020 年开展了电动摩托车的上牌整治活动,新注册轻便摩托车数量大幅增长;由于省交警总队表式调整,拖拉机无相关分组。

3. 2020 年 3 月开始“机动车统计报表”中三轮汽车、低速货车划至载货汽车中。

11－3 电信业务基本情况

指　　标	单位	2011年	2012年	2013年	2014年	2015年	2016年
一、电信业务总量及收入							
电信业务总量	万元	990885	1073997	1141689	1643333	2088712	3201210
电信业务收入	万元	864138	942093	1027921	994611	995652	1084510
二、电信设备和服务能力							
光缆线路长度	公里	137803	161811	173035	190015	222696	261353
# 长途光缆线路长度	公里	2285	2366	3031	3320	4244	4140
移动电话基站	个	11835	15785	19408	30154	33374	42667
互联网宽带接入端口	万个	176.88	239.23	202.57	254.34	268.4	582.93
三、电信主要业务							
固定电话通话时长	亿分钟	48.55	38.12	35.09	32.79	27.9	24.04
移动电话通话时长	亿分钟	428.85	457.67	486.07	471.95	484.5	470.9
移动短信业务量	亿条	96.2	97.89	86.79	70.05	67.6	59.06
移动电话年末用户	万户	898.48	984.45	1086.5	1118.2	1122.77	1047.7
# 3G移动电话用户	万户	98.52	216.7	380.96	494.59	416.9	93.9
4G移动电话用户	万户				103.75	353.8	784.4
固定本地电话年末用户	万户	214.43	211.65	206.57	194.74	181.94	170.69
# 普通电话用户	万户	169.98	170.83	163.54	176.58	171.64	160.24
公用电话用户	万户	30.33	30.23	21.76	18.16	10.3	10.45
互联网宽带用户	万户	115.6	134.25	142.98	152.83	180.27	226.92

注：2019年制度修订，公用电话用户指标取消。

11－3 续表

指　　标	单位	2017年	2018年	2019年	2020年	2021年	2022年	2023年
一、电信业务总量及收入								
电信业务总量	万元	2468859	6438951	10029578	12717582	1525300	1436756	1676406
电信业务收入	万元	1141809	1184780	1126082	1167662	1328900	1451361	1533173
二、电信设备和服务能力								
光缆线路长度	公里	281728	315335	305862	303365	343393	387555	461498
# 长途光缆线路长度	公里	4575	4549	4671	4605	4702	5086	5363
移动电话基站	个	45400	50600	63304	75236	75200	79696	82148
互联网宽带接入端口	万个	635.44	751.21	657.5	648.85	675.06	779.97	848.27
三、电信主要业务								
固定电话通话时长	亿分钟	22.91	17.77	17.96	22.27		15.81	14.77
移动电话通话时长	亿分钟	454.1	426.1	411.18	364.71	350.27	358.52	411.02
移动短信业务量	亿条	27.78	35.13	32.55	104.91	109.19	133.42	226.56
移动电话年末用户	万户	1202.96	1250.86	1308.27	1320.95	1368.98	1420.59	1575.12
# 3G移动电话用户	万户	92.59	99.67	55.57	30.64	6.33		
4G移动电话用户	万户	943.97	1027.49	1059.06	1053.39	955.43	787.40	582.13
5G移动电话用户	万户							909.23
固定本地电话年末用户	万户	152.97	156.38	155.86	150.07	144.54	138.79	142.32
# 普通电话用户	万户	144.96	145.95	155.86	84.59	82.96		
公用电话用户	万户	8.01	1					
互联网宽带用户	万户	279.25	328.17	379.51	434.51	488.83	531.43	598.46

注：1. 电信业务总量2020年使用2015年不变价格，2021年、2022年、2023年使用上年不变价。
2. 2022年制度修订，3G移动电话用户、普通电话用户指标取消。
3. 2023年制度修订，增加5G移动电话用户。

11－4　邮政业务基本情况

指　　标	单位	2013年	2014年	2015年
一、邮政行业业务总量及收入				
邮政行业业务总量	万元	211548	305265	422810
邮政行业业务收入	万元	184008	221701	269113
二、邮政行业通信网络				
营业网点	处	863	1556	1540
# 快递营业网点	处	634	1370	1310
信筒信箱	个	309	309	306
邮路总长度	公里	1907	1931	2047
农村投递路线长度	公里	14706	14557	14706
城市投递路线长度	公里	11870	11864	11870
三、邮政普遍服务				
函件	万件	2120	1793	1569
订销报纸累计数	万份	15224	12207	12028
订销杂志累计数	万份	1809	847	821
四、快递服务				
快递业务量	万件	8682	13470	18676
# 国内同城快递	万件	1742	2163	4127
国内异地快递	万件	6775	10913	14062
国际及港澳台快递	万件	165	394	487
快递业务收入	万元	129107	165977	198518
# 同城	万元	12231	14446	34700
异地	万元	95004	111194	110111
国际及港澳台	万元	11660	16405	19995

注：1. 2023年、2022年、2021年邮政行业业务总量使用2020年不变价格，2020年邮政行业业务总量使用2015年不变价格。
2. 2023年年报邮路总长度、农村投递路线长度、城市投递路线长度指标已取消。

2016 年	2017 年	2018 年	2019 年	2020 年	2021 年	2022 年	2023 年
579942	828553	1128893	1552100	2118700	1308400	1470600	1925600
368747	481560	580336	747700	948100	1132400	1254300	1518200
1899	2068	2074	2943	3410	4347	4124	4479
1669	1837	1842	1748	1952	1777	1499	1685
306	301	244	275	275	273	273	237
2339	2554	2121	3798	3326	1859	8011	
14872	19773	17526	14656	14656	14297	14297	
14513	16633	24998	19074	19046	20183	20162	
1221	1209	1351	1317	1220	1480	908	475
11701	12667	12928	11391	11032	15623	14178	15404
746	657	654	615	627	787	708	581
26028	33134	44408	64123	93034	118868	138933	188704
5770	8372	11872	13497	15164	15952	15820	22283
19648	23640	31034	49488	77448	101820	122228	165284
610	1122	1502	1147	422	1096	886	1137
282125	364503	442471	584240	755787	900898	994042	1245520
37429	62772	84645	74398	86051	98187	86702	98604
158756	189115	242598	328011	444068	523016	588878	710906
25533	37184	41719	46008	28789	35708	49374	68480

11－5 民用车辆拥有量(2023 年)

单位:辆

指　　标	总　计			总计中:		
		营　运	非营运	#进口	#个人	#新注册
合　　计	**3843651**	**154335**	**3649090**	**255865**	**3459646**	**377365**
一、汽车	3419341	137453	3241662	249233	3068559	300061
1. 载客汽车	3220458	35153	3145079	248399	2967010	279283
大型	16681	14640	1885	83	33	408
中型	3353	401	1819	195	181	109
小型	3193786	20112	3134737	246473	2960777	278766
微型	6638		6638	1648	6019	
在载客汽车中:轿车						
2. 载货汽车	178736	100978	77758	717	95078	20191
重型	39812	37203	2609	282	14559	2392
中型	3539	2344	1195		1411	452
轻型	133549	60872	72677	435	77988	16646
微型	732	19	713		28	701
在载货汽车中:普通载货						
3. 其他汽车						
# 三轮汽车		4	17		21	
低速货车		536	547		1071	
二、摩托车	409051	2113	406938	6624	387842	76671
1. 普通	354137	2113	352024	6624	333145	69406
2. 轻便	54914		54914		54697	7265
三、拖拉机						
四、挂车	15259	14769	490	8	3245	633
五、其他类型车						

注:2023 年全市机动车驾驶员 4319158 人,其中:汽车驾驶员 4187154 人。

12 国内外贸易、对外经济和旅游

长沙统计年鉴

12－1 历年社会消费品零售总额

单位:万元

年份	全市	市区	县区
1978	77191	45539	31652
1979	95027	56574	38453
1980	112891	66721	46170
1981	123518	73330	50188
1982	133437	77260	56177
1983	150016	88953	61063
1984	184280	113789	70491
1985	243928	159701	84227
1986	284219	187672	96547
1987	335287	222449	112838
1988	441905	299143	142762
1989	482953	331689	151264
1990	513871	363110	150761
1991	564467	404684	159783
1992	649946	469391	180555
1993	835459	592123	243336
1994	1159079	858308	300771
1995	1655077	1256370	398707
1996	1924013	1478084	445929
1997	2229804	1730180	499624
1998	2507440	1969477	537963
1999	2854019	2267977	586042
2000	3321613	2669100	652513
2001	3823830	3105442	718388
2002	4379470	3602472	776998
2003	5057128	3940616	1116512
2004	5943647	4633177	1310470
2005	6912442	5199309	1713133
2006	8079595	6060923	2018672
2007	9715761	7287745	2428016
2008	11813109	8801598	3011511
2009	13573325	10034272	3539053
2010	16220858	11799069	4421789
2011	19505532	14638919	4866613
2012	22231254	16573985	5657269
2013	25284617	18712375	6572242
2014	28314880	20683590	7631290
2015	31502425	22605983	8896441
2016	34819847	24583066	10236781
2017	38222477	26627789	11594688
2018	41692424	28814181	12878244
2019	45894043	31686226	14207817
2020	44697628	31024597	13673031
2021	51115732	35367337	15748395
2022	52355636	36190364	16165272
2023	55616667	38505440	17111227

注:根据第四次全国经济普查结果对1993－2019年社会消费品零售总额进行了调整。由于2003年以前未进行区域统计,故未对2003年以前市区、县区分组数据进行调整。1993－2002年全市数据与市区、县区分组数据之和存在差异。

12－2 历年分行业社会消费品零售总额

单位:万元

年　份	全　市	批发零售业	住宿餐饮业	其　他
1993	835459	622920	46608	165931
1994	1159079	868057	79121	211901
1995	1655077	1278041	100585	276451
1996	1924013	1464289	121422	338302
1997	2229804	1721170	159386	349248
1998	2507440	1887088	237897	382455
1999	2854019	2103875	323298	426846
2000	3321613	2444695	382903	494015
2001	3823830	3308505	478511	36813
2002	4379470	3771819	568728	38923
2003	5057128	4324156	688413	44559
2004	5943647	5065323	826946	51378
2005	6912442	5827325	1020732	64385
2006	8079595	6813635	1193443	72517
2007	9715761	8187983	1446195	81583
2008	11813109	9956699	1763593	92817
2009	13573325	11504156	1965279	103890
2010	16220858	14411005	1809853	
2011	19505532	17359190	2146342	
2012	22231254	19813380	2417874	
2013	25284617	22763498	2521119	
2014	28314880	25626829	2688051	
2015	31502425	28563406	2939019	
2016	34819847	31605585	3214262	
2017	38222477	34717779	3504698	
2018	41692424	37568788	4123636	
2019	45894043	41491804	4402239	
2020	44697628	40594288	4103340	
2021	51115732	46320236	4795496	
2022	52355636	47534718	4820918	
2023	55616667	50302073	5314594	

注:根据第四次全国经济普查结果对1993－2019年社会消费品零售总额进行了调整。因方法制度改革,从2010年开始取消行业分组中的“其他”。

12－3 限额以上批发和零售业法人企业商品购进、销售和库存(2023年)

单位:万元

指标	购进总额	销售总额	#通过公共网络实现的销售额	#批发	#零售	#通过公共网络实现的零售额	年末库存总额
总计	**75020594**	**73550337**	**8720227**	**54923658**	**18479011**	**3949148**	**4758900**
一、批发业	59176847	53958841	5005631	52908635	904273	273504	3234800
1.按登记注册类型分组							
国有独资公司	435267	448773		444320	4453		11599
私营有限责任公司	18822417	20561180	1522841	20038491	427514	143933	1112002
其他有限责任公司	26964096	27821300	3127337	27383161	387381	67797	1673924
私营股份有限公司	566840	705014	224562	700856	4158	4158	69908
其他股份有限公司	2935679	1635360	9441	1614936	20423	9441	69999
全民所有制企业(国有企业)	1159700	1644188		1644188			80362
个人独资企业	6180	7010		7010			309
港澳台投资有限责任公司	633082	820863	117225	774867	45997	45694	9070
外商投资有限责任公司	191687	296619	4226	282273	14347	2481	8092
其他外商投资企业	7461899	18533		18533			199536
2.按国民经济行业分组							
农、林、牧、渔产品批发	766536	814040	3874	810917	3123		19444
食品、饮料及烟草制品批发	5688167	6640732	328443	6476226	145698	60240	293005
纺织、服装及家庭用品批发	1668127	1962583	70991	1859426	95508	18419	157317
文化、体育用品及器材批发	1558238	1701447	152071	1626583	69871	44006	143980
医药及医疗器材批发	10005858	10761865	795128	10559420	202011	102550	979116
矿产品、建材及化工产品批发	34835891	26999209	2874309	26773336	220132		1108903
机械设备、五金产品及电子产品批发	3314297	3655702	139279	3428329	123743	10409	406004
贸易经纪与代理	462465	359746		358219	1528		111552
其他批发业	877268	1063516	641537	1016179	42659	37880	15480
二、零售业	15843747	19591497	3714596	2015023	17574738	3675644	1524099
1.按登记注册类型分组							
国有独资公司	58778	69022		15121	53901		742
私营有限责任公司	5876347	6316500	688273	886032	5428955	666189	701542
其他有限责任公司	6784280	7636817	2216544	671658	6964936	2200179	427439
私营股份有限公司	413066	444998	838	132505	312494	838	38205
其他股份有限公司	558818	1024779	53053	103112	921667	53053	149712
集体所有制企业(集体企业)	3885	4525		698	3827		250
个人独资企业	104262	116095		11196	104900		2756
合伙企业	46876	53591	30	6257	47333	30	911
港澳台投资有限责任公司	1159684	1265123	604418	51190	1213933	603917	72598
港澳台投资股份有限公司	329526	431314	16355		431314	16355	56635
外商投资有限责任公司	508226	540901	135084	16213	524689	135084	50744
其他外商投资企业		1687832		121041	1566791		22565
2.按国民经济行业分组							
综合零售	1901186	2172178	304404	69773	2102405	304404	163440
食品、饮料及烟草制品专门零售	440293	533896	52754	114810	418288	48281	20606
纺织、服装及日用品专门零售	458466	553002	9534	48469	504533	9083	75461
文化、体育用品及器材专门零售	930642	977555	245277	11705	965850	245097	106127
医药及医疗器材专门零售	983670	1282198	105576	124821	1157378	105576	134865
汽车、摩托车、零配件和燃料及其他动力销售	8210094	10501209	125773	1459689	9040965	125773	786673
家用电器及电子产品专门零售	413582	442261	29080	22524	419396	28947	31947
五金、家具及室内装饰材料专门零售	86763	103066	4668	5238	97811	4668	7719
货摊、无店铺及其他零售业	2419053	3026133	2837531	157996	2868113	2803817	197263

12－4 限额以上住宿和餐饮业法人企业经营情况(2023年)

单位:万元

指标	营业额	客房收入	餐费收入	商品销售额	其他营业收入
总计	**1804909**	**305743**	**1366706**	**55152**	**77309**
一、住宿业	465217	285351	138490	5572	35803
1.按登记注册类型分组					
私营有限责任公司	237678	165250	58061	2467	11900
其他有限责任公司	162821	86937	54177	2074	19634
全民所有制企业(国有企业)	19571	9092	7008	208	3263
集体所有制企业(集体企业)	8138	2667	4654	619	199
个人独资企业	803	391	373	26	12
合伙企业	8483	5691	2793		
港澳台投资有限责任公司	20405	13282	6358	179	585
外商投资有限责任公司	7319	2042	5068		209
2.按国民经济行业分组					
旅游饭店	275898	146019	100460	4187	25232
经济型连锁酒店	96402	75118	16459	676	4150
其他一般旅馆	78928	54896	17278	621	6133
民宿服务	5408	2707	2550	79	73
其他住宿业	8581	6612	1744	10	215
二、餐饮业	1339693	20392	1228215	49580	41506
1.按登记注册类型分组					
国有独资公司	2700	165	2535		
私营有限责任公司	637452	16102	578066	27591	15694
其他有限责任公司	293524	3628	267090	16696	6110
私营股份有限公司	5889	327	4156	1328	78
个人独资企业	11735	171	11415	149	
合伙企业	4986		4946	40	
港澳台投资有限责任公司	89189		84031	2396	2763
外商投资有限责任公司	294218		275976	1380	16862
2.按国民经济行业分组					
正餐服务	807670	19351	738659	29061	20598
快餐服务	378272		356929	3152	18191
酒吧服务	6382		5460		923
其他饮料及冷饮服务	101899		91418	9046	1435
餐饮配送服务	24323		16049	8194	80
小吃服务	14916		14665		251
其他未列明餐饮业	6231	1041	5036	126	29

12－5 批发和零售业连锁经营情况(2023年)

指标	单位	合计	直营店	加盟店
门店总数	个	11326	6243	5083
从业人数	人	60466	45862	14604
商品购进总额	万元	6851146	6391065	460081
# 统一配送商品购进额	万元	5834524	5409061	425463
商品销售额	万元	8195257	7539005	656252
零售营业面积	平方米	3199141	2818897	380244

12－6 住宿和餐饮业连锁经营情况(2023年)

指标	单位	合计	直营店	加盟店
门店总数	个	2348	1851	497
从业人数	人	36829	27075	9754
商品购进总额	万元	303783	293097	10686
# 统一配送商品购进额	万元	277996	274824	3172
营业额	万元	944469	756462	188007
餐费收入和商品销售额	万元	922658	734652	188007
餐位数	个	222862	86857	136005
餐饮营业面积	平方米	671550	321474	350076

12－7　限额以上批发企业主要财务状况(2023 年)

指　　标	法人企业数（个）	流动资产合计	#存货	固定资产原价
总　　计	**1490**	**22575285**	**3078267**	**1308523**
1. 按登记注册类型分组				
国有独资公司	3	173344	11477	3415
私营有限责任公司	1155	7428235	1177188	551922
其他有限责任公司	276	12220725	1515803	335222
私营股份有限公司	14	415675	67294	71737
其他股份有限公司	15	1734400	193658	155102
全民所有制企业(国有企业)	1	244634	82443	133944
个人独资企业	2	691	258	248
港澳台投资有限责任公司	11	210397	14330	29944
外商投资有限责任公司	11	137854	13726	3741
其他外商投资企业	2	9330	2090	23248
2. 按国民经济行业分组				
农、林、牧、渔产品批发	34	448595	119704	82899
食品、饮料及烟草制品批发	179	2198485	290968	303597
纺织、服装及家庭用品批发	110	1041507	165059	90133
文化、体育用品及器材批发	130	594069	125036	61157
医药及医疗器材批发	225	5998606	961420	331640
矿产品、建材及化工产品批发	542	9989387	975309	313002
机械设备、五金产品及电子产品批发	222	1963099	311789	114976
贸易经纪与代理	7	230684	111599	776
其他批发业	41	110853	17385	10344

单位:万元

累计折旧	#本年折旧	资产总计	流动负债合计	负债合计	所有者权益合计	#实收资本
534787	**78725**	**28939743**	**18447114**	**20624223**	**8411481**	**3740541**
1988	104	178820	145032	151732	27088	7497
195645	37951	8406932	5858745	6365487	2041445	902617
120441	20952	14789819	11010767	11596160	3193659	2004990
9149	3004	743653	275338	461444	282209	57817
77932	7213	3873190	884180	1631032	2338118	619109
105253	3077	427001	36511	36984	390017	6876
138	5	768	380	380	388	48
10907	5229	259274	135523	136301	122973	58991
2111	133	220801	95439	225983	-5182	73900
11225	1058	39486	5200	18721	20765	8697
44376	3948	1240875	375057	772823	468051	155898
167054	12899	3341025	1484235	1736871	1604154	451802
26170	4141	1191669	894473	951496	240173	57469
22450	4095	678750	382283	420521	258229	91173
107460	18153	6871533	4744121	5271895	1599638	758696
121727	25353	12867141	8562892	9352096	3611007	1997148
41379	9028	2368509	1758772	1869386	499123	176845
147	46	241343	210430	210430	30913	30480
4024	1063	138898	34851	38705	100193	21030

12－7 续表

指　　　标	营业收入	#主营业务收入	营业成本	税金及附加	销售费用
总　　　计	**48474042**	**48165946**	**45279857**	**260513**	**1441189**
1. 按登记注册类型分组					
国有独资公司	401799	401799	388731	687	1833
私营有限责任公司	18739478	18598512	17305076	32977	689127
其他有限责任公司	24314019	24212062	23287569	34417	516438
私营股份有限公司	658612	649000	552621	2022	62494
其他股份有限公司	1860756	1821311	1816915	3311	63754
全民所有制企业(国有企业)	1467863	1458565	1027296	184710	18397
个人独资企业	6211	6211	5143	10	570
港澳台投资有限责任公司	739018	732783	618876	1915	66813
外商投资有限责任公司	269101	268663	262372	413	21720
其他外商投资企业	17186	17040	15259	50	42
2. 按国民经济行业分组					
农、林、牧、渔产品批发	1133242	1095195	1162056	1121	14555
食品、饮料及烟草制品批发	6049195	6026311	5133670	194159	289053
纺织、服装及家庭用品批发	1971048	1954354	1666054	4985	211467
文化、体育用品及器材批发	1599530	1593875	1452108	5159	53925
医药及医疗器材批发	9719274	9639484	8769332	21940	444891
矿产品、建材及化工产品批发	23735859	23625816	23181415	27404	232862
机械设备、五金产品及电子产品批发	3268423	3236428	3046789	4134	119859
贸易经纪与代理	322941	322935	320018	222	1330
其他批发业	674530	671547	548416	1389	73247

单位:万元

管理费用	财务费用	#利息费用	营业利润	利润总额	应付职工薪酬	应交增值税
783751	**169314**	**181586**	**721638**	**730040**	**884585**	**433739**
2266	2217	2311	5662	5765	1680	1317
371433	70160	47968	312615	313913	360428	175555
223639	82949	114688	195916	204319	266398	146255
29047	2757	2802	8050	7561	58506	13270
49710	17691	10375	23822	25784	81109	12502
71659	-9223	50	173941	172700	46362	53491
276	6	-3	207	207	155	99
14975	484	350	36944	35795	51433	24323
20029	2292	3036	-36733	-36719	9084	6737
718	-18	11	1214	716	9431	191
16648	15766	4977	-77410	-75006	34656	1210
179600	7433	20425	332768	332044	206618	117181
43483	1870	2579	47369	51551	59398	27293
44182	1009	2485	43112	44261	47088	11782
226882	58491	52750	193835	192222	266232	130435
163241	67862	87542	150153	151732	157034	88503
86026	15809	10078	3311	4543	76481	36593
1537	416	432	286	280	1772	229
22151	658	319	28215	28415	35305	20512

12－8 限额以上零售企业主要财务状况(2023年)

指　　标	法人企业数(个)	流动资产合计	#存货	固定资产原价
总　　计	**971**	**7279144**	**1428681**	**2100242**
1. 按登记注册类型分组				
国有独资公司	1	17493	742	11480
私营有限责任公司	646	2206268	686534	493663
其他有限责任公司	204	2682903	419083	489148
私营股份有限公司	4	269266	39408	23774
其他股份有限公司	5	659220	52707	531467
集体所有制企业(集体企业)	2	12803	290	11351
个人独资企业	57	22382	5536	25204
合伙企业	20	9040	1021	8591
港澳台投资有限责任公司	19	254570	73220	114157
港澳台投资股份有限公司	1	912329	57680	65052
外商投资有限责任公司	11	170356	38005	87253
其他外商投资企业	1	62515	54454	239103
2. 按国民经济行业分组				
综合零售	80	1198123	164785	831868
食品、饮料及烟草制品专门零售	71	176086	25509	26802
纺织、服装及日用品专门零售	37	154495	78818	29231
文化、体育用品及器材专门零售	36	842499	94427	127313
医药及医疗器材专门零售	35	1386298	140456	97377
汽车、摩托车、零配件和燃料及其他动力销售	458	2515021	782788	876811
家用电器及电子产品专门零售	76	174116	36870	13433
五金、家具及室内装饰材料专门零售	34	40320	9362	7218
货摊、无店铺及其他零售业	144	792186	95667	90189

单位:万元

累计折旧	#本年折旧	资产总计	流动负债合计	负债合计	所有者权益合计	#实收资本
978343	**125921**	**12316841**	**6722342**	**8022639**	**4294202**	**3133332**
1453	1260	29123	10178	14302	14822	9170
218666	44764	2900880	2279547	2484679	416201	1550028
218815	32548	3549151	2182251	2475432	1073719	821424
11943	1353	589959	225001	287615	302345	51221
283794	18077	2148025	549715	744645	1403379	201876
1218	235	23733	12527	12623	11110	133
7738	1360	47280	10754	20161	27119	7102
2341	591	19472	3160	7027	12444	2508
46413	6166	412900	222680	296291	116609	73292
24479	3655	1759862	890148	1166683	593180	58493
56723	5034	382545	169725	304010	78535	124390
104759	10879	453912	166657	209172	244740	233695
415377	34359	3150535	1254587	1782485	1368050	586373
10626	1814	227354	172558	195425	31929	29751
19216	4360	187376	136264	160049	27327	15414
71295	6395	1033598	641753	659250	374348	159110
37171	6528	2530580	1338481	1712749	817832	139450
382291	65614	3901100	2483450	2680212	1220888	1751712
5814	871	214162	152873	181877	32284	35315
4100	735	79924	45728	85150	-5226	15147
32452	5245	992212	496649	565442	426771	401060

12－8 续表

指　　标	营业收入	#主营业务收入	营业成本	税金及附加	销售费用
总　　计	**17610665**	**17180433**	**15254507**	**61638**	**1493574**
1. 按登记注册类型分组					
国有独资公司	63185	63185	52016	195	4038
私营有限责任公司	5864975	5688436	5190922	17609	450954
其他有限责任公司	6875142	6773502	5911217	20475	613802
私营股份有限公司	421052	417216	378753	794	31355
其他股份有限公司	702396	662246	552900	7140	55765
集体所有制企业(集体企业)	5191	4059	3571	125	924
个人独资企业	103576	101712	84365	1682	2953
合伙企业	47685	47674	40472	451	957
港澳台投资有限责任公司	1181563	1147662	1007254	7261	129700
港澳台投资股份有限公司	443476	436632	295786	1435	98704
外商投资有限责任公司	436482	419671	343457	2262	56679
其他外商投资企业	1465944	1418440	1393794	2209	47745
2. 按国民经济行业分组					
综合零售	1682479	1593369	1280051	14558	260874
食品、饮料及烟草制品专门零售	490862	481309	396249	1472	59097
纺织、服装及日用品专门零售	468549	454967	349389	1675	73174
文化、体育用品及器材专门零售	973139	965255	678717	2792	110000
医药及医疗器材专门零售	1276905	1231655	965339	3890	221272
汽车、摩托车、零配件和燃料及其他动力销售	9617383	9375976	9025164	29039	354805
家用电器及电子产品专门零售	400853	397384	352937	613	30851
五金、家具及室内装饰材料专门零售	89020	89016	70378	350	8552
货摊、无店铺及其他零售业	2611475	2591502	2136283	7250	374950

单位:万元

管理费用	财务费用	#利息费用	营业利润	利润总额	应付职工薪酬	应交增值税
585373	**84826**	**140626**	**288538**	**295341**	**891261**	**210978**
2757	293	222	3565	3596	4145	1587
198927	38547	24941	-17862	-6384	279790	69375
212833	9198	81541	140235	133135	360457	80142
8074	2137	2080	768	2053	17148	3706
52830	13245	23209	64112	64457	42865	15478
733	-25	2	-136	168	232	71
3263	572	173	10691	10611	3639	1501
1551	240	141	4015	4015	1736	827
30117	2670	2685	6101	7537	46523	14259
36076	8274		65090	64862	76550	3962
23963	7309	4012	2147	1822	22977	6938
14250	2366	1620	9811	9469	35199	13133
119431	34508	105838	46559	43027	140801	33319
11555	1269	926	21200	22493	27786	9207
31686	241	541	12029	12419	39766	11578
86830	-7598	990	101681	99957	122605	2672
66976	10066	1744	73646	73890	159244	21123
160211	36079	25439	33677	42141	245676	83491
18979	2210	1065	-2807	-3492	22985	4717
10461	2437	449	-3585	-3530	9079	1044
79244	5615	3634	6137	8435	123319	43826

12－9　限额以上住宿企业主要财务状况(2023年)

指　　标	法人企业数(个)	流动资产合计	#存货	固定资产原价
总　　计	**229**	**482662**	**7729**	**830472**
1. 按登记注册类型分组				
私营有限责任公司	169	266062	4534	326146
其他有限责任公司	49	163248	2016	432995
全民所有制企业(国有企业)	3	23639	513	53124
集体所有制企业(集体企业)	1	13608	169	9477
个人独资企业	2	77	13	1046
合伙企业	3	4749	99	2176
港澳台投资有限责任公司	1	10592	162	3483
外商投资有限责任公司	1	687	222	2025
2. 按国民经济行业分组				
旅游饭店	71	373460	4512	654849
经济型连锁酒店	70	61140	1883	97270
其他一般旅馆	71	40929	1125	67121
民宿服务	9	3914	59	5132
其他住宿业	8	3219	150	6100

单位:万元

累计折旧	#本年折旧	资产总计	流动负债合计	负债合计	所有者权益合计	#实收资本
513271	**30730**	**1069981**	**516681**	**889231**	**180750**	**294690**
176605	13942	499485	292554	543881	-44396	101629
295630	13261	467351	180355	272936	194415	179833
27212	2247	50307	8651	36878	13429	3768
8798	219	15098	4635	4635	10463	3500
714	84	863	12	427	436	301
1463	318	9221	6030	6030	3191	3061
2096	457	11980	8111	8111	3869	2457
754	202	15678	16334	16334	-656	140
434592	21311	759843	316544	600293	159551	209965
38218	5823	160652	123412	164715	-4064	46152
36889	2615	123740	62915	106504	17236	23691
1347	848	9823	7489	8442	1381	13287
2226	135	15924	6322	9277	6646	1595

12－9 续表

指　　标	营业收入	#主营业务收入	营业成本	税金及附加	销售费用
总　　计	**446780**	**437489**	**212241**	**6520**	**78266**
1. 按登记注册类型分组					
私营有限责任公司	227378	223506	106084	1953	44068
其他有限责任公司	157249	152547	77287	4184	25409
全民所有制企业(国有企业)	19090	19090	7702	149	2752
集体所有制企业(集体企业)	7696	7696	4963	135	873
个人独资企业	787	517	593	1	13
合伙企业	7995	7995	2362	29	2195
港澳台投资有限责任公司	19239	19239	12002	69	839
外商投资有限责任公司	7345	6899	1248		2117
2. 按国民经济行业分组					
旅游饭店	264693	261163	120268	5208	45186
经济型连锁酒店	91782	91110	41215	762	19483
其他一般旅馆	76745	73773	41776	442	11843
民宿服务	5160	5150	4942	37	125
其他住宿业	8400	6293	4039	72	1629

单位:万元

管理费用	财务费用	#利息费用	营业利润	利润总额	应付职工薪酬	应交增值税
134720	**12974**	**11015**	**6476**	**9485**	**117204**	**9920**
71382	9736	7821	-5232	-4082	54432	4786
39815	3402	3182	10909	11324	45121	4033
9385	-205	11	-648	334	6121	-13
2438	-3		-710	-376	2051	227
82	5		93	93	50	
3047	3	1	359	370	1666	135
4835	20		1475	1551	6032	279
3736	15		230	270	1731	473
82421	7874	7167	7786	10089	75009	6902
30450	2430	2325	-2279	-2021	21672	1432
19567	2397	1328	867	1224	17611	1196
256	39	11	-239	-237	807	50
2025	235	185	342	430	2106	340

12－10 限额以上餐饮企业主要财务状况(2023年)

指标	法人企业数（个）	流动资产合计	#存货	固定资产原价
总计	**568**	**497376**	**23653**	**384016**
1.按登记注册类型分组				
国有独资公司	2	2382	166	1912
私营有限责任公司	375	274300	15412	178976
其他有限责任公司	157	180713	3140	39288
私营股份有限公司	6	14262	1299	60345
个人独资企业	14	2178	215	2588
合伙企业	6	887	137	2314
港澳台投资有限责任公司	3	4447	977	36971
外商投资有限责任公司	5	18208	2307	61623
2.按国民经济行业分组				
正餐服务	465	428493	19097	268113
快餐服务	13	26683	3551	102551
酒吧服务	3	1476	16	1200
其他饮料及冷饮服务	71	26962	251	1770
餐饮配送服务	9	9682	351	1462
小吃服务	5	2542	338	7635
其他未列明餐饮业	2	1539	49	1285

单位:万元

累计折旧	#本年折旧	资产总计	流动负债合计	负债合计	所有者权益合计	#实收资本
218181	**26168**	**973567**	**497845**	**729546**	**244021**	**225361**
1584	115	2710	3126	3126	-416	
91387	11455	434458	291047	337966	96492	172994
25038	3549	235531	80148	174560	60971	34562
55156	3419	76824	13397	30651	46173	2895
375	105	5929	1988	2423	3506	535
587	187	2924	145	581	2343	295
14950	2045	81522	47104	75075	6446	10360
29104	5295	133669	60890	105164	28506	3720
162627	17201	690652	364558	510332	180320	199180
47533	7895	210512	108362	173749	36764	20282
444	204	2700	1165	1165	1535	2050
1149	231	48291	8930	28002	20290	275
966	124	11168	9450	9602	1566	1394
4934	455	7879	4113	5430	2449	1980
529	59	2365	1268	1268	1098	200

12－10 续表

指　　标	营业收入	#主营业务收入	营业成本	税金及附加	销售费用
总　　计	**1273586**	**1257480**	**727874**	**4097**	**326555**
1. 按登记注册类型分组					
国有独资公司	2635	2635	1805	1129	1325
私营有限责任公司	609095	603169	368687	1745	120074
其他有限责任公司	278551	275199	144681	491	99152
私营股份有限公司	5805	5643	3558	46	1474
个人独资企业	11298	10897	6257	85	2244
合伙企业	4717	4717	3212	34	363
港澳台投资有限责任公司	84157	84157	27358	69	48723
外商投资有限责任公司	277329	271065	172317	498	53201
2. 按国民经济行业分组					
正餐服务	771258	762714	439985	3303	193154
快餐服务	357431	350354	198049	531	104026
酒吧服务	6010	6010	2886	18	1026
其他饮料及冷饮服务	95199	95194	58008	109	21484
餐饮配送服务	23335	23335	18156	17	1704
小吃服务	14554	14073	6416	109	4644
其他未列明餐饮业	5801	5801	4375	10	517

单位:万元

管理费用	财务费用	#利息费用	营业利润	利润总额	应付职工薪酬	应交增值税
142644	**15257**	**5107**	**72184**	**76007**	**291960**	**14287**
1394	1	-1	-3020	-253	1583	
87143	8230	4400	35724	37341	131926	9002
20719	2869	490	11697	11285	59299	5004
1140	100	63	-512	-467	2017	-8
1764	65	8	887	899	4257	212
757	8	4	345	355	679	93
4981	2122	1	1657	1734	32382	509
24746	1862	142	25406	25112	59816	-525
102484	10734	4963	34484	38384	169532	13355
28110	3757	28	24710	24507	92018	632
2076	14		-10	9	1462	15
4557	522		10701	10649	17087	-189
3106	63	20	286	268	5174	116
2151	158	96	1133	1306	5624	246
162	11		879	885	1062	112

12－11 亿元以上商品交易市场基本情况(按市场类别分组)(2023年)

指　　标	市场数量(个)	总摊位数(个)	年末出租摊位数(个)	营业面积(平方米)	成交额(万元)
总　　计	**37**	**79247**	**61017**	**7115636**	**44920705**
按市场类别分组					
1.综合市场	12	52170	35862	3773053	22248065
工业消费品综合市场	4	10635	10051	1492307	7823782
农产品综合市场	3	5568	5188	552934	12637889
其他综合市场	5	35967	20623	1727812	1786394
2.专业市场	25	27077	25155	3342583	22672640
生产资料市场	6	8080	8058	338319	13265531
木材市场	1	158	157	18600	10013
建材市场	2	894	894	112200	92718
金属材料市场	1	2200	2200	180000	13000000
机械设备市场	1	4160	4160	4200	144920
其他生产资料市场	1	668	647	23319	17880
农产品市场	1	6457	6457	1740800	5301344
干鲜果品市场	1	6457	6457	1740800	5301344
纺织、服装、鞋帽市场	2	3300	2344	49000	67135
服装市场	2	3300	2344	49000	67135
日用品及文化用品市场	2	728	661	31465	511952
图书、报刊市场	1	420	398	12585	171526
其他日用品及文化用品市场	1	308	263	18880	340426
电器、通讯器材、电子设备市场	5	1308	1247	64026	772151
照相、摄像器材市场	2	370	351	23599	58356
计算机及辅助设备市场	3	938	896	40427	713795
家具、五金及装饰材料市场	5	4936	4527	738304	1074308
家具市场	1	238	202	34000	14000
装饰材料市场	2	3318	3063	413685	777510
五金材料市场	2	1380	1262	290619	282798
汽车、摩托车及零配件市场	4	2268	1861	380669	1680219
汽车市场	1	472	196	320000	1595164
摩托车市场	1	125	125	2800	26435
机动车零配件市场	2	1671	1540	57869	58620

12－12　亿元以上商品交易市场基本情况（按摊位类别分组）（2023年）

指　　标	年末出租摊位数（个）	成交额（万元）
总　　计	**61017**	**44920705**
按摊位类别分组		
1. 粮油、食品类	14709	19349969
2. 饮料类	525	282597
3. 烟酒类	1429	1532981
4. 服装、鞋帽、针纺织品类	3121	537745
5. 化妆品类	103	54894
6. 金银珠宝类	5	951
7. 日用品类	1317	891044
8. 五金、电料类	5620	1865618
9. 体育、娱乐用品类	307	128328
10. 书报杂志类	318	118966
11. 电子出版物及音像制品类	89	53136
12. 家用电器和音像器材类	1066	250148
13. 中西药品类	298	862222
14. 文化办公用品类	1648	1313418
15. 家具类	565	86202
16. 通讯器材类	260	146285
17. 木材及制品类	1089	257379
18. 石油及制品类	1	252
19. 化工材料及制品类	705	302030
20. 金属材料类	2254	13003561
21. 建筑及装潢材料类	10548	1225055
22. 机电产品及设备类	2644	203502
23. 汽车类	9549	2055277
24. 种子饲料类	6	396
25. 棉麻类	9	325
26. 其他类	2832	398424

12－13 使用外商直接投资

单位:万美元

项　　目	2023 年
合　　计	**87667**
一、按行业分	
1. 农、林、牧、渔业	69
2. 制造业	19514
3. 电力、燃气及水的生产和供应业	3408
4. 建筑业	4209
5. 交通运输、仓储和邮政业	4579
6. 信息传输、计算机服务和软件业	4096
7. 批发和零售业	5714
8. 住宿和餐饮业	21
9. 金融业	3078
10. 房地产业	33600
11. 租赁和商务服务业	6843
12. 科学研究、技术服务和地质勘查业	2536
13. 水利、环境和公共设施管理业	
14. 居民服务和其他服务业	
15. 教育	
16. 卫生、社会保障和社会福利业	
17. 文化、体育和娱乐业	
18. 公共管理、社会保障和社会组织	
二、按企业类型分	
中外合资企业	37453
中外合作企业	
外资企业	50041
外商投资股份制	
合伙企业	173
二、按主要国别(地区)分	
中国香港	67787
中国台湾	86
美国	1643
新加坡	842
英属维尔京群岛	515
日本	12630
韩国	542
澳大利亚	
意大利	
加拿大	190
英国	38
德国	202

12－14 对外贸易进出口总值

单位:亿元

项　　目	2016 年	2017 年	2018 年	2019 年	2020 年	2021 年	2022 年	2023 年
进出口总额	**726.7**	**938.0**	**1283.3**	**2002.4**	**2352.5**	**2780.3**	**3313.9**	**2811.5**
1. 出口	485.7	587.9	823.2	1397.3	1548.4	1977.5	2462.5	1896.8
2. 进口	241	350.1	460.2	605.1	804.1	802.8	851.4	914.7

12－15　主要进出口商品总值

单位:亿元

指　　标	2016年		2017年		2018年		2019年	
	出口	进口	出口	进口	出口	进口	出口	进口
一、机电产品	262.7	156.9	322.2	223.3	414.9	289.3	698.6	339.0
# 金属制品	26.7	4.3	28.7	5.3	54.7	4.0	85.4	6.3
机械设备	64.5	54.2	76.2	70.6	89.0	76.5	127.1	60.3
电器及电子产品	122.5	43.7	164.1	77.6	187.8	107.6	323.7	166.8
运输工具	32.1	37.8	33.0	44.2	34.2	51.3	37.6	56.3
仪器仪表	5.9	15.1	8.7	22.0	21.6	42.5	55.2	40.3
二、高新技术产品	110.0	58.6	145.9	93.6	167.1	146.7	293.9	199.1
# 生物技术	0.6		0.1		0.1		0.2	
生命科学技术	7.4	2.6	8.3	3.0	10.0	3.0	17.7	2.8
光电技术	0.9	4.5	0.7	6.3	1.4	13.1	3.5	7.6
计算机与通信技术	87.2	11.8	113.1	9.6	128.5	18.3	198.2	16.4
电子技术	10.9	26.0	19.2	47.9	21.0	74.1	59.9	139.8
计算机集成制造技术	2.7	12.1	3.5	24.4	4.9	24.3	9.9	15.8
航空航天技术	0.2	1.4	0.2	1.6	0.2	2.3	0.3	2.5
三、农产品	27.9	20.4	31.0	30.9	32.0	48.1	32.1	89.9

12－15 **续表**

单位:亿元

指　　标	2020年		2021年		2022年		2023年	
	出口	进口	出口	进口	出口	进口	出口	进口
一、机电产品	773.5	453.8	898.1	330.3	1096.2	343.8	1056.0	379.8
# 金属制品	84.7	3.5						
机械设备	130.2	100.9						
电器及电子产品	365.2	253.8						
运输工具	38.3	55.0						
仪器仪表	76.2	38.3						
二、高新技术产品	300.3	324.8	301.1	249.1	348.3	291.8	389.4	315.6
# 生物技术	0.2		0.2	0.1	0.2	0.1	0.3	0.1
生命科学技术	20.8	2.5	18.2	2.5	22.1	3.0	11.2	2.5
光电技术	3.0	8.0	7.4	11.3	16.4	8.2	95.7	7.4
计算机与通信技术	182.5	51.2	225.3	51.3	239.6	41.2	204.5	42.4
电子技术	76.5	223.9	37.1	105.0	46.8	214.7	43.1	243.9
计算机集成制造技术	12.9	26.3	9.3	76.5	18.5	22.3	27.8	16.9
航空航天技术	1.6	1.5	1.1	1.6	0.9	1.7	1.1	1.9
三、农产品	31.9	108.6	39.2	97.4	54.1	95.1	47.4	107.8

12－16 进出口商品主要产销国别(地区)总值

单位:亿元

国别(地区)	2023年		2023年比2022年±%	
	出口	进口	出口	进口
合　　计	**1449.20**	**646.60**	**-24.3**	**7.3**
中国香港	216.36	0.71	-2.6	54.4
印　　度	72.78	7.88	-7.5	29.0
印度尼西亚	49.31	80.49	-36.5	34.2
日　　本	32.79	42.39	-36.2	-6.1
马来西亚	60.99	41.55	-44.4	-18.0
巴基斯坦	10.06	0.19	-28.8	-23.8
菲律宾	40.01	7.55	-44.2	-1.6
沙特阿拉伯	51.64	1.27	0.6	93.2
新加坡	61.16	7.50	-37.2	3.4
韩　　国	105.24	88.35	1.3	23.1
泰　　国	43.63	48.70	-39.5	12.1
阿联酋	31.36	6.67	-23.0	65.8
越　　南	87.98	20.10	-15.9	17.1
中国台湾	14.29	87.9	-46.2	-9.0
比利时	12.74	2.18	-37.4	86.8
英　　国	26.14	4.43	-34.8	83.5
德　　国	43.48	32.89	-18.4	23.0
法　　国	9.37	2.28	-37.6	-26.2
意大利	15.65	6.00	-24.1	48.5
荷　　兰	30.57	26.61	-24.4	-11.9
西班牙	11.16	7.21	-32.5	337.0
俄罗斯联邦	94.88	28.45	33.1	138.7
巴　　西	31.55	11.77	-4.6	69.2
墨西哥	37.25	6.91	-6.3	63.5
加拿大	19.80	4.59	-47.9	-51.5
美　　国	198.50	26.52	-41.5	-1.0
澳大利亚	40.51	45.5	-36.6	-27.5

12－17 旅游业基本情况

项　目	单　位	2016 年	2017 年	2018 年	2019 年	2020 年	2021 年	2022 年	2023 年
一、接待旅游者总人数	万人次	12450	14219	14974	16833	15194	11479	11994	19453
接待国内游客	万人次	12329	14090	14843	16700	15191	11476	11988	19418
接待海外游客	人次	1215203	1292000	1303686	1329766	36297	37911	64741	355337
外国人	人次	692827	713834	703576	664640	18053	24755	42498	248477
港澳台胞	人次	522376	578166	600110	665126	18244	13156	22243	106860
二、旅游业总收入	亿元	1535	1660	1808	2029	1661	1290	1317	2193
国内旅游收入	亿元	1482	1625	1767	1983	1661	1290	1316	2186
旅游创汇	万美元	79628	51661	61988	65932	1098	994	1840	10678
三、接待海外旅游者人天数	万人天	416.70	248.80	323.60	329.10	7.96	6.70	12.57	76.44
# 外国人	万人天	251.10	142.50	178.40	174.70	4.18	5.11	8.79	47.00
四、旅行社总数	个	290	329	330	420	472	520	546	732
出境组团社	个	52	59	68	68	69	69	68	68
非出境组团社	个	238	270	262	352	403	451	478	664
五、星级饭店总数	个	62	56	46	45	43	41	39	36
五星级	个	9	9	9	10	10	10	11	11
四星级	个	21	21	20	20	20	20	17	16
三星级	个	26	21	17	15	13	11	11	9
二星级	个	6	5						
星级饭店客房总数	间	12639	11755	11003	11001	10686	10521	10511	9801

12－18　接待国际游客按国别(地区)分

单位:人次

国别(地区)	2016 年	2017 年	2018 年	2019 年	2020 年	2021 年	2022 年	2023 年
接待国际游客总数	1215203	1292000	1303686	1329766	36297	37911	64741	355337
港澳台胞	522376	578166	600110	665126	18244	13156	22243	106860
港澳同胞	391360	328494	372667	445711	11968	7398	14938	76888
台　　胞	131016	249672	227443	219415	6276	5758	7305	29972
外国人	692827	713834	703576	664640	18053	24755	42498	248477
# 美　　国	43006	28939	42476	30298	1150	2949	3707	28493
日　　本	31776	45499	61362	45100	1958	3886	4730	27791
韩　　国	368651	71455	120508	180633	3430	5032	4371	20735
加 拿 大	11800	16458	16944	12966	568	1017	1253	9007
西 班 牙	2709	2941	5069	5996	217	129	80	2158
马来西亚	2235	39488	38177	36899	918	335	1447	9895
新 加 坡	19749	21393	20152	26084	618	578	6855	10139
德　　国	44682	12529	17166	20309	566	866	3384	9639
法　　国	11263	12475	15969	17265	463	235	301	7166
瑞　　典	3051	2783	3712	4352	113	48	42	1340
英　　国	18960	14570	22253	20323	545	346	679	7005
澳大利亚	14012	12523	14875	11510	427	420	669	7377
俄 罗 斯	18268	14039	17184	14991	524	121	74	10096

13 服务业

长沙统计年鉴

13－1　规模以上服务业企业财务状况(2023年)

指　　标	单位数(个)	资产总计	负债合计	所有者权益合计	#实收资本
总　　计	**2090**	**178687582**	**104489565**	**74198017**	**20107667**
交通运输、仓储和邮政业	207	83624842	54020633	29604209	5245716
道路运输业	125	77713817	49824681	27889136	3783113
水上运输业	8	265659	125459	140200	66306
航空运输业	4	3479812	2666168	813644	1043594
管道运输业	2	213500	148412	65088	89840
多式联运和运输代理业	31	453440	331575	121866	65988
装卸搬运和仓储业	24	1095120	581724	513396	189421
邮政业	13	403494	342614	60880	7456
信息传输、软件和信息技术服务业	359	11231979	6118833	5113146	2814553
电信、广播电视和卫星传输服务	21	4284886	1893864	2391022	1015971
互联网和相关服务	110	2525591	2063565	462026	977564
软件和信息技术服务业	228	4421502	2161404	2260098	821019
房地产业	212	5519561	3664361	1855200	1160909
物业管理	142	1120750	814498	306253	196795
房地产中介服务	14	58635	56074	2561	201621
房地产租赁经营	56	4340176	2793790	1546386	762493
租赁和商务服务业	469	16282812	8680862	7601950	3488156
租赁业	31	151731	112967	38764	52845
商务服务业	438	16131081	8567895	7563186	3435311
科学研究和技术服务业	338	11585061	6693624	4891437	1957370
研究和试验发展	29	979110	354987	624122	424521
专业技术服务业	278	8787341	5174196	3613145	1334190
科技推广和应用服务业	31	1818610	1164441	654170	198659
水利、环境和公共设施管理业	52	35169385	18652804	16516581	2973732
生态保护和环境治理业	28	863155	519943	343212	182009
公共设施管理业	12	754199	231052	523147	122881
土地管理业	12	33552032	17901809	15650223	2668841
居民服务、修理和其他服务业	80	392240	357269	34971	34937
居民服务业	42	332594	321054	11540	22377
机动车、电子产品和日用产品修理业	13	22671	17418	5253	4616
其他服务业	25	36975	18798	18178	7944
教育	48	395689	345759	49929	34727
教育	48	395689	345759	49929	34727
卫生和社会工作	81	3909915	1826191	2083725	1165315
卫生	74	3887900	1808053	2079847	1157555
社会工作	7	22016	18138	3878	7760
文化、体育和娱乐业	244	10576098	4129229	6446870	1232254
新闻和出版业	28	1986405	420726	1565680	419027
广播、电视、电影和录音制作业	95	7042895	2157565	4885330	495156
文化艺术业	23	116314	43007	73308	33585
体育	16	60704	60112	593	61289
娱乐业	82	1369780	1447820	－78040	223198

注：交通运输、仓储和邮政业数据不包括铁路运输业。

单位:万元

流动资产合计	#应收账款	#存货	固定资产原价	累计折旧	#本年折旧	无形资产	#土地使用权	营业收入
73263270	**5955431**	**23393037**	**65892809**	**7163491**	**1045722**	**5226798**	**1453545**	**31740145**
12283496	832429	106384	54045611	1879049	307691	2879933	401018	8020101
10940127	599454	17668	51699933	1046982	195574	2523997	50096	5406120
90019	7310	800	148180	31106	4165	30240	29952	95871
382265	42739	6247	1349027	521674	48884	188910	185950	411146
12133	3707	15	86687	16071	3408	1210	1127	6653
273213	55901	223	105879	26958	8125	16705	16578	633046
320920	22921	77032	516188	163902	25136	114208	112682	429316
264820	100397	4399	139718	72357	22399	4664	4633	1037949
7013625	1311577	262190	4711430	2890205	361786	207575	89730	5954718
1981188	189558	13486	4094366	2667608	317446	87921	70246	1826764
1776313	214496	59262	161801	62303	9085	35581	2937	1453933
3256125	907523	189442	455262	160294	35254	84074	16548	2674020
2056004	231787	182874	895698	258445	43318	311495	285934	1433056
768281	184627	12609	174617	70023	10691	35245	34370	955722
37757	13985		5909	2082	413			118626
1249967	33175	170265	715172	186340	32214	276250	251564	358708
8299409	460100	1715209	2043813	611308	99974	320038	196810	4889113
92754	40383	11998	129146	80099	13215	2685	2624	79930
8206655	419716	1703211	1914667	531210	86760	317353	194186	4809183
7281965	1579380	561380	1353277	527482	82229	271517	169651	6094025
355281	76227	18662	192209	79517	12692	32743	30890	372181
6404134	1464142	484640	1007617	389137	61385	163540	126477	5558539
522550	39012	58078	153451	58829	8152	75234	12284	163305
28912452	650589	20060990	700233	150585	28731	98981	51320	1183717
435617	106550	109021	84977	28844	6460	39664	4151	193438
349912	44995	48838	160711	69259	9957	10331		122771
28126923	499044	19903130	454545	52483	12314	48987	47169	867508
303579	45181	18159	70445	24335	6340	6839	5584	368772
253235	32792	17437	53375	18873	4863	5465	4231	282726
20370	2596	627	2429	996	477	17		24020
29975	9793	95	14641	4467	1000	1357	1353	62026
144997	17321	502	207996	52716	10906	59837	23952	244238
144997	17321	502	207996	52716	10906	59837	23952	244238
1687332	162928	33522	599615	239740	34403	89085	81941	990654
1681477	162557	33477	597645	238734	34146	89072	81941	979605
5855	371	45	1970	1005	256	13		11050
5280412	664139	451827	1264692	529626	70345	981499	147607	2561750
1098078	37762	76743	185421	84926	7338	52242	51009	457756
3410310	601200	189563	308867	196389	23113	817314	33	1715589
44194	3766	3173	44257	7223	1331	31		39910
22874	2047	172	45057	27148	2893	7825	7664	29213
704957	19365	182176	681090	213941	35671	104089	88901	319282

13－1 续表

指　　标	营业成本	税金及附加	销售费用	管理费用	财务费用
总　　计	**23495670**	**250007**	**1502524**	**2399217**	**1546615**
交通运输、仓储和邮政业	5954348	41582	76933	321302	1345723
道路运输业	3536884	28010	37527	173560	1297871
水上运输业	77676	414	301	8651	1377
航空运输业	398240	5023	7523	31149	25536
管道运输业	7414	53		1906	1784
多式联运和运输代理业	642210	1477	15448	17065	4135
装卸搬运和仓储业	353605	5020	8005	37203	12169
邮政业	938320	1585	8130	51768	2852
信息传输、软件和信息技术服务业	3708943	18898	553331	514846	30633
电信、广播电视和卫星传输服务	1161771	3197	185107	84201	5112
互联网和相关服务	1084702	4367	130034	150406	10092
软件和信息技术服务业	1462470	11334	238190	280239	15430
房地产业	1100563	25291	39235	152397	54404
物业管理	784957	6362	15811	80919	4011
房地产中介服务	84265	526	9734	13125	415
房地产租赁经营	231341	18404	13691	58353	49979
租赁和商务服务业	4153138	39673	181104	368308	74729
租赁业	64483	566	927	11681	1762
商务服务业	4088654	39107	180178	356627	72967
科学研究和技术服务业	4861459	34731	114420	446566	22534
研究和试验发展	254145	2859	7468	47836	4744
专业技术服务业	4482219	30543	98553	365448	－13168
科技推广和应用服务业	125095	1329	8399	33282	30959
水利、环境和公共设施管理业	911845	51103	6004	66545	24384
生态保护和环境治理业	142458	1667	3294	21213	7032
公共设施管理业	80981	1386	841	19019	1246
土地管理业	688406	48050	1869	26313	16106
居民服务、修理和其他服务业	260227	2153	42742	55978	2320
居民服务业	188274	1526	38946	45496	1987
机动车、电子产品和日用产品修理业	23154	294	815	3957	65
其他服务业	48799	333	2981	6525	268
教育	152422	939	27389	46561	7563
教育	152422	939	27389	46561	7563
卫生和社会工作	582194	1245	112904	139385	5723
卫生	572706	1243	112635	136516	5692
社会工作	9488	2	269	2869	31
文化、体育和娱乐业	1810531	34391	348462	287329	－21398
新闻和出版业	293320	3686	78480	71237	－13049
广播、电视、电影和录音制作业	1255274	27645	220819	151226	－26656
文化艺术业	32906	267	4083	9339	－1
体育	20689	410	2912	5995	596
娱乐业	208342	2384	42168	49533	17712

单位:万元

投资收益	营业利润	营业外收入	营业外支出	利润总额	所得税费用	应付职工薪酬	研发费用	应交增值税	期末用工人数(人)
713804	**2571041**	**168416**	**101247**	**2638210**	**92108**	**6086483**	**955982**	**735301**	**446637**
100037	449798	27226	23244	453780	53878	1090216	58003	131048	85778
96868	422839	22700	18859	426680	30915	591779	46236	112891	46767
2717	9292	710	118	9883	1497	15144	1383	1036	974
174	-39894	769	993	-40118	4854	142866	340	2296	6412
	-4102			-4102	228	4917	79	49	279
971	8620	400	313	8707	1969	23059	6371	996	1686
8	15832	1305	1947	15189	6466	138955	3594	4442	11288
-700	37211	1343	1013	37541	7949	173496		9337	18372
49434	747558	29479	21076	755960	89938	1289775	490494	181010	66162
30166	403435	7610	9603	401443	53088	187488	8903	62870	8116
-2845	-5616	8492	3335	-458	6946	256303	87620	39648	14324
22113	349738	13376	8139	354976	29904	845984	393971	78492	43722
30553	94985	8870	10351	93504	21402	367397	7098	42303	43112
1774	60578	2354	1429	61503	14098	297750	7004	27748	38520
50	6543	107	582	6068	1768	28391		4473	2223
28729	27864	6409	8340	25933	5536	41256	94	10082	2369
103241	203788	36581	12123	228246	22121	1046035	13888	141163	117021
-342	461	881	1503	-162	412	7313	397	3970	698
103583	203327	35700	10620	228407	21710	1038722	13491	137193	116323
143932	487753	16740	15830	488663	61746	1129422	300489	161501	60609
9991	41347	4607	2297	43657	3341	100524	38674	7629	4807
58715	415264	10851	6756	419358	57913	1009046	250743	151451	54468
75227	31143	1282	6777	25648	492	19853	11071	2420	1334
61410	201005	30945	1995	229954	6846	82207	11964	13012	7259
8417	25156	824	116	25864	1786	21627	7607	1882	1768
36949	57890	201	206	57884	3315	33204	4123	2869	4278
16044	117959	29920	1673	146206	1745	27376	234	8262	1213
-1409	4186	1250	1643	3793	1774	154298	3228	7830	15426
-1403	-199	953	1436	-682	1454	114987	1954	4820	7836
	2027	166	12	2181	236	9111	517	496	909
-7	2358	132	196	2294	84	30200	757	2514	6681
96	6596	1470	4104	3962	1689	99224	2935	5582	8510
96	6596	1470	4104	3962	1689	99224	2935	5582	8510
174024	293416	4155	4376	293195	8658	291823	28022	2442	20104
174012	294567	4151	4356	294362	8639	285902	27942	2417	19292
13	-1152	4	19	-1167	19	5921	80	25	812
52487	81958	11701	6506	87153	-175945	536088	39861	49411	22656
10161	-21340	1779	848	-20409	-21713	133191	7269	10219	4398
105361	160925	5336	996	165265	-163126	323419	28365	29530	10156
69	-165	1300	257	878	159	11344	683	3108	1134
-41	-1245	190	40	-1095	16	8942	49	775	995
-63062	-56216	3096	4365	-57485	8719	59191	3496	5780	5973

14 教育和科技

长沙统计年鉴

14－1 历年高等学校情况

单位：人

年 份	学校数(所)	招生数	毕业生数	在校学生数	校本部教职工数
1949	2			2685	1359
1950	2		428	2450	1558
1952	4	3240	973	6109	1604
1953	5	2836	1399	6490	2256
1955	6	2636	2054	8374	2834
1957	6	3448	1551	13557	3923
1958	10	8083	2494	18839	4407
1960	21	10354	2955	29104	6462
1962	12	3006	4528	25477	7756
1965	9	4973	5435	19412	8038
1966	8	196	1198	18972	8330
1970	7	2288	7688	5837	8486
1975	8	6357	5757	18390	13474
1976	8	5425	6590	16620	13953
1977	8	7168	5902	16544	14830
1978	8	6937	4619	18895	15778
1979	11	7369	4235	21549	16382
1980	11	6702	817	28491	16719
1981	10	7994	761	30720	12815
1982	11	6592	11459	25641	14168
1983	12	8498	7186	26600	15110
1984	14	9783	6346	30035	16193
1985	23	13831	6661	37182	18734
1986	21	11178	7632	40458	19886
1987	21	13121	11333	43114	20510
1988	22	14472	11103	46022	21902
1989	22	12550	12896	46444	21956
1990	21	12787	12726	46041	22297
1991	21	13327	12953	45810	22655
1992	21	15470	12404	48050	18244
1993	21	18769	11737	55810	18270
1994	21	18455	12857	61641	18531
1995	21	19532	15911	64866	18222

14－1 续表

单位:人

年　份	学校数(所)	招生数	毕业生数	在校学生数	校本部教职工数
1996	21	20013	16365	67420	18205
1997	20	21444	17119	72020	18473
1998	20	23570	17484	78050	18408
1999	23	35823	19152	94493	19913
2000	23	49391	19777	125582	21165
2001	29	54329	21289	158158	24568
2002	30	73379	29094	201881	26331
2003	37	94527	48597	268613	29145
2004	39	107979	60985	329424	33950
2005	45	130337	79277	394399	37698
2006	45	132662	97149	418132	39378
2007	48	147825	108698	454288	47887
2008	49	155192	129419	483917	49401
2009	48	158215	130626	504111	50509
2010	48	149977	140840	508254	50267
2011	50	148780	143310	516765	50930
2012	50	157679	151428	523174	50902
2013	50	169685	153703	530635	51339
2014	50	168438	142835	547514	52972
2015	51	171791	143705	569400	51232
2016	51	179273	151137	590020	51733
2017	51	184950	159359	610379	52666
2018	51	197243	164868	635950	53167
2019	51	210500	172684	665860	55207
2020	52	220743	177151	697407	55925
2021	52	222074	185102	726846	56434
2022	52	246857	205062	762443	58540
2023	54	251646	210115	795531	59450

14－2 历年中等职业学校情况

单位：人

年 份	学校数(所)	招生数	毕业生数	在校学生数	校本部教职工数
1949	16			2296	513
1950	19	638	311	4955	283
1952	12	2227	708	6069	887
1953	11	1532	1246	6305	966
1955	10	2307	1135	5445	872
1957	16	1573	2057	10006	1900
1958	28	10438	2131	17457	2046
1960	32	11685	1699	28055	2229
1962	15	112	1751	8302	1827
1965	21	3420	2734	7771	2188
1966	12	132	899	5756	1894
1970	8	540	187	676	922
1975	21	3647	2582	9871	2722
1976	21	2964	4040	8171	2878
1977	21	5162	5529	7519	4149
1978	23	5509	2342	9782	3853
1979	30	4497	302	14492	4149
1980	31	4737	5699	12641	4408
1981	31	5054	6512	11425	4928
1982	32	5687	4110	13436	5508
1983	33	6398	4696	14762	5658
1984	32	6521	5746	15621	5622
1985	32	8469	5869	18218	4851
1986	34	6841	6160	18366	4898
1987	39	8457	8701	18681	6111
1988	40	10427	6002	23037	6074
1989	39	9256	5994	26152	6915
1990	40	8140	8581	25626	7926
1991	42	9540	8613	26480	7118
1992	43	13091	8536	30554	6157
1993	43	19526	8352	39202	6399
1994	42	16944	7153	47272	6689
1995	42	18477	9508	55438	6352

14－2 续表

单位：人

年　　份	学校数(所)	招生数	毕业生数	在校学生数	校本部教职工数
1996	47	23704	14060	66195	7065
1997	46	27215	16186	76808	6856
1998	47	29772	20282	85987	6899
1999	40	21406	15752	70406	4395
2000	40	19334	24192	84113	5238
2001	40	19478	25748	77270	5378
2002	24	22100	25465	64948	2588
2003	105	45505	30059	107475	6041
2004	112	48194	30227	116187	5697
2005	104	43902	36938	112698	4858
2006	84	42673	41176	123870	5935
2007	81	43490	51593	113018	5855
2008	78	39042	38980	99693	6141
2009	79	65028	39894	137568	6417
2010	67	41159	53368	113709	5708
2011	59	46540	35083	115596	4794
2012	50	43426	47767	120945	4890
2013	50	40367	30648	108232	4379
2014	52	33483	24603	86670	4019
2015	50	33929	21947	91472	4087
2016	51	35891	26565	93027	4325
2017	56	40032	27162	104685	4784
2018	57	42932	30231	111596	5447
2019	57	42995	31745	116484	6136
2020	57	38570	35337	114643	5844
2021	59	41591	38657	114845	6768
2022	58	39505	37349	111713	7095
2023	60	34663	34176	108078	7083

注：1. 2003 年开始，中等职业教育报表制度改革，现行报表制度包括前普通中专、职业高中。2002 年及以前年份的数据是中等专业学校情况。

2. 2014 年部分数据调整。

14-3 历年普通中学情况

单位:人

年份	学校数(所)	招生数	毕业生数	在校学生数	教职工数
1949	45			11347	1237
1950	38	4540	2352	10335	819
1952	40	7938	3387	23222	1289
1953	37	9950	5667	26384	1674
1955	37	11441	10172	31460	2199
1957	112	13864	10640	49484	3256
1958	164	25254	10224	49804	3105
1960	101	31992	12295	68205	3648
1962	129	22928	12152	51605	3933
1965	159	30945	17115	75367	5424
1966	293	21095	21298	71433	4598
1970	289	65230	29904	107921	6091
1975	567	136529	74396	237176	13796
1976	1473	198464	94903	331353	19991
1977	1148	192835	125324	372679	23992
1978	662	147133	159281	331109	22128
1979	676	116981	150239	268246	19564
1980	457	80492	52928	234707	19137
1981	466	82847	71738	215852	19292
1982	453	77146	58458	212388	18274
1983	438	65438	53829	199172	17887
1984	412	80035	56619	214658	18001
1985	422	80871	60933	221971	17916
1986	427	77229	53806	236055	18508
1987	433	87389	66953	245438	19421
1988	429	77029	67441	235257	19597
1989	429	82389	65762	238878	19915
1990	438	87892	72833	242065	20133
1991	422	86487	69188	243473	20309
1992	418	86754	68457	246662	20769
1993	421	88993	71579	248075	21347
1994	409	98763	70133	262655	21768
1995	391	106990	72276	284050	22231

14－3 续表 单位：人

年　份	学校数(所)	招生数	毕业生数	在校学生数	教职工数
1996	379	106047	78143	298924	23364
1997	379	108558	88071	309415	23737
1998	383	119832	95489	319792	24418
1999	379	131057	95136	345200	25946
2000	377	141865	97009	384192	26636
2001	368	149566	109141	413043	27330
2002	355	153589	124346	436307	27567
2003	358	132957	134525	432826	28429
2004	347	111583	144961	395687	27783
2005	339	102616	150972	345167	26814
2006	322	95515	130686	307095	25580
2007	310	99466	110263	292979	24888
2008	298	98650	97313	289960	24582
2009	291	102405	94639	295269	24924
2010	284	111383	96302	307427	24716
2011	280	114280	93657	325136	26871
2012	284	121302	100267	343769	28063
2013	285	126082	107723	357139	28057
2014	292	122120	110251	364653	28279
2015	296	125105	117408	369520	29207
2016	302	129426	121921	374262	30736
2017	313	131366	119528	383593	32986
2018	330	138684	122672	398801	35279
2019	341	148870	128695	417674	38616
2020	345	154888	130240	441520	41429
2021	365	167346	137894	471805	45454
2022	386	179063	146115	502057	48774
2023	404	191197	155064	537528	52571

14-4 历年小学情况

单位:人

年份	学校数(所)	招生数	毕业生数	在校学生数	教职工数
1949	2640			147114	7810
1950	2378			154514	7881
1952	3685	79618	28137	309698	10697
1953	2787	61714	30528	315487	10753
1955	2487	95171	39718	340451	11270
1957	2737	95487	50993	440851	12179
1958	4073	102730	49306	517473	13467
1960	3768	106735	54607	541157	14664
1962	3475	95669	51696	401229	14214
1965	4755	116549	47117	593692	17203
1966	4485	80245	62524	574329	16919
1970	3575	132014	73946	464530	17310
1975	3668	138992	106360	727790	26935
1976	2693	144455	152006	703398	26093
1977	2787	134963	135165	673741	25873
1978	3231	136850	118693	680090	25719
1979	3069	133973	127970	685466	26752
1980	3244	122705	119369	673804	27056
1981	3272	126340	128653	667152	27046
1982	3253	110548	113744	649570	26687
1983	3268	102405	98641	641960	27525
1984	3276	98470	101218	629737	27503
1985	3270	92389	100920	616305	27098
1986	3257	91033	104750	601606	26521
1987	3260	91680	107676	583871	26929
1988	3241	98996	85465	578286	28119
1989	3243	97335	95557	576904	27973
1990	3212	92649	96433	570704	28193
1991	3201	93372	90896	563850	28290
1992	3181	100555	90813	568617	28363
1993	3135	108385	87421	567721	28982
1994	3048	112303	92437	602788	28792
1995	3014	116075	93875	623662	28283

14－4 续表

单位：人

年　份	学校数(所)	招生数	毕业生数	在校学生数	教职工数
1996	2925	112256	88836	646190	28765
1997	2779	85984	90517	642950	28373
1998	2710	56648	99459	599897	27902
1999	2486	43026	109414	535127	27221
2000	2154	43689	113714	466515	25133
2001	1830	50945	114425	399513	22187
2002	1719	54293	112215	342110	20548
2003	1580	59466	87744	313587	19762
2004	1433	63519	59049	318024	19330
2005	1272	63328	46516	338655	20475
2006	1217	68104	44977	366100	21593
2007	1162	69292	52844	382981	21954
2008	1126	67278	55007	395059	22479
2009	1055	67924	61722	403562	22443
2010	1024	73977	66404	413498	22391
2011	987	74333	66371	425405	20865
2012	938	78853	69948	439532	21410
2013	937	84508	71078	457894	21800
2014	937	87655	70504	481333	22894
2015	939	94184	71580	509396	23641
2016	931	99495	78610	536458	25295
2017	918	110635	79852	574220	27814
2018	937	126247	85016	622174	29511
2019	944	128808	90654	666506	32991
2020	951	130459	93230	710213	35843
2021	923	142657	100110	761276	39409
2022	882	151167	106077	814955	41846
2023	861	167144	117071	873111	44299

14-5 历年高考录取人数

单位:人

年 份	报名人数	大学录取人数	本 科	专 科	大 学 录取率(%)
1978	54649	2491			4.56
1979	32487	1362			4.19
1980	25700	1711	1407	304	6.66
1981	8537	1136	937	199	13.31
1982	5779	1142	969	173	19.76
1983	6986	2273	862	1411	32.54
1984	7501	3049	1846	1203	40.65
1985	9480	4320	2213	2107	45.57
1986	9308	3799	2008	1791	40.81
1987	9618	4431	2388	2043	46.07
1988	10358	5219	2201	3018	50.39
1989	16418	2674	1113	1561	16.29
1990	19248	3242	1705	1537	16.84
1991	17941	3032	1419	1613	16.9
1992	17455	4504	2028	2476	25.8
1993	15317	5569	2265	3304	36.36
1994	14642	6061	2367	3694	41.39
1995	13006	6073	2573	3500	46.69
1996	13765	5886	2577	3309	42.76
1997	13864	6003	3002	3001	43.3
1998	15241	6855	3469	3386	44.98
1999	16207	10383	5720	4663	64.06
2000	18953	12037	6108	5929	63.51
2001	22893	15177	8319	6858	66.3
2002	28965	21179	10619	10560	73.12
2003	32482	26197	11540	14657	80.65
2004	37886	30726	13020	17706	81.1
2005	50750	38871	16131	22740	76.59
2006	53845	33922	16557	17365	63
2007	62871	42250	18966	23284	67.2
2008	66149	43072	20618	22454	65.11
2009	56494	41603	22003	19600	73.64
2010	46553	38393	22187	16206	82.47
2011	42002	34432	21240	13192	81.98
2012	43969	35557	22888	12669	80.87
2013	46790	37710	23781	13929	80.59
2014	49707	39776	25514	14262	80.02
2015	52094	40759	27920	12839	78.24
2016	56395	43627	29861	13766	77.36
2017	55187	50633	33192	17441	91.75
2018	61628	55189	35070	20119	89.55
2019	68723	61554	36754	24800	89.57
2020	73767	65114	38133	26981	88.27
2021	83748	71655	37673	33982	85.56
2022	98113	82840	43992	38848	84.43
2023	108987	91528	46137	45391	83.98

14－6 历年高校研究生数

单位：人

年份	培养博士学位				培养硕士学位			
	机构（个）	招生人数	毕业人数	在学人数	机构（个）	招生人数	毕业人数	在学人数
1983	3	8		13	7	324	87	676
1984	3	7		22	7	389	31	1030
1985	4	24	1	44	7	751	224	1552
1986	4	36		80	7	645	342	1853
1987	5	47	10	112	9	670	424	2094
1988	6	73	14	174	9	587	750	1910
1989	4	62	22	212	9	518	637	1771
1990	6	70	42	237	9	578	621	1696
1991	6	92	62	260	9	540	606	1606
1992	7	89	43	282	9	567	445	1694
1993	7	114	102	337	9	702	513	1791
1994	8	191	78	431	9	899	497	2144
1995	7	205	73	544	9	878	564	2425
1996	8	219	90	676	10	1036	703	2779
1997	7	226	129	748	9	962	850	2789
1998	7	285	189	838	9	1198	829	3110
1999	7	479	196	1114	9	1559	1021	3708
2000	5	575	155	1534	6	2411	945	5158
2001	7	794	239	2142	10	3732	1383	8335
2002	5	899	285	2669	6	4075	1331	9501
2003	6	1350	371	3317	10	5983	2272	13390
2004	6	1553	493	4628	11	7585	3163	18214
2005	7	1602	577	5669	11	8237	3943	22657
2006	7	1645	773	6538	11	9463	5612	26663
2007	11	1687	948	7238	11	9988	7081	29670
2008	10	1723	1088	7889	10	10360	8062	31602
2009	10	1776	1136	8489	10	12157	9260	34686
2010	10	1809	1411	8863	10	12865	9521	37487
2011	10	1878	1297	9365	10	13128	10299	39679
2012	10	1918	1399	9935	10	13497	11611	40636
2013	10	1948	1429	10302	10	14052	12392	41788
2014	9	1956	1428	10584	9	14280	13633	41818
2015	8	1990	1415	10970	8	14608	12878	43353
2016	8	2025	1419	10973	10	14972	12944	44558
2017	8	2304	1716	11490	11	19207	13148	50089
2018	8	2812	1498	12674	11	19575	13867	54895
2019	8	2833	1652	13779	11	20007	14753	59630
2020	8	3188	1803	14894	11	22136	17099	64018
2021	8	3411	2089	15894	11	22627	18320	67578
2022	8	3715	2311	16756	11	23812	19467	69876
2023	11	4060	2589	17846	11	24463	20358	72672

14－7 历年技工学校情况

单位：人

年份	学校数(所)	招生数	毕业生数	在校学生数	教职工数
1979	23	3700	1552	4614	913
1980	26	2579	1739	6672	1362
1981	28	1784	4218	4179	1646
1982	27	192	3357	1693	1562
1983	24	1230	1787	1551	1471
1984	21	1181	227	2596	1246
1985	19	1337	1318	2931	1386
1986	23	2557	1390	4671	1658
1987	22	2809	1549	5792	1717
1988	22	3678	2402	7140	1837
1989	25	2894	2198	7283	1951
1990	25	3451	3197	8002	2075
1991	24	3973	3024	8989	2095
1992	28	4543	3321	10381	2245
1993	32	5140	3655	11785	2318
1994	31	5112	4264	12951	2398
1995	34	4742	5342	12575	2416
1996	41	5024	5840	13581	2412
1997	40	4850	5793	12686	2696
1998	41	3528	5566	10541	2642
1999	43	2819	4127	9331	2700
2000	43	3791	3407	7706	2418
2001	42	5562	2940	9870	2613
2002	30	5155	2968	12257	2158
2003	32	8262	3478	14942	2026
2004	33	8729	6215	14810	2069
2005	32	10676	4902	18845	2050
2006	32	9221	5841	18736	1876
2007	24	9634	6502	20208	1923
2008	24	12095	7643	22666	2016
2009	26	15271	11206	32981	3124
2010	26	14549	7354	33685	2897
2011	26	10143	10645	26250	2340
2012	23	6366	7391	18003	1537
2013	24	3551	4392	10308	1310
2014	24	3827	2865	9860	1880
2015	24	4314	1985	9930	1684
2016	14	4516	2193	10363	1764
2017	14	4321	2134	11053	1225
2018	17	6727	3124	13210	1598
2019	23	9224	2462	16890	2075
2020	27	14961	3132	27197	2685
2021	28	16126	5202	34235	3228
2022	30	15571	6357	39340	3314
2023	30	16236	10654	41540	3498

14－8 高考录取情况(2023年)

单位:人

项目	全市	市区	县市	长沙县	浏阳市	宁乡市
报名人数	108987	58943	50044	21627	13824	14593
录取总人数	91528	49450	42078	17874	12040	12164
总录取率(%)	83.98	79.69	84.37	82.65	87.09	83.36
录取总人数中						
本科	46137	28090	18047	6934	6475	4638
专科	45391	21366	24031	10940	5565	7526
录取总人数中						
历史类(不含艺术类)	21294	10447	10847	5662	2814	2371
物理类(不含艺术类)	38088	22545	15543	5458	5306	4779
职高对口	23102	11879	11223	4917	2548	3758
音乐	1637	815	822	361	257	204
美术	451	211	240	95	86	59
体育	1539	526	1013	248	418	347
附:保送生(本科)	25	24	1	1		
单招生	26222	9459	13922	7478	2632	3812
本科						
专科	26222	9459	13922	7478	2632	3812

注:1. 录取总人数中音乐、美术、体育含历史、物理类。
2. 录取总人数中不包括保送生和单招生人数。

14－9 大学基本情况(2023年)

单位:人

项目	学校数(所)	招生人数	在校学生数	毕业生数	校本部教职工数	专任教师
大学合计	54	251646	795531	210115	59450	42621
综合大学	15	78596	247790	67314	23112	15106
理工院校	14	57726	176172	49500	11290	8567
农业院校	2	15539	51562	13292	3535	2533
林业院校	1	7739	28293	6085	2321	1763
医药院校	4	22232	73542	16732	4975	4020
师范院校	3	14765	46011	9540	3416	2470
财经院校	9	38864	122034	33030	7512	5740
其他院校	6	16185	50127	14622	3289	2422
成人高校普通本专科						

14－10 成人高等学历教育基本情况(2023 年)

单位:人

项 目	合 计						
		小 计	#职工大学	#广播电视大学	#教育学院	#管理干部学院	普通高等学校
学校数(所)	4	4	2	1	1		
在校学生数	279890	3758		3758			
本年招生数	122572	1046		1046			276132
本年毕业生数	115747	1075		1075			121526
教职员工数	229	229		229			114672
# 专任教师	75	75		75			

14－11 普通中学、小学情况(2023 年)

单位:人

项 目	学校数(所)	招生人数	毕业生人数	在校学生人数	教 职 工人数	专任教师人数
普通中学	404	191197	155064	537528	52571	41743
市 区	189	113502	88232	313494	31584	24347
县 (市)	215	77695	66832	224034	20987	17396
合计中:教育和集体办	335	163206	132151	455451	42505	
民 办	64	26185	20884	76018	9534	
其他部门办	5	1806	2029	6059	532	
小学合计	861	167144	117071	873111	44299	49154
市 区	414	111656	69130	558375	26894	31083
县 (市)	447	55488	47941	314736	17405	18071
合计中:教育和集体办	840	161972	110520	837248	42581	
民 办	13	3942	5450	28933	1262	
其他部门办	8	1230	1101	6930	456	

14－12 特殊教育学校情况(2023年)

单位:人

项目	盲、聋、哑学校	专门学校
学校数(所)	4	1
班数(个)	143	7
毕业生数	557	122
招生数	868	182
在校学生数	4752	60
教职工数	493	55
专任教师数	459	50

14－13 幼儿园情况(2023年)

单位:人

项目	园数(所)	班数(个)	在园幼儿数	教职工数	# 教师	# 保健员
总计	**2414**	**12734**	**373891**	**52986**	**24519**	**13335**
# 公办	1115	6943	225431	29276	13690	1187
市区	1298	7985	243995	36781	16752	8935
县(市)	1116	4749	129896	16205	7767	4400
长沙县	366	1847	52225	6581	3326	1646
浏阳市	460	1730	45406	6091	2806	1684
宁乡市	290	1172	32265	3533	1635	1070

14－14 全社会 R&D 活动基本情况(2023 年)

项目	总计	科研机构	高等学校	企业	事业单位
有 R&D 活动的单位数(个)	2154	44	102	1950	58
R&D 人员(人)	164838	5688	42720	112084	4346
# 女性	43184	2012	16322	23428	1422
# 全时人员	108784	4736	19279	82608	2161
R&D 人员全时当量（人年）	115957	5040	21030	86802	3085
基础研究人员	11897	1306	10037	427	127
应用研究人员	14847	1403	9487	3212	745
试验发展人员	89214	2331	1506	83164	2213
R&D 经费内部支出(万元)	4727529	330990	1005168	3260498	130873
# 政府资金	1066636	270263	641996	72343	82034
按支出用途分					
日常性支出	4230414	290657	757433	3095371	86953
# 人员劳务费	1918226	110654	398949	1355941	52682
资产性支出	497115	40334	247735	165127	43920
按活动类型分					
基础研究支出	548171	54143	443796	31788	18444
应用研究支出	750768	120200	500326	91788	38454
试验发展支出	3428590	156647	61047	3136921	73975
R&D 经费外部支出(万元)	509707	106802	58979	337187	6739

14－15 规模以上工业企业 R&D 活动人员情况(2023 年)

项目	有 R&D 活动的单位数(家)	R&D 人员(人)	#全时人员	R&D 人员折合全时当量(人年)
总计	**1561**	**82002**	**62869**	**62492**
按区县(市)分组:				
芙蓉区	18	435	354	309
天心区	25	3271	937	2370
岳麓区	248	18728	14528	13578
开福区	59	1201	877	821
雨花区	36	6045	5002	5781
望城区	158	6934	4829	4923
长沙县	259	17830	14675	13076
浏阳市	504	15733	12551	12651
宁乡市	254	11825	9116	8983
按企业规模分组:				
大型企业	50	35358	27512	27910
中型企业	211	16680	12499	12731
小型企业	1265	29311	22349	21322
微型企业	35	653	509	530
按登记注册类型分组:				
内资企业	1495	68577	51746	51967
国有独资公司	5	407	332	297
私营有限责任公司	952	23594	18211	17710
其他有限责任公司	313	25348	18661	19843
私营股份有限公司	112	9720	7373	7549
其他股份有限公司	41	8730	6590	5932
全民所有制企业(国有企业)	1	3	2	2
集体所有制企业(集体企业)	1	8	5	2
股份合作企业				
联营企业				
个人独资企业	40	430	325	359
合伙企业	30	337	247	275
其他内资企业				
港澳台商投资企业	26	10689	9315	8462
外商投资企业	40	2736	1808	2063

14－15 续表

项　　目	有 R&D 活动的单位数(家)	R&D 人员(人)	#全时人员	R&D 人员折合全时当量(人年)
按工业行业大类分组:				
煤炭开采和洗选业				
石油和天然气开采业				
黑色金属矿采选业	1	7	5	1
有色金属矿采选业	2	58	50	40
非金属矿采选业	4	150	80	125
其他采矿业				
农副食品加工业	66	1463	943	1021
食品制造业	42	1508	947	1060
酒、饮料和精制茶制造业	7	275	199	203
烟草制品业	1	563	134	553
纺织业	8	321	278	185
纺织服装、服饰业	5	206	166	159
皮革、毛皮、羽毛及其制品和制鞋业	3	43	28	37
木材加工及木、竹、藤、棕、草制品业	12	121	85	85
家具制造业	14	202	161	154
造纸及纸制品业	33	476	343	349
印刷和记录媒介复制业	30	1334	598	848
文教、工美、体育和娱乐用品制造业	5	125	92	117
石油加工、炼焦及核燃料加工业	5	74	52	66
化学原料及化学制品制造业	273	5606	4350	4328
医药制造业	77	3669	2966	2936
化学纤维制造业		4	4	3
橡胶和塑料制品业	39	831	613	561
非金属矿物制品业	100	2310	1670	1718
黑色金属冶炼及压延加工业	2	30	20	25
有色金属冶炼及压延加工业	27	1068	662	833
金属制品业	98	1920	1211	1392
通用设备制造业	147	9882	7094	6720
专用设备制造业	155	10876	8464	8368
汽车制造业	66	7714	6574	6516
铁路、船舶、航空航天和其他运输设备制造业	23	2538	2230	1963
电气机械及器材制造业	87	4807	4060	3597
计算机、通信和其他电子设备制造业	123	17503	15325	13771
仪器仪表制造业	66	2754	2411	2207
其他制造业	4	101	74	92
废弃资源综合利用业	10	523	385	345
金属制品、机械和设备修理业	1	162	114	90
电力、热力的生产和供应业	10	2338	157	1681
燃气生产和供应业	4	62	48	36
水的生产和供应业	11	378	276	307

14－16 规模以上工业企业按活动类型分 R&D 经费内部支出情况(2023 年)

单位:万元

项目	R&D 经费内部支出	基础研究支出	应用研究支出	试验发展支出
总计	**2550847**	**21177**	**52110**	**2477560**
按区县(市)分组:				
芙蓉区	12428			12428
天心区	48890		915	47975
岳麓区	619275	20531	29944	568800
开福区	30818			30818
雨花区	195750	53	1874	193823
望城区	244683	432	6483	237768
长沙县	583740		392	583348
浏阳市	348256		710	347546
宁乡市	467008	161	11791	455055
按企业规模分组:				
大型企业	1286027	6917	21878	1257232
中型企业	566877	14057	13143	539677
小型企业	681537	203	16960	664374
微型企业	16406		128	16278
按登记注册类型分组:				
内资企业	2211771	20966	52110	2138695
国有独资公司	8687		5	8682
私营有限责任公司	665625		5955	659670
其他有限责任公司	945536	382	21792	923362
私营股份有限公司	263894	13668	24190	226036
其他股份有限公司	306869	6917	168	299785
全民所有制企业(国有企业)	175			175
集体所有制企业(集体企业)	87			87
股份合作企业				
联营企业				
个人独资企业	10573			10573
合伙企业	10325			10325
其他内资企业				
港澳台商投资企业	208647	211		208436
外商投资企业	130429			130429

14－16 续表

单位:万元

项目	R&D 经费内部支出	基础研究支出	应用研究支出	试验发展支出
按工业行业大类分组:				
煤炭开采和洗选业				
石油和天然气开采业				
黑色金属矿采选业	87			87
有色金属矿采选业	644			644
非金属矿采选业	2968			2968
其他采矿业				
农副食品加工业	37214		235	36979
酒、饮料和精制茶制造业	28101	211	1217	26673
酒、饮料和精制茶制造业	3746			3746
烟草制品业	18482		1304	17178
纺织业	3349			3349
纺织服装、服饰业	1857			1857
皮革、毛皮、羽毛及其制品和制鞋业	1843			1843
木材加工及木、竹、藤、棕、草制品业	2565			2565
家具制造业	3886			3886
造纸及纸制品业	10824		119	10705
印刷和记录媒介复制业	14810		273	14537
文教、工美、体育和娱乐用品制造业	4335			4335
石油加工、炼焦及核燃料加工业	1563			1563
化学原料及化学制品制造业	170518	161	1875	168483
医药制造业	96965		16124	80841
化学纤维制造业				
橡胶和塑料制品业	29312		916	28396
非金属矿物制品业	68465		207	68259
黑色金属冶炼及压延加工业	396			396
有色金属冶炼及压延加工业	45745		835	44910
金属制品业	42098		1037	41061
通用设备制造业	314074	6864	6385	300825
专用设备制造业	359261	95	2623	356542
汽车制造业	304318			304318
铁路、船舶、航空航天和其他运输设备制造业	106064		4254	101810
电气机械及器材制造业	208033		256	207777
计算机、通信和其他电子设备制造业	477761	13625	13107	451029
仪器仪表制造业	80338		122	80217
其他制造业	2609			2609
废弃资源综合利用业	61067		424	60642
金属制品、机械和设备修理业	2068		5	2063
电力、热力的生产和供应业	32161		400	31761
燃气生产和供应业	1755	220	393	1142
水的生产和供应业	11568			11568

14－17 模以上工业企业按经费来源分R&D经费内部支出情况(2023年)

单位:万元

项目	R&D经费内部支出	政府资金	企业资金	境外资金	其他
总计	**2550847**	**58838**	**2489538**	**1515**	**955**
按区县(市)分组:					
芙蓉区	12428	636	11792		
天心区	48890	194	47800	673	224
岳麓区	619275	15839	602187	645	604
开福区	30818	291	30527		
雨花区	195750	437	195313		
望城区	244683	29829	214573	198	83
长沙县	583740	8101	575595		45
浏阳市	348256	2600	345656		
宁乡市	467008	913	466095		
按企业规模分组:					
大型企业	1286027	38844	1245063	1515	604
中型企业	566877	8075	558801		
小型企业	681537	11765	669422		351
微型企业	16406	154	16252		
按登记注册类型分组:					
内资企业	2211771	55338	2153962	1515	955
国有独资公司	8687		8687		
私营有限责任公司	665625	3696	661884		45
其他有限责任公司	945536	36311	907444	870	911
私营股份有限公司	263894	3281	259968	645	
其他股份有限公司	306869	12025	294845		
全民所有制企业(国有企业)	175		175		
集体所有制企业(集体企业)	87		87		
股份合作企业					
联营企业					
个人独资企业	10573		10573		
合伙企业	10325	25	10299		
其他内资企业					
港澳台商投资企业	208647	2623	206024		
外商投资企业	130429	878	129552		

14－17 续表

单位:万元

项目	R&D经费内部支出	政府资金	企业资金	境外资金	其他
按工业行业大类分组:					
煤炭开采和洗选业					
石油和天然气开采业					
黑色金属矿采选业	87		87		
有色金属矿采选业	644		644		
非金属矿采选业	2968		2968		
其他采矿业					
酒、饮料和精制茶制造业	37214	503	36711		
食品制造业	28101	315	27786		
酒、饮料和精制茶制造业	3746		3746		
烟草制品业	18482		18482		
纺织业	3349		3349		
纺织服装、服饰业	1857		1857		
皮革、毛皮、羽毛及其制品和制鞋业	1843		1843		
木材加工及木、竹、藤、棕、草制品业	2565		2565		
家具制造业	3886		3841		45
造纸及纸制品业	10824		10824		
印刷和记录媒介复制业	14810	127	14684		
文教、工美、体育和娱乐用品制造业	4335		4335		
石油加工、炼焦及核燃料加工业	1563		1563		
化学原料及化学制品制造业	170518	753	169765		
医药制造业	96965	2159	94806		
化学纤维制造业					
橡胶和塑料制品业	29312	30	29282		
非金属矿物制品业	68465	524	67941		
黑色金属冶炼及压延加工业	396		396		
有色金属冶炼及压延加工业	45745	472	45259		14
金属制品业	42098	825	41273		
通用设备制造业	314074	4627	308551		896
专用设备制造业	359261	4905	353711	645	
汽车制造业	304318	584	303734		
铁路、船舶、航空航天和其他运输设备制造业	106064	12688	93376		
电气机械及器材制造业	208033	1150	206883		
计算机、通信和其他电子设备制造业	477761	25995	451569	198	
仪器仪表制造业	80338	3080	77258		
其他制造业	2609	80	2529		
废弃资源综合利用业	61067	6	61061		
金属制品、机械和设备修理业	2068		2068		
电力、热力的生产和供应业	32161		31488	673	
燃气生产和供应业	1755		1755		
水的生产和供应业	11568	17	11551		

14－18　规模以上工业企业按支出用途分R&D经费内部支出情况(2023年)

单位：万元

项　　目	R&D经费内部支出	经常费支出	#人员劳务费	资产性支出
总　　计	**2550847**	**2393288**	**982427**	**157559**
按区县(市)分组：				
芙蓉区	12428	12243	3494	185
天心区	48890	46829	16208	2061
岳麓区	619275	585390	280138	33885
开福区	30818	29789	10704	1029
雨花区	195750	194474	98482	1276
望城区	244683	221269	77038	23414
长沙县	583740	551440	250596	32300
浏阳市	348256	323327	104459	24929
宁乡市	467008	428528	141309	38480
按企业规模分组：				
大型企业	1286027	1209289	489517	76737
中型企业	566877	529540	225416	37336
小型企业	681537	643134	263393	38404
微型企业	16406	11325	4102	5081
按登记注册类型分组：				
内资企业	2211771	2074830	847826	136941
国有独资公司	8687	8177	5438	510
私营有限责任公司	665625	627884	223837	37741
其他有限责任公司	945536	890243	349389	55293
私营股份有限公司	263894	240099	129999	23795
其他股份有限公司	306869	288142	134817	18728
全民所有制企业(国有企业)	175	175	6	
集体所有制企业(集体企业)	87	87	25	
股份合作企业				
联营企业				
个人独资企业	10573	10205	2401	368
合伙企业	10325	9819	1914	506
其他内资企业				
港澳台商投资企业	208647	197946	91702	10701
外商投资企业	130429	120513	42899	9917

14－18 续表

单位:万元

项 目	R&D 经费内部支出	经常费支出	#人员劳务费	资产性支出
按工业行业大类分组:				
煤炭开采和洗选业				
石油和天然气开采业				
黑色金属矿采选业	87	87	25	
有色金属矿采选业	644	644	323	
非金属矿采选业	2968	2892	1126	76
其他采矿业				
农副食品加工业	37214	36069	8307	1144
酒、饮料和精制茶制造业	28101	26006	12394	2095
酒、饮料和精制茶制造业	3746	3356	976	390
烟草制品业	18482	18454	14150	28
纺织业	3349	3341	1444	8
纺织服装、服饰业	1857	1857	1117	
皮革、毛皮、羽毛及其制品和制鞋业	1843	1842	369	1
木材加工及木、竹、藤、棕、草制品业	2565	2165	497	400
家具制造业	3886	3829	1107	57
造纸及纸制品业	10824	10395	2758	429
印刷和记录媒介复制业	14810	14261	7152	550
文教、工美、体育和娱乐用品制造业	4335	4310	856	25
石油加工、炼焦及核燃料加工业	1563	1555	498	8
化学原料及化学制品制造业	170518	155673	53041	14846
医药制造业	96965	80974	31809	15991
化学纤维制造业				
橡胶和塑料制品业	29312	25229	5969	4083
非金属矿物制品业	68465	64163	15341	4302
黑色金属冶炼及压延加工业	396	331	132	65
有色金属冶炼及压延加工业	45745	38928	7955	6817
金属制品业	42098	40069	12789	2029
通用设备制造业	314074	300407	132287	13667
专用设备制造业	359261	343130	166980	16131
汽车制造业	304318	292002	115055	12316
铁路、船舶、航空航天和其他运输设备制造业	106064	99422	56878	6641
电气机械及器材制造业	208033	191709	57877	16324
计算机、通信和其他电子设备制造业	477761	444181	199439	33580
仪器仪表制造业	80338	77675	51159	2663
其他制造业	2609	2085	1493	524
废弃资源综合利用业	61067	60635	8434	431
金属制品、机械和设备修理业	2068	1740	1030	328
电力、热力的生产和供应业	32161	31812	7154	349
燃气生产和供应业	1755	1681	491	74
水的生产和供应业	11568	10380	4014	1188

14－19　规模以上工业企业科技活动产出情况(2023 年)

项　　目	新产品销售收入(万元)	#出口	专利申请数(件)	拥有发明专利数(件)
总　　计	**34832428**	**4040917**	**14910**	**25596**
按区县(市)分组:				
芙蓉区	94013	19134	78	257
天心区	58125	6	921	1800
岳麓区	6029106	699597	4203	7966
开福区	315635	11714	280	399
雨花区	4386416	22202	634	980
望城区	3046920	223057	1398	1891
长沙县	7462687	1122508	3738	5888
浏阳市	6438252	1606044	1419	2654
宁乡市	7001274	336655	2239	3761
按企业规模分组:				
大型企业	21109650	3335896	5371	9347
中型企业	6254870	442334	2634	4804
小型企业	7369837	262603	6706	11178
微型企业	98070	85	199	267
按登记注册类型分组:				
内资企业	30237669	1625074	14033	24162
国有独资公司			12	19
私营有限责任公司	9310288	287278	5435	8507
其他有限责任公司	15262931	614608	4170	7729
私营股份有限公司	2546677	122517	1872	3667
其他股份有限公司	2706855	599047	2536	4213
全民所有制企业(国有企业)	337			
集体所有制企业(集体企业)				
股份合作企业				
联营企业				
个人独资企业	191576	877	4	27
合伙企业	219004	747	4	
其他内资企业				
港澳台商投资企业	3523271	2256257	495	969
外商投资企业	1071488	159587	382	465

14－19 续表

项目	新产品销售收入(万元)	#出口	专利申请数(件)	拥有发明专利数(件)
按工业行业大类分组:				
煤炭开采和洗选业				
石油和天然气开采业				
黑色金属矿采选业				
有色金属矿采选业	43454	15701	2	25
非金属矿采选业	42431		4	16
其他采矿业				
农副食品加工业	489029	836	147	347
食品制造业	442172	3781	218	382
酒、饮料和精制茶制造业	57230	3008	48	104
烟草制品业	677644		124	485
纺织业	168092		76	63
纺织服装、服饰业	44525		35	11
皮革、毛皮、羽毛及其制品和制鞋业				30
木材加工及木、竹、藤、棕、草制品业	65498		29	22
家具制造业	83394		76	110
造纸及纸制品业	179670	4599	61	109
印刷和记录媒介复制业	162441	345	76	250
文教、工美、体育和娱乐用品制造业	37387	3918	31	31
石油加工、炼焦及核燃料加工业	18980		18	30
化学原料及化学制品制造业	2573527	71343	780	1393
医药制造业	1081870	52446	504	1387
化学纤维制造业	5	5	8	4
橡胶和塑料制品业	362938	3974	140	255
非金属矿物制品业	884533	34044	384	798
黑色金属冶炼及压延加工业	22011		9	30
有色金属冶炼及压延加工业	617646	163751	126	388
金属制品业	642595	45809	461	892
通用设备制造业	2771689	730117	2173	4518
专用设备制造业	3973897	268900	3307	4824
汽车制造业	6346277	118759	483	728
铁路、船舶、航空航天和其他运输设备制造业	621728	50746	1163	1161
电气机械及器材制造业	4175726	129706	856	1006
计算机、通信和其他电子设备制造业	6378006	2335674	1792	3006
仪器仪表制造业	483360	3456	696	1260
其他制造业	9390		9	37
废弃资源综合利用业	1333998		96	108
金属制品、机械和设备修理业				
电力、热力的生产和供应业	1270		916	1680
燃气生产和供应业			3	6
水的生产和供应业	40013		59	100

14－20 规模以上工业企业新产品开发项目情况(2023 年)

项　　目	新产品开发项目数(项)	新产品开发经费支出(万元)
总　　计	**15139**	**2990312.9**
按区县(市)分组:		
芙蓉区	244	17735.4
天心区	723	53125.6
岳麓区	3615	711401.6
开福区	325	34919.5
雨花区	622	221800.9
望城区	1613	272458.4
长沙县	3015	687143.9
浏阳市	2741	415885
宁乡市	2241	575842.6
按企业规模分组:		
大型企业	2493	1427644.3
中型企业	2701	620535
小型企业	9572	916098.6
微型企业	373	26035
按登记注册类型分组:		
内资企业	14137	2619841.9
国有独资公司	32	1381.9
私营有限责任公司	7238	882335.8
其他有限责任公司	4019	1066866.8
私营股份有限公司	1721	299019
其他股份有限公司	977	344205
全民所有制企业(国有企业)	5	935.3
集体所有制企业(集体企业)	2	90.4
股份合作企业		
联营企业		
个人独资企业	73	11711.2
合伙企业	70	13296.5
其他内资企业		
港澳台商投资企业	576	225197.8
外商投资企业	426	145273.2

14－20 续表

项　　目	新产品开发 项目数(项)	新产品开发 经费支出(万元)
按工业行业大类分组:		
煤炭开采和洗选业		
石油和天然气开采业		
黑色金属矿采选业	1	88
有色金属矿采选业	20	1010
非金属矿采选业	20	4434
其他采矿业		
农副食品加工业	427	53335
酒、饮料和精制茶制造业	444	43679
酒、饮料和精制茶制造业	89	9432
烟草制品业	113	27493
纺织业	53	8091
纺织服装、服饰业	18	2228
皮革、毛皮、羽毛及其制品和制鞋业	11	1970
木材加工及木、竹、藤、棕、草制品业	38	4082
家具制造业	74	5988
造纸及纸制品业	130	15155
印刷和记录媒介复制业	158	14155
文教、工美、体育和娱乐用品制造业	62	7399
石油加工、炼焦及核燃料加工业	22	2137
化学原料及化学制品制造业	1256	198759
医药制造业	1152	99571
化学纤维制造业		
橡胶和塑料制品业	264	31503
非金属矿物制品业	533	79564
黑色金属冶炼及压延加工业	14	1257
有色金属冶炼及压延加工业	200	66391
金属制品业	644	58270
通用设备制造业	1802	352342
专用设备制造业	2026	443284
汽车制造业	594	325227
铁路、船舶、航空航天和其他运输设备制造业	486	115670
电气机械及器材制造业	956	282888
计算机、通信和其他电子设备制造业	1908	522021
仪器仪表制造业	884	103812
其他制造业	34	1387
废弃资源综合利用业	33	52815
金属制品、机械和设备修理业	15	
电力、热力的生产和供应业	600	45354
燃气生产和供应业	13	1275
水的生产和供应业	45	8247

15 文化、体育、卫生

长沙统计年鉴

15－1 历年文化事业发展情况

单位:个

年份	电影放映单位	#电影院影剧院	艺术表演团体	艺术表演观众人数（万人）	公共图书馆	文化馆
1949	7	7	9		1	1
1950	6		9		1	2
1952	6	6	10		1	3
1955	6		12		1	6
1957	16	7	14		2	8
1960	24		14		3	7
1962	21	10	17		3	8
1965	102	13	19		4	10
1966	151		4		4	10
1970	138		4		4	10
1975	292		13		4	10
1976	370	18	13		5	10
1977	459		13		5	10
1978	484	31	13	351	5	10
1979	503		14		5	11
1980	510	38	14	506	5	11
1981	504	42	14	431	6	11
1982	506	33	14	432	6	11
1983	537	43	14	323	6	11
1984	780	41	14	271	6	11
1985	844	42	14	207	7	11
1986	822	42	14	186	7	11
1987	818	42	14	154	7	11
1988	817	50	12	87	7	11
1989	802	48	12	70	7	11
1990	807	47	12	118.6	7	11
1991	812	46	12	127	7	11
1992	771	48	12	61.9	7	11
1993	657	34	12	55	7	11
1994	641	32	12	125.3	7	11
1995	644	29	12	130.3	7	11

15－1 续表

单位：个

年　份	电影放映单　位	#电影院影剧院	艺术表演团　体	艺术表演观众人数（万人）	公共图书馆	文化馆
1996	589	30	12	146	7	11
1997	580	31	13	132	7	11
1998	581	32	13	171.1	7	11
1999	485	32	13	167.3	7	11
2000	458	20	13	121	7	11
2001	458	20	13		7	11
2002			12	57	7	10
2003			12	272	7	10
2004			12	210.2	7	10
2005			12	247	12	10
2006			12	115	12	10
2007			12	216.1	12	10
2008			12	357.2	12	10
2009			12	203.7	12	10
2010			12	271.2	12	10
2011			12	193.7	12	10
2012			9	166.1	12	10
2013			9	149.3	12	10
2014			9	152.5	12	10
2015			12	201.8	12	10
2016			12	179.9	12	10
2017			12	170.6	12	10
2018			12	163.5	12	10
2019			12	135.8	12	10
2020			12	101.8	12	10
2021			12	96.8	12	10
2022			12	109.46	12	10
2023			13	173.44	12	11

注：由于放映市场的变化，电影放映单位无法统计。

15－2 历年出版事业发展情况

年份	书籍		课本（万册）	杂志		报纸	
	种数（种）	总印数（万册）		种数（种）	总印数（万册）	种数（种）	总印数（万册）
1951	113	482		3	43		
1952	112	1626		4	245	17	6786
1954	110	589	1563	1	6	10	4503
1955	143	877	1853	2	52	10	5403
1957	267	975	2844	4	169	11	6530
1958	764	5467	3622	6	371	23	19317
1960	676	1361	5070	7	402	16	33318
1962	186	495	2735	2	150	12	6983
1965	233	2549	4568	2	211	7	17000
1970	132	10717	4242			6	10028
1975	185	7640	8618	4	1535	8	33861
1976	134	8373	5974	8	1643	8	38365
1977	88	7384	6606	8	2101	8	36931
1978	134	1983	12102	13	2680	3	30057
1979	317	4736	10614	26	3592	3	31120
1980	426	8563	11190	30	3182	5	20830
1981	568	13442	13002	41	2343	7	29838
1982	780	16082	13595	56	2189	11	33089
1983	985	15300	13882	61	2160	11	45705
1984	998	15818	14000	85	2836	23	55911
1985	1270	18850	16288	124	5149	35	59431
1986	1274	10532	19132	131	5247	38	53400
1987	1482	14073	18757	137	5931	40	60134
1988	2157	37293	23396	146	6037	31	55743
1989	2157	35055	19728	145	4968	31	37317
1990	1892	32135	21393	144	5144	28	40325
1991	1969	35086	21392	146	6349	32	47414
1992	2124	36436	20686	149	7700	32	37592
1993	2069	33503	19726	165	7899	36	57677
1994	2249	29597	18693	162	7288	36	47815
1995	2357	33677	20146	178	7636	36	55721

15－2 续表

年 份	书 籍		课 本（万册）	杂 志		报 纸	
	种 数（种）	总印数（万册）		种 数（种）	总印数（万册）	种 数（种）	总印数（万册）
1996	2734	39390	21957	180	7700	33	43698
1997	2893	37512	22139	180	7515	36	48190
1998	3262	36375	22489	171	8695	30	54831
1999	3341	30680	21171	183	12271	31	62613
2000	3156	24844	18342	198	10404	44	62354
2001	2612	24851	18007	203	9867	46	69194
2002	2866	32556	23135	213	10844	46	71169
2003	3123	29554	19222	219	12391	44	87814
2004	3353	12345	18830	192	18958	37	78802
2005	3218	8228	21000	202	10925	38	75309
2006	3221	6832	20838	198	9622	38	78381
2007	2535	8231	22735	181	8143	37	75636
2008	4230	12577	16342	184	8467	36	76080
2009	4421	14084	11820	204	11271	42	100554
2010	6222	18783	12202	201	12540	42	101861
2011	8362	21427	12858	205	12140	40	94019
2012	9237	22052	13831	205	12496	40	102698
2013	10064	23745	11890	204	12804	39	105924
2014	9817	27543	14524	204	13247	39	107582
2015	10697	33843	14645	204	13918	38	105635
2016	11622	37518	14107	203	13757	38	70934
2017	11136	31248	14621	207	11473	38	65592
2018	9292	27026	15880	209	8616	38	59510
2019	9504	32146	16601	207	9272	35	55316
2020	9411	32302	15967	209	9414	33	48754
2021	9777	33954	16939	209	9116	33	45129
2022	9882	40125	20392	207	8527	33	31445
2023	10672	40220	23924	206	7241	33	29316

注：因新闻出版统计口径变化，从 2007 年开始，一套书只按一本书计算。

15－3 历年市、县属广播事业发展情况

年份	市台平均日播音时间（时°分′）	市电台覆盖率（%）	县、区广播台、站（个）	市电视台每周播出时间（时°分′）	市电视台覆盖率（%）
1956			1		
1957			3		
1958	8°30′		3		
1960	6°30′		3		
1961	6°30′		3		
1962					
1965			3		
1970			4		
1975			4		
1976			4		
1977			4		
1978			5		
1979			5		
1980	8°30′		5		
1981	11°05′	89.7	5		
1982	11°05′	90	5		
1983	10°00′	46.1	5		
1984	10°30′	63	5		
1985	10°45′	76	5	16°	23.6
1986	11°25′	70	5	22°	23
1987	11°25′	67.1	5	56°	23
1988	11°25′	70	5	35°	50
1989	11°30′		5	56°	80
1990	11°30′		5	56°	90
1991	11°20′		5	56°	90
1992	11°30′	92.7	5	56°	95
1993	16°30′	95	5	56°	98
1994	16°45′	95	5	56°	98
1995	16°30′	95	5	42°	98

15－3 续表

年　　份	市台平均 日播音时间 （时°分′）	市电台 覆盖率 （%）	县、区广 播台、站 （个）	市电视台 每周播出时间 （时°分′）	市电视台 覆盖率 （%）
1996	36°30′	96	4	78°	95
1997	49°30′	95	4	125°30′	85.61
1998	36°30′	95	4	174°30′	88.39
1999	36°30′	95	4	238°00′	97.3
2000	37°40′	95	4	206°30′	97.3
2001	43°00′	96.5	4	456°	98.1
2002	54°30′	96.41	4	543°	97.23
2003	60°00′	96.46	4	817°	97.57
2004	64°00′	96.78	4	817°	97.82
2005	88°96′	96.88	4	858°12′	97.88
2006	82°12′	96.91	4	893°56′	97.9
2007	91°30′	96.93	4	916°00′	97.92
2008	139°46′	99.1	4	970°24′	98.48
2009	140°11′	99.14	4	1057°22′	98.49
2010	139°71′	99.14	4	1060°47′	98.49
2011	139°48′	99.3	4	1078°30′	98.61
2012	142°6′	99.3	4	1096°58′	98.62
2013	147°6′	99.32	4	1115°54′	98.68
2014	147°14′	99.41	4	1114°78′	98.89
2015	147°14′	99.41	4	1114°78′	98.91
2016	165°34′	99.41	4	1164°17′	99.04
2017	94°00′	100	4	1778°00′	100
2018	94°00′	100	4	1768°00′	100
2019	94°00′	100	4	1688°00′	100
2020	95°00′	100	4	1689°00′	100
2021	94°00′	100	4	1323°00′	100
2022	94°00′	100	4	1323°00′	100
2023	94°00′	100	4	1388°00′	100

15－4 历年市县训练体育干部、举办运动会情况

单位：人

年 份	训练体育干部			举办运动会（次）	参赛人次
	合 计	# 裁判员	# 社会体育指导员		
1978	815	455	100	46	
1979	538	330		43	17168
1980	1367	385	650	64	19263
1981	1967	1030	424	115	38496
1982	1802	496	768	118	37696
1983	1045	515	252	99	47746
1984	1318	606	192	130	32596
1985	745	160	336	266	66424
1986	1390	425	655	280	74000
1987	2126	599	263	467	92404
1988	1468	579	125	428	69558
1989	2642	764	380	728	164013
1990	1278	800	267	1149	563139
1991	2233	1563	86	2357	503469
1992	1540	1161	22	444	83537
1993	941	277	34	144	57401
1994	938	539		128	79684
1995	2162	352	1387	283	148479
1996	2504	450	1343	384	194981
1997	1292	373	174	152	263015
1998	1401	548	99	219	75255
1999	2480	956	307	206	84579
2000	2165	785	136	163	116958
2001	1959	608	321	149	33203
2002	865	361	150	35	22700
2003	2223	1689	370	14	489300
2004	238	60	75	28	30000
2005	776	76	700	26	12000
2006	547	58	489	200	300000
2007	3285	60	3225	214	320000
2008	5215	65	5150	301	450000
2009	5952	73	5879	334	480000
2010	2136	11	2125		
2011	1058	32	1026		
2012	451	51	400		
2013	1049	49	1000		
2014	2235	55	2180		
2015	6861	191	6670		
2016	1907	31	1876		
2017	2097	39	2058		
2018	3051	31	3020		
2019	1410	65	1345		
2020	2616	1190	1426		
2021	2991	1803	1188		
2022	3118	1895	1223	11	230000
2023	3987	2045	1942	12	300000

注：2022 年开始，举办运动会次数为举办县级以上运动会次数。参赛人次为县级以上运动会参加人数。

15－5 历年卫生事业发展情况

年份	机构数（个）	# 医院、卫生院(个)	床位数（张）	# 医院、卫生院(张)	卫生工作人员(人)	# 卫生技术人员(人)	# 执业医师和执业助理医师
1949	34	14	747		1468	1253	
1952	522	38	1478		4167	2367	
1957	993	41	3312		8412	4645	
1962	992		8081		9171	7880	
1963	986	122	8177		10070	7725	
1965	1035	138	8454	5713	11235	8779	
1966	993	152	9746	6613	11112	7944	
1970	768	192	8165	4437	10451	7857	4130
1972	937	304	9276	7842	15749	11345	4949
1975	1066	313	11760	9705	18694	13854	6637
1976	1131	241	12132	11017	19687	14656	7233
1977	1192	316	12410	9941	20447	15416	7370
1978	1195	248	12976	11036	21583	16068	7247
1979	1205	323	13343	10851	23075	16722	8018
1980	1250	290	13356	11974	24637	18266	8435
1981	1337	284	13842	11179	26031	19044	8947
1982	1348	255	14000	11283	26755	19805	9305
1983	1330	317	14051	11521	27787	20979	9668
1984	1397	317	14385	11728	29053	22031	10286
1985	1403	291	13743	11503	29620	21611	10187
1986	1319	290	14940	12085	30196	22106	10034
1987	1388	285	15287	12640	30542	22813	10519
1988	1312	284	16158	13619	31960	23918	11386
1989	1397	300	17823	14281	32871	24606	11868
1990	1346	297	18349	14766	34190	26307	12423
1991	1258	300	19352	15705	34834	26546	12297
1992	1323	300	19968	16470	35549	27092	12225
1993	1009	303	20681	17031	34894	25543	11296
1994	1215	305	20878	17245	36473	26875	12210
1995	1100	205	21378	17594	37115	27553	12107

15－5 续表

年份	机构数（个）	# 医院、卫生院	床位数（张）	# 医院、卫生院	卫生工作人员（人）	# 卫生技术人员	# 执业医师和执业助理医师
1996	1295	235	20991	17797	37434	27706	11825
1997	1218	246	20751	18240	38107	27966	11526
1998	1281	249	20569	17974	37954	28579	12070
1999	1216	256	21342	18492	38336	28840	12639
2000	1036	263	20590	17281	36225	27460	12345
2001	1086	265	22538	18998	35303	28187	12310
2002	1127	282	22487	20621	34795	27102	11172
2003	1291	282	23405	21024	38415	29909	11655
2004	1440	258	24360	22264	35937	28142	11412
2005	1519	260	27395	25501	37711	28943	12088
2006	1557	252	28845	27240	40681	31180	12692
2007	2259	265	31891	30046	47340	37402	14683
2008	2385	252	35547	31563	50599	40232	15831
2009	2709	265	41603	35909	55564	44888	17153
2010	2655	255	42629	39983	59738	48791	18258
2011	2680	255	47036	42954	66104	53030	19100
2012	4270	254	51285	46382	69011	55978	20268
2013	4690	279	57919	52507	76479	62123	22936
2014	4586	276	63606	57374	81645	66735	24340
2015	4661	284	66036	59927	84857	69634	25599
2016	4605	286	71335	64805	89246	73603	27271
2017	4493	287	73711	66458	93540	77442	29265
2018	4523	331	77253	69913	98486	81548	30793
2019	4633	336	81242	73664	103086	85866	32286
2020	4681	339	83180	76122	106139	87987	32785
2021	4925	334	87161	78796	113084	94633	35435
2022	5036	339	88763	79920	119085	98570	36782
2023	6379	340	90603	83502	133166	112688	43249

注：1. 2001年（含）以前“执业医师和执业助理医师”指标统计口径为“医生”。

2. 2007年卫生系统新的报表制度将医务室、社区卫生服务中心、社区卫生服务站均统计到“卫生机构”中，故数据增加较大。

3. 2012年卫生系统新的报表制度将村卫生室、门诊部、诊所（医务室）、专业公共卫生机构、其他医疗卫生机构均统计到“卫生机构”中，故数据增加较大，按2011年同口径数据为2902个。

15－6　医疗机构诊疗人数(2023年)

类　　别	医疗机构数（个）	总诊疗人次数（万人次）	# 门诊人次数
总　　计	**6379**	**9382.33**	**8073.58**
# 医院	247	3496.38	3019.62
# 卫生院	93	861.81	786.49
# 社区卫生服务机构	413	1727.43	1379.97
社区卫生服务中心	93	1328.30	1107.11
社区卫生服务站	320	399.12	272.86

15－7　医疗机构入院、出院人数(2023年)

单位:万人

类　　别	健康检查人数	入院人数	出院人数
总　　计	**560.48**	**310.68**	**309.17**
# 医院	261.30	227.70	227.18
# 卫生院	58.16	55.14	54.28
# 社区卫生服务机构	104.97	8.66	8.56
社区卫生服务中心	81.31	8.66	8.56
社区卫生服务站	23.66		

16 区县(市)主要经济和社会指标

长沙统计年鉴

16－1 区县(市)年末户籍户数和人口数(2023年)

单位:人

区县(市)	年末总户数(户)	年末总人口			城镇人口	乡村人口
			男 性	女 性		
全 市	**2583459**	**7750106**	**3810361**	**3939745**	**5556508**	**2193598**
市区合计	1436140	4031711	3575618	456093	3493209	459534
芙蓉区	143773	420778	201848	218930	420778	
天心区	210691	547963	265059	282904	537722	10241
岳麓区	341358	973139	467477	505662	850507	122632
开福区	216434	559929	265618	294311	544325	15604
雨花区	302433	821516	395785	425731	783020	38496
望城区	221451	708386	345035	363351	439266	269120
县(市)合计	1147319	3718395	1869539	1848856	1980890	1737505
长沙县	291128	840356	412648	427708	507909	332447
浏阳市	411743	1474272	749212	725060	756428	717844
宁乡市	444448	1403767	707679	696088	716553	687214

16－2 历年分区县(市)年末户籍人口

单位:人

区县(市)	2000年	2001年	2002年	2003年	2004年	2005年	2006年	2007年	2008年	2009年	2010年	2011年
全　市	**5831894**	**5870933**	**5954592**	**6017624**	**6103844**	**6209248**	**6309958**	**6373561**	**6417367**	**6468350**	**6501248**	**6566185**
市区合计	1754142	1807670	1889773	1962561	2024646	2086476	2146096	2187488	2365801	2391675	2395348	2967851
县(市)合计	4077752	4063263	4064819	4055063	4079198	4122772	4163862	4186073	4051566	4076675	4105900	3598334
芙蓉区	313987	323035	334844	345817	359797	370498	381843	397760	408441	406271	406641	409726
天心区	356518	369082	386443	401010	417866	422118	429104	421136	412568	407537	400566	398395
岳麓区	314706	326408	353719	376124	386266	395385	416715	431013	617889	625527	627763	630265
开福区	376771	381347	388545	395399	399750	410326	415841	416085	411404	414841	419868	426620
雨花区	392160	407798	426222	444211	460967	488149	502593	521494	515499	537499	540510	550721
望城区	713953	706877	706546	704964	702481	710330	717055	712314	541622	541037	544314	552124
长沙县	735402	735958	734198	734731	737560	745179	755524	764869	775815	781972	788566	803861
浏阳市	1320593	1318343	1318611	1325928	1332120	1345410	1355160	1363979	1380303	1393501	1407104	1423524
宁乡市	1307804	1302085	1305464	1289440	1307037	1321853	1336123	1344911	1353826	1360165	1365916	1370949

16－2 续表　　　　单位:人

区县(市)	2012 年	2013 年	2014 年	2015 年	2016 年	2017 年	2018 年	2019 年	2020 年	2021 年	2022 年	2023 年
全　　市	**6606166**	**6628122**	**6714121**	**6803579**	**6959998**	**7087939**	**7288583**	**7382401**	**7472869**	**7600387**	**7676257**	**7750106**
市区合计	2979005	2992513	3035103	3184995	3283293	3397749	3557549	3643794	3737939	3870861	3952743	4031711
县(市)合计	3627161	3635609	3679018	3618584	3676705	3690190	3731034	3738607	3734930	3729526	3723514	3718395
芙蓉区	408872	406273	403948	403073	399936	403972	424671	426994	428143	429701	425155	420778
天心区	396222	392340	397329	445700	460205	475285	496128	506621	516990	531030	538099	547963
岳麓区	626976	624428	644834	645883	674871	720473	783265	803944	852631	899289	937471	973139
开福区	433334	441605	452168	461884	475865	487524	505571	515391	526292	541024	550591	559929
雨花区	556458	565405	576257	648812	669357	690021	720819	738450	759867	786917	805584	821516
望城区	557143	562462	560567	579643	603059	620474	627095	652394	654016	682900	695843	708386
长沙县	813395	818874	832244	743210	764869	785647	806327	818383	826417	833514	836786	840356
浏阳市	1436248	1439697	1453246	1469104	1489306	1483717	1493770	1491285	1488160	1480623	1476656	1474272
宁乡市	1377518	1377038	1393528	1406270	1422530	1420826	1430937	1428939	1420353	1415389	1410072	1403767

注:望城区从 2011 年开始撤县设区,数据纳入市区合计。

16－3 区县(市)人口自然变动情况(2023年)

区县(市)	出生人口(人)	死亡人口(人)	自然增长人数(人)	出生率(‰)	死亡率(‰)	自然增长率(‰)
全　　市	**56847**	**43962**	**12885**	**7.37**	**5.70**	**1.67**
市区合计	34410	16587	17823	8.62	4.15	4.46
芙蓉区	2569	1758	811	6.07	4.16	1.92
天心区	4423	2075	2348	8.15	3.82	4.32
岳麓区	9686	2863	6823	10.14	3.00	7.14
开福区	4445	2187	2258	8.01	3.94	4.07
雨花区	6779	3025	3754	8.33	3.72	4.61
望城区	6508	4679	1829	9.27	6.66	2.61
县(市)合计	22437	27375	－4938	6.03	7.36	－1.33
长沙县	5936	4368	1568	7.08	5.21	1.87
浏阳市	8329	9913	－1584	5.65	6.72	－1.07
宁乡市	8172	13094	－4922	5.81	9.31	－3.50

16－4 区县(市)人口机械增长情况(2023年)

区县(市)	迁入人数(人)	迁出人数(人)	机械增长人数(人)	机械增长率(‰)	自然、机械净增人数(人)	净增率(‰)
全　　市	**140972**	**46663**	**94309**	**12.23**	**107194**	**13.90**
市区合计	127821	32749	95072	23.81	112895	28.28
芙蓉区	8194	4675	3519	8.32	4330	10.24
天心区	17433	4053	13380	24.64	15728	28.96
岳麓区	44962	9948	35014	36.65	41837	43.79
开福区	15962	3822	12140	21.86	14398	25.93
雨花区	26372	6030	20342	25.00	24096	29.62
望城区	14898	4221	10677	15.21	12506	17.82
县(市)合计	13151	13914	－763	－0.21	－5701	－1.53
长沙县	7947	6112	1835	2.19	3403	4.06
浏阳市	2667	3681	－1014	－0.69	－2598	－1.76
宁乡市	2537	4121	－1584	－1.13	－6506	－4.62

16－5　历年分区县(市)年末常住人口

单位:人

区县(市)	2000年	2001年	2002年	2003年	2004年	2005年	2006年	2007年	2008年	2009年	2010年	2011年
全　市	**6138719**	**6200800**	**6268778**	**6283499**	**6290000**	**6393000**	**6465000**	**6529200**	**6585600**	**6642200**	**7040709**	**7403600**
市区合计	2122873	2220025	2273184	2304859	2310860	2372600	2413421	2498341	2682518	2725458	3092034	3891900
县(市)合计	4015846	3980775	3995594	3978640	3979140	4020400	4051579	4030859	3903082	3916742	3948675	3511700
芙蓉区	390074	410289	417362	417794	419095	431600	440809	447418	460403	460700	523989	541600
天心区	396827	428547	437439	442319	443619	448100	455086	460588	451650	452296	475196	523200
岳麓区	409939	423318	438665	443720	444820	455300	464847	482435	673884	694057	801720	869600
开福区	423645	433394	442120	454530	455530	467600	474851	484299	479420	484405	567140	595300
雨花区	502388	524477	537598	546496	547796	570000	577828	623601	617161	634000	723989	799800
望城区	686349	673420	677953	678439	678539	686000	692760	688188	519050	522200	523650	562400
长沙县	774707	763529	769660	770218	770318	778300	786069	790656	803428	805249	979420	1050600
浏阳市	1307572	1303121	1303096	1306304	1306404	1319400	1328470	1310784	1329107	1333923	1279469	1293400
宁乡市	1247218	1240705	1244885	1223679	1223879	1236700	1244280	1241231	1251497	1255370	1166136	1167700

16－5 续表

单位：人

区县(市)	2012年	2013年	2014年	2015年	2016年	2017年	2018年	2019年	2020年	2021年	2022年	2023年
全　市	**7661800**	**7874600**	**8131100**	**8282700**	**8590300**	**9029400**	**9280000**	**9635600**	**10060800**	**10239300**	**10420600**	**10513100**
市区合计	4086300	4243700	4431900	4689900	4931800	5224400	5393900	5669700	5988300	6139800	6269500	6358700
县(市)合计	3575500	3630900	3699200	3592800	3658500	3805000	3886100	3965900	4072500	4099500	4151100	4154400
芙蓉区	553000	562400	575700	581500	607600	628100	629400	630800	642800	644900	651100	644200
天心区	541300	560200	586400	702100	754200	787300	792400	804200	837200	857400	871700	894000
岳麓区	953200	1000600	1055900	1090600	1184000	1261100	1314400	1426600	1528600	1579800	1628000	1665100
开福区	617500	637800	657000	672500	702200	721100	752100	783900	821800	850000	874800	882100
雨花区	842900	881400	925000	999200	1011200	1109100	1153700	1197100	1266500	1273000	1281000	1289000
望城区	578400	601300	631900	644000	672600	717700	751900	827100	891400	934700	962900	984300
长沙县	1098000	1138200	1196800	1072000	1113600	1233600	1279000	1314500	1376300	1400100	1427500	1434700
浏阳市	1300100	1314100	1321300	1332400	1347200	1358100	1382400	1405900	1431200	1430100	1445900	1437300
宁乡市	1177400	1178600	1181100	1188400	1197700	1213300	1224700	1245500	1265000	1269300	1277700	1282400

注：1. 望城区从 2011 年开始撤县设区，数据纳入市区合计。
2. 因区划调整，2015 年长沙县、天心区、雨花区人口数据调整。
3. 2011－2020 年为全国第七次人口普查修订后的数据。

16－6 历年分区县(市)年末常住城镇人口

单位:万人

区县(市)	2010年	2011年	2012年	2013年	2014年	2015年	2016年	2017年	2018年	2019年	2020年	2021年	2022年	2023年
全　市	**476.58**	**508.05**	**528.62**	**555.55**	**589.09**	**624.84**	**666.23**	**721.07**	**760.34**	**794.51**	**830.98**	**851.53**	**867.72**	**878.84**
芙蓉区	52.40	54.16	55.30	56.24	57.57	58.15	60.76	62.81	62.94	63.08	64.28	64.49	65.11	64.42
天心区	47.24	52.02	53.81	55.70	58.31	67.85	73.23	77.09	77.78	79.14	82.85	84.95	86.37	88.59
岳麓区	67.43	73.33	80.42	84.79	90.50	95.86	107.09	115.75	122.99	133.82	143.85	149.29	153.86	157.50
开福区	55.47	58.16	60.05	61.85	63.54	64.98	67.83	69.65	72.63	75.71	79.38	82.11	84.51	85.23
雨花区	71.70	79.20	83.51	87.37	91.79	97.41	98.58	108.13	112.48	116.71	123.47	124.12	124.90	125.68
望城区	24.18	26.10	26.93	31.40	36.41	40.18	44.80	52.96	57.36	64.38	69.86	74.39	76.71	78.56
长沙县	49.61	54.13	56.60	60.65	68.60	68.41	73.98	85.44	94.44	97.82	102.56	104.52	106.61	107.80
浏阳市	58.41	60.10	60.65	65.61	68.50	73.13	77.67	82.01	86.36	88.26	88.73	90.08	91.32	91.64
宁乡市	50.14	50.85	51.35	51.94	53.87	58.87	62.29	67.23	73.36	75.59	76.00	77.58	78.33	79.42

16－7 历年分区县(市)年末常住人口城镇化率

单位:%

区县(市)	2010年	2011年	2012年	2013年	2014年	2015年	2016年	2017年	2018年	2019年	2020年	2021年	2022年	2023年
全　市	**67.69**	**68.62**	**68.99**	**70.55**	**72.45**	**75.44**	**77.56**	**79.86**	**81.93**	**82.46**	**82.6**	**83.16**	**83.27**	**83.59**
芙蓉区	100	100	100	100	100	100	100	100	100	100	100	100	100	100
天心区	99.41	99.43	99.41	99.43	99.44	96.64	97.10	97.92	98.16	98.41	98.96	99.08	99.08	99.09
岳麓区	84.11	84.33	84.37	84.74	85.71	87.90	90.45	91.78	93.57	93.80	94.11	94.50	94.51	94.59
开福区	97.81	97.70	97.25	96.97	96.71	96.62	96.60	96.59	96.57	96.58	96.59	96.60	96.60	96.62
雨花区	99.03	99.02	99.07	99.13	99.23	97.49	97.49	97.49	97.50	97.49	97.49	97.50	97.50	97.50
望城区	46.17	46.41	46.56	52.22	57.62	62.39	66.61	73.79	76.29	77.84	78.37	79.59	79.67	79.81
长沙县	50.65	51.52	51.55	53.29	57.32	63.82	66.43	69.26	73.84	74.42	74.52	74.65	74.68	75.14
浏阳市	45.65	46.47	46.65	49.93	51.84	54.89	57.65	60.39	62.47	62.78	62.00	62.99	63.16	63.76
宁乡市	43.00	43.55	43.61	44.07	45.61	49.54	52.01	55.41	59.90	60.69	60.08	61.12	61.31	61.93

16－8　区县(市)地区生产总值(2023年)

单位:万元

指　　标	芙蓉区	天心区	岳麓区	开福区	雨花区	望城区	长沙县	浏阳市	宁乡市
地区生产总值	12720538	13645993	20045470	12403049	23136455	11536966	21327107	17031662	1332830
农、林、牧、渔业	17	12647	108820	11257	63443	696171	1015126	1463854	1500711
工业	426847	1702156	4412023	471478	7138907	3108588	7960145	7317545	5026200
建筑业	1209963	2093236	1678059	960683	3299505	1653473	2060130	581939	746362
批发和零售业	1795113	1256809	1905941	1856102	2772760	1186358	1523709	1900965	1701321
交通运输、仓储和邮政业	583664	489381	550236	1253772	1006863	574112	1334597	836056	413090
住宿和餐饮业	423899	559862	732012	504967	501139	403114	454740	224576	315787
金融业	2506121	1477588	1709393	1754567	1252099	167174	645537	442676	312263
房地产业	787586	1067078	2043590	1064321	1245164	925048	1148506	667113	605965
其他服务业	4987326	4987237	6905396	4525903	5856574	2822930	5184616	3596937	2706604
第一产业	1	12034	104519	10825	61119	646550	944327	1358014	1388809
第二产业	1636811	3795392	6084989	1432162	10424542	4758197	10007516	7887096	5766031
第三产业	11083727	9838567	13855962	10960062	12650793	6132220	10375263	7786552	6173463

16－9 区县(市)地区生产总值增长速度(2023年)

单位:%

指标	芙蓉区	天心区	岳麓区	开福区	雨花区	望城区	长沙县	浏阳市	宁乡市
地区生产总值	4.8	5.1	5.3	4.0	5.0	4.2	4.7	5.0	4.7
农、林、牧、渔业	-61.9	-6.0	-0.4	1.1	3.6	3.7	3.9	4.1	3.9
工业	-0.5	1.3	8.3	1.0	9.8	4.7	3.8	4.6	5.8
建筑业	1.2	4.1	9.7	6.0	-8.2	5.5	7.0	11.3	3.6
批发和零售业	5.6	6.4	4.5	7.5	7.9	0.8	5.7	4.4	-0.1
交通运输、仓储和邮政业	13.4	12.0	8.9	12.9	13.0	12.2	10.9	15.1	11.9
住宿和餐饮业	8.9	10.7	10.1	8.4	11.4	6.1	9.1	5.4	4.4
金融业	4.7	4.7	4.5	4.7	4.7	4.7	4.7	4.8	4.7
房地产业	6.0	6.6	-1.0	1.2	-8.3	-6.1	-0.3	3.5	2.8
其他服务业	4.3	5.1	4.3	0.6	7.2	6.7	4.4	4.3	6.0
第一产业	-91.4	-6.7	-0.8	0.8	3.3	2.3	2.6	2.7	2.9
第二产业	0.7	2.8	8.5	4.2	3.7	4.8	4.3	4.9	5.4
第三产业	5.4	6.0	4.1	4.0	6.1	4.0	5.3	5.7	4.4

16－10 区县(市)规模以上工业企业主要经济指标(2023年)

单位:万元

区县(市)	资产总计	负债合计	营业收入	利润总额
全　市	**137899961**	**72846757**	**95598075**	**6878186**
芙蓉区	797744	394052	625239	19503
天心区	13635440	9266740	5012189	57390
岳麓区	36637397	19414917	14183530	1107240
开福区	2252474	1308139	1263126	174734
雨花区	17649297	8344724	20829555	2082857
望城区	12678176	7012833	9207558	522234
长沙县	22150327	12425304	16573969	331597
浏阳市	16632844	6034645	14279780	1239799
宁乡市	15466262	8645405	13623131	1342832

16－11　区县(市)单位GDP能耗上升或下降

单位:%

年份	全　市	芙蓉区	天心区	岳麓区	开福区	雨花区	望城区	长沙县	浏阳市	宁乡市
2006	－3.89	－4.35	－4.28	－5.28	－5.59	－2.06	－5.54	－4.9	－4.67	－4.41
2007	－4.69	－4.8	－5.04	－5.74	－5.08	－5.69	－4.36	－4.38	－4.23	－4.5
2008	－6.1	－6.29	－6.25	－6.04	－6.03	－6.01	－6.23	－6.32	－5.84	－6.5
2009	－4.53	－5.56	－4.66	－4.42	－4.61	－4.81	－4.52	－4.68	－5.52	－4.5
2010	－2.29	－1.66	－2.21	－2.02	－1.6	－3.19	－1.23	－3.22	－2.28	－3.54
2011	－3.96	－3.77	－3.69	－3.49	－3.36	－3.71	－3.68	－3.93	－4.18	－4.22
2012	－6.04	－5.21	－5.62	－6.21	－5.44	－5.99	－7.8	－6.07	－6.2	－6.46
2013	－4.56	－4.72	－4.79	－4.2	－4.55	－4.88	－4.12	－5.66	－5.93	－5.77
2014	－5.71	－5.49	－5.3	－5.67	－5.39	－5.86	－7.67	－6.03	－6.48	－7.88
2015	－5.77	－4.79	－4.91	－6.91	－5.23	－4.67	－4.2	－4.09	－7.6	－11.94
2016	－4.26	－5.33	－3.35	－6.72	－3.47	－1.3	－2.26	－4.38	－7.74	－5.93
2017	－5.6	－5.7	－5.14	－5.43	－5.54	－5.49	－5.59	－7.11	－6.16	－6.24
2018	－4.77	－4.54	－5.36	－4.72	－5	－5.77	－4.32	－5.56	－5.04	－4.71
2019	－4.85	－4.68	－4.83	－4.77	－3.95	－4.78	－5.62	－5.59	－6.43	－5.44
2020	－2.77	－2.85	－2.59	－3.25	－3.56	－0.74	－3.85	－1.85	－4.96	－1.37
2021	－3.3	－3.9	－3.4	－3.2	－3.5	－3.3	－3.4	－3.3	－3.5	－3.6
2022	－6.0	－8.4	－3.2	－3.3	－3.6	－3.1	－5.1	－7.4	－8.2	－8.4
2023	－4.0	－5.0	－3.9	－3.5	－4.4	－3.2	－3.5	－3.8	－4.0	－4.1

16－12 区县(市)单位GDP电耗上升或下降

单位:%

年份	全 市	芙蓉区	天心区	岳麓区	开福区	雨花区	望城区	长沙县	浏阳市	宁乡市
2006	－2.14	－9.88	－3.17	－5.35	－8.23	2.94	17.62	－1.04	4.92	－7.83
2007	－4.45	－10.43	－3.02	－3.98	－9.27	－7.76	－7.03	－2.20	7.94	0.24
2008	－5.48	－9.53	－0.70	－9.14	－6.17	6.47	－3.89	－16.97	－15.83	－4.29
2009	－3.05	－4.79	－19.39	－4.39	－15.60	－14.95	－13.97	－27.29	－1.76	2.45
2010	－1.52	－2.41	－4.17	－5.67	－4.81	－1.51	－1.63	－2.85	8.40	－0.78
2011	0.22	－2.56	－1.62	－3.52	－0.96	－0.36	7.49	0.13	10.51	－2.03
2012	－1.46	－5.10	－4.80	－6.61	－4.50	－5.21	6.30	2.77	5.37	－8.84
2013	－2.31	－3.16	－2.92	－2.75	－2.99	－2.69	－6.62	3.60	－5.15	－4.69
2014	－7.58	－8.04	－7.55	－9.06	－8.84	－6.83	－11.63	－2.07	－7.72	－12.71
2015	－1.69	－1.55	－4.00	－2.83	－2.28	－5.07	5.49	7.36	－4.67	－14.59
2020	－2.77	－2.85	－2.59	－3.25	－3.56	－0.74	－3.85	－1.85	－4.96	－1.37
2017	0.23	－3.84	－2.29	－1.04	－4.52	－2.53	－5.84	4.18	7.03	3.36
2018	6.98	5.24	4.61	5.71	4.76	3.76	7.07	8.95	8.94	7.41
2019	0.60	－2.71	－1.70	0.56	3.05	－1.76	12.55	－3.81	－3.06	5.85
2020	－0.01	0.58	－5.83	－1.86	－0.38	0.05	0.80	－6.53	6.58	9.65
2021	9.5	7.1	7.2	18.2	6.3	7.7	14.7	2.3	12.2	10.8
2022	2.0	4.3	－8.9	12.5	6.3	8.7	－6.8	－1.7	5.4	2.9
2023	－1.6	－12.8	14.0	－15.0	－13.0	19.7	15.0	－6.0	－0.5	－3.8

16－13 区县(市)新建商品房销售情况

区县(市)	新建商品房销售面积(万 m^2)
全 市	**1356.80**
芙蓉区	58.94
天心区	134.56
岳麓区	349.50
开福区	149.86
雨花区	165.62
望城区	163.90
长沙县	203.76
浏阳市	80.41
宁乡市	50.25

16－14　区县（市）财政收入（2023年）

指　　　标	全　市	市本级	芙蓉区	天心区
地方一般公共预算收入	12270734	5225429	395715	752320
税收收入	8210264	3484881	264411	469140
增值税	3397900	997246	158733	254179
企业所得税	978623	427318	33981	81136
个人所得税	527109	281293	25276	25063
资源税	4350	30		
城市维护建设税	571002	477789		
房产税	538942	184199	27628	27585
印花税	208066	79660	7814	16146
城镇土地使用税	246418	138403		
土地增值税	695533	248529	11213	64313
车船税	125624	30898		
耕地占用税	12122	2164	－234	598
契税	880143	615607		
烟叶税	13106			
环境保护税	10735	1690		
其他税收收入	591	55		120
非税收入	4060470	1740548	131304	283180
专项收入	1373453	1176438	1589	2402
行政事业性收费收入	298112	139817	4050	7780
罚没收入	274466	132235	29608	8563
国有资本经营收入				
国有资源（资产）有偿使用收入	1531436	122596	25124	178232
其他收入	583003	169462	70933	86203
政府性基金预算收入合计	9028313	4443119		

单位:万元

岳麓区	开福区	雨花区	望城区	长沙县	浏阳市	宁乡市
710443	653782	831195	435117	1375422	1057758	833553
601391	411721	495926	291603	921320	721409	548462
265801	232174	303356	179454	414757	329317	262883
108776	50291	66257	40215	61146	49465	60038
40240	37700	30709	11385	26593	30357	18493
				10	2787	1523
			-6	35437	28440	29342
33305	25932	33235	18733	106852	29404	52069
13333	9847	23398	7048	22150	9468	19202
			74	68421	19387	20133
128326	64388	38008	28417	47954	95312	-30927
				36967	48551	9208
11599	-8611	963	6299	14543	-22877	7678
			-14	85706	86974	91870
					6993	6113
				705	7648	692
11			-2	79	183	145
109052	242061	335269	143514	454102	336349	285091
2840	3871	4222	2451	96066	47350	36224
50515	13965	6997	6000	32978	17732	18278
12281	12415	9688	6230	18908	20696	23842
35645	141962	269832	124964	278251	190335	164495
7771	69848	44530	3869	27899	60236	42252
	11983		42289	1531467	1456728	1542727

16－15　区县(市)财政支出(2023 年)

指　标	全　市	市本级	芙蓉区	天心区
一般公共预算支出	16268337	5619032	561804	871459
一般公共服务	1496457	371622	63262	123965
科学技术	841695	444140	10502	21176
交通运输	350047	128845	5935	1898
农林水	1071212	154340	8969	22949
节能环保	296066	113555	3776	5470
城乡社区	4346045	2100095	162418	292579
文化旅游体育与传媒	206433	103767	2833	5514
教育支出	2993524	723800	128780	180390
卫生健康	1093894	287760	46187	79709
商业服务业等	157263	90943	6930	1621
社会保障和就业	1458705	343602	78185	62228
公共安全	676586	421724	5643	18813
其他支出	1280410	334839	38384	55147

单位:万元

岳麓区	开福区	雨花区	望城区	长沙县	浏阳市	宁乡市
1098458	813786	1060750	1125900	1964708	1795054	1357386
184427	104176	104412	80740	173928	151983	137942
38698	25208	21218	45061	158607	36043	41042
11301	4051	13562	31722	67441	53081	32211
58622	33962	32972	105858	199539	276796	177205
7221	18292	4880	45543	56777	22819	17733
160656	222362	401262	220899	316770	272151	196853
4037	4017	2114	20331	13817	40705	9298
301336	167168	237887	187568	391131	400872	274592
141352	64821	74816	87817	140505	78774	92153
4024	6055	8639	9360	14689	10570	4432
102565	104875	78185	145928	127460	212947	183822
4393	14187	23446	25918	74308	45615	42539
79826	44612	57357	119155	229736	192698	147564

16－16 区县(市)社会消费品零售总额

单位:万元

年 份	全市	芙蓉区	天心区	岳麓区	开福区	雨花区	望城区	长沙县	浏阳市	宁乡市
2003	5057128	1270555	633040	338459	881412	817150	180061	288431	345839	302181
2004	5943647	1476313	745127	411283	1028856	971598	217274	334322	405041	353833
2005	6912442	1482042	772772	528408	1110198	1305888	242434	461069	501801	507830
2006	8079595	1709166	901755	637662	1274871	1537468	292354	542785	588404	595130
2007	9715761	2011392	1095920	782911	1545687	1851834	358666	653604	705911	709836
2008	11813109	2413867	1322424	969696	1860685	2234927	437546	805544	885143	883278
2009	13573325	2703412	1489120	1187630	2071616	2582495	456075	1053421	1013072	1016485
2010	16220858	2991828	1765838	1475320	2435324	3130759	554907	1427685	1213832	1225365
2011	19505532	3437831	2066179	1802807	2844006	3794804	693292	1950191	1443624	1472798
2012	22231254	3833486	2343046	2131939	3123076	4292964	849474	2330219	1641245	1685805
2013	25284617	4226546	2677534	2503172	3442926	4811682	1050515	2766702	1864457	1941083
2014	28314880	4455917	2959137	2972440	3796756	5141761	1357580	3312598	2104834	2213858
2015	31502425	4746144	3197794	3362951	4107805	5470871	1720418	3866697	2439069	2590676
2016	34819847	5036397	3327238	3844181	4309852	5795012	2270386	4414287	2805323	3017171
2017	38222477	5257349	3637380	4518010	4533848	5848521	2832682	4924422	3177602	3492665
2018	41692424	5442502	3861623	4993855	4816143	6230483	3469575	5333345	3576382	3968517
2019	45894043	5950521	4222145	5485312	5284554	6755284	3988410	5834181	3963984	4409652
2020	44697628	5757399	4086629	5474384	5114062	6616949	3975174	5604041	3824395	4244595
2021	51115732	6586152	4630306	6149437	5840188	7550833	4610420	6434423	4419568	4894404
2022	52355636	6698670	4659632	6250524	6058612	7681618	4841309	6635884	4557518	4971869
2023	55616667	7195919	5032263	6523295	6577357	8133236	5043371	7046343	4840103	5224781

注:根据第四次全国经济普查结果对2003－2019年区县(市)社会消费品零售总额进行了调整。

17 全国三十五个直辖市、省会和副省级城市主要经济社会指标

17－1　全国三十五个城市主要经济社会指标(2023年)

单位:亿元

城　市	地区生产总值				第一产业增加值			
	2023年	位次	比上年±%	位次	2023年	位次	比上年±%	位次
长　沙	**14331.98**	**13**	**4.8**	**25**	**451.89**	**11**	**3.5**	**21**
郑　州	13617.84	14	7.4	4	172.24	24	1.0	30
太　原	5573.74	27	3.8	31	45.98	32	-3.9	33
合　肥	12673.80	17	5.8	17	377.20	14	3.5	21
武　汉	20011.65	8	5.7	18	474.38	10	4.2	13
南　昌	7212.90	24	3.5	32	247.40	22	3.4	24
石家庄	7534.20	23	6.1	7	576.90	7	4.1	14
南　宁	5469.06	28	4.0	30	636.40	3	4.5	11
成　都	22074.72	6	6.0	11	594.86	6	3.0	26
西　安	12010.76	18	5.2	21	325.20	18	3.4	24
贵　阳	5154.75	29	6.0	11	207.48	23	4.0	18
昆　明	7864.76	22	3.3	33	353.43	15	4.1	14
兰　州	3487.30	32	4.4	28	73.10	30	5.0	4
乌鲁木齐	4168.46	30	6.0	11	33.12	33	13.7	1
西　宁	1801.10	35	8.6	3	65.00	31	4.7	8
呼和浩特	3801.55	31	10.0	1	167.53	25	7.7	3
银　川	2685.63	33	7.2	5	99.47	28	8.2	2
沈　阳	8122.10	20	6.1	7	334.40	17	5.0	4
长　春	7002.10	25	6.6	6	531.00	8	4.8	7
哈尔滨	5576.30	26	3.1	34	630.10	4	-1.4	31
福　州	12928.47	15	5.2	21	721.59	2	4.0	18
海　口	2358.44	34	9.3	2	103.48	27	4.5	11
南　京	17421.40	9	4.6	26	317.75	20	1.7	28
杭　州	20058.98	7	5.6	19	347.10	16	3.7	20
广　州	30355.73	4	4.6	26	317.78	19	3.5	21
济　南	12757.42	16	6.1	7	429.53	12	4.1	14
北　京	43760.70	2	5.2	21	105.50	26	-4.6	35
上　海	47218.66	1	5.0	24	96.09	29	-1.5	32
天　津	16737.30	10	4.3	29	268.53	21	1.2	29
重　庆	30145.79	5	6.1	7	2074.68	1	4.6	10
大　连	8752.90	19	6.0	11	595.90	5	4.9	6
青　岛	15760.34	12	5.9	16	492.75	9	4.1	14
宁　波	16452.83	11	5.5	20	383.83	13	4.7	8
深　圳	34606.40	3	6.0	11	24.71	35	2.6	27
厦　门	8066.49	21	3.1	34	27.73	34	-4.0	34

17－1 续表 1

单位:亿元

城市	第二产业增加值				第三产业增加值			
	2023 年	位次	比上年±%	位次	2023 年	位次	比上年±%	位次
长沙	**5365.53**	**13**	**5.6**	**17**	**8514.55**	**13**	**4.3**	**33**
郑州	5373.41	12	11.1	3	8072.19	14	5.1	25
太原	2341.68	24	2.2	26	3186.08	28	4.8	29
合肥	4642.20	16	7.1	10	7654.40	16	5.1	25
武汉	6800.91	6	5.1	19	12736.36	8	6.2	8
南昌	3340.98	20	3.5	21	3624.47	27	3.6	35
石家庄	2309.20	25	7.2	8	4648.10	22	5.9	14
南宁	1194.58	31	1.1	29	3638.08	26	4.8	29
成都	6370.87	8	3.0	23	15108.99	6	7.5	4
西安	4146.92	18	6.2	14	7538.64	17	4.7	31
贵阳	1805.28	27	5.8	15	3142.00	29	6.2	8
昆明	2281.88	26	-2.3	34	5229.45	19	5.9	14
兰州	1120.60	33	0.4	31	2293.60	32	6.2	8
乌鲁木齐	1146.74	32	0.9	30	2988.60	30	7.8	2
西宁	692.60	34	14.0	2	1043.50	35	5.8	17
呼和浩特	1337.70	28	15.4	1	2296.32	31	7.6	3
银川	1302.90	29	10.1	4	1283.26	34	4.6	32
沈阳	2953.10	21	7.2	8	4834.50	21	5.5	20
长春	2616.50	23	6.8	11	3854.60	24	6.7	7
哈尔滨	1293.60	30	-0.6	33	3652.50	25	5.1	25
福州	4675.12	15	4.8	20	7531.77	18	5.5	20
海口	432.92	35	7.6	7	1822.03	33	9.9	1
南京	5929.00	10	2.8	24	11174.65	9	5.6	18
杭州	5667.00	11	1.8	28	14045.00	7	7.2	5
广州	7775.71	4	2.6	25	22262.24	3	5.3	22
济南	4312.00	17	7.8	6	8015.88	15	5.2	24
北京	6525.60	7	0.4	31	37129.60	1	6.1	11
上海	11612.97	3	1.9	27	35509.60	2	6.0	13
天津	5982.62	9	3.2	22	10486.15	10	4.9	28
重庆	11699.14	2	6.5	12	16371.97	5	5.9	14
大连	3715.30	19	9.0	5	4441.70	23	3.8	34
青岛	5268.39	14	5.6	17	9999.20	11	6.1	11
宁波	7540.50	5	5.7	16	8528.50	12	5.3	22
深圳	13015.32	1	6.5	12	21566.38	4	5.6	18
厦门	2867.94	22	-2.8	35	5170.81	20	7.0	6

17－1 续表 2

城 市	规模以上工业增加值		固定资产投资	
	2023 年比 2022 年 ± %	位次	2023 年比 2022 年 ± %	位次
长 沙	**6.8**	**14**	**－6.8**	**27**
郑 州	12.8	5	6.8	8
太 原	1.7	28	－18.3	32
合 肥	10.6	8	3.0	16
武 汉	4.6	21	0.3	23
南 昌	4.2	22	－7.8	29
石 家 庄	8.5	12	7.6	6
南 宁	8.3	13	－23.7	33
成 都	4.1	23	2.0	19
西 安	9.0	11	0.1	24
贵 阳	9.6	9	－10.3	30
昆 明	6.6	15	－24.9	35
兰 州	0.2	32	－7.4	28
乌鲁木齐	－1.9	35	12.6	3
西 宁	22.9	2	－6.6	26
呼和浩特	23.6	1	25.5	1
银 川	15.7	3	8.5	5
沈 阳	6.2	18	1.5	20
长 春	9.3	10	4.2	13
哈 尔 滨	－0.4	34	－24.7	34
福 州	3.3	26	3.2	15
海 口	13.8	4	4.7	11
南 京	3.6	25	－1.9	25
杭 州	2.4	27	2.8	17
广 州	1.4	30	3.6	14
济 南	12.4	6	2.1	18
北 京	0.4	31	4.9	10
上 海	1.5	29	13.8	2
天 津	3.7	24	－16.4	31
重 庆	6.6	15	4.3	12
大 连	12.0	7	0.6	21
青 岛	5.8	20	5.0	9
宁 波	6.6	15	7.5	7
深 圳	6.2	18	11.0	4
厦 门	0.0	33	0.5	22

17－1 续表3　　单位:亿元

城市	社会消费品零售总额				地方一般公共预算收入			
	2023年	位次	比上年±%	位次	2023年	位次	比上年±%	位次
长　　沙	**5561.67**	**12**	**6.2**	**24**	**1227.07**	**13**	**2.1**	**34**
郑　　州	5623.07	11	7.7	17	1165.85	15	3.1	30
太　　原	1912.88	28	10.6	7	449.24	26	2.7	31
合　　肥	5270.83	13	5.0	29	929.63	18	2.2	33
武　　汉	7531.90	9	8.6	12	1601.2	11	6.4	23
南　　昌	3202.41	20	6.3	23	500.18	25	9.3	17
石 家 庄	2751.20	21	12.9	4	737.90	21	6.6	22
南　　宁	2424.80	24	2.8	34	400.88	28	2.1	34
成　　都	10001.60	6	10.0	9	1929.30	8	12.0	10
西　　安	4811.60	17	3.7	32	680.20	22	11.0	12
贵　　阳	2526.77	23	5.2	27	446.20	27	11.0	12
昆　　明	3574.28	19	5.5	26	558.00	24	10.4	14
兰　　州	1796.30	29	12.4	6	255.30	32	15.5	6
乌鲁木齐	1231.34	30	19.2	1	369.79	29	17.5	3
西　　宁	624.80	34	17.5	2	144.10	35	9.4	16
呼和浩特	1202.59	31	13.5	3	237.84	33	14.4	7
银　　川	806.46	33	1.9	35	197.76	34	17.1	4
沈　　阳	4210.40	18	9.0	10	800.90	19	12.2	9
长　　春	2109.80	26	10.6	7	576.52	23	25.4	1
哈 尔 滨	2384.00	25	8.6	12	313.10	30	19.4	2
福　　州	4963.76	16	6.1	25	1189.80	14	12.3	8
海　　口	1088.83	32	8.6	12	266.87	31	8.0	20
南　　京	8201.07	7	4.7	31	1619.98	10	4.0	29
杭　　州	7671.00	8	5.2	27	2617.00	4	6.8	21
广　　州	11012.62	4	6.7	20	1944.15	7	4.8	28
济　　南	5199.00	15	6.6	21	1060.80	16	6.0	25
北　　京	14462.70	3	4.8	30	6181.10	2	8.2	19
上　　海	18515.50	1	12.6	5	8312.50	1	9.3	17
天　　津			7.0	19	2027.30	6	9.8	15
重　　庆	15100.00	2	8.6	12	2440.70	5	16.0	5
大　　连	2008.60	27	8.8	11	750.20	20	12.0	10
青　　岛	6318.90	10	7.3	18	1337.80	12	5.1	27
宁　　波	5212.60	14	6.5	22	1785.90	9	6.3	24
深　　圳	10486.19	5	7.8	16	4112.78	3	2.5	32
厦　　门	2743.33	22	2.9	33	932.1	17	5.5	26

17－1 续表 4

单位:亿元

城市	进出口总额(海关口径)				出口总额			
	2023 年	位次	比上年 ±%	位次	2023 年	位次	比上年 ±%	位次
长　沙	**2811.51**	**19**	**－15.0**	**31**	**1896.81**	**19**	**－22.8**	**34**
郑　州	5522.34	13	－9.0	26	3569.11	12	－0.8	22
太　原	1349.71	22	－7.7	25	826.94	21	－14.6	30
合　肥	3588.13	17	－0.6	21	2327.07	16	1.2	15
武　汉	3606.20	15	2.9	14	2167.30	17	1.9	13
南　昌	1112.90	27	－17.3	32	787.60	22	－17.5	32
石家庄	1237.10	25	8.6	8	774.30	23	8.6	9
南　宁	1259.06	24	－14.7	30	623.05	24	－13.9	29
成　都	7489.80	10	－9.7	28	4538.60	9	－8.3	27
西　安	3597.59	16	－17.4	33	2334.00	15	－14.7	31
贵　阳	579.63	30	17.2	5	380.35	28	29.8	6
昆　明	1346.78	23	－27.6	35	439.63	27	－47.6	35
兰　州	117.40	34	－22.3	34	47.30	34	－18.8	33
乌鲁木齐	700.12	29	36.5	1	545.55	25	40.6	4
西　宁	38.83	35	27.8	3	19.97	35	37.7	5
呼和浩特	194.40	32	6.2	9	118.10	32	26.6	7
银　川	130.20	33	13.9	6	88.23	33	1.1	16
沈　阳	1469.35	21	4.6	12	524.51	26	0.8	17
长　春	1225.92	26	10.7	7	331.30	29	58.9	2
哈尔滨	495.30	31	27.7	4	212.80	31	56.0	3
福　州	3435.30	18	－5.7	24	2558.50	14	0.2	20
海　口	790.09	28	30.5	2	291.82	30	71.4	1
南　京	5659.94	12	－9.3	27	3333.12	13	－11.8	28
杭　州	8029.72	8	6.1	10	5338.72	6	3.7	11
广　州	10914.28	5	0.1	20	6502.64	4	5.8	10
济　南	2161.00	20	0.3	18	1373.40	20	－1.1	23
北　京	36466.30	3	0.3	18	6000.10	5	2.0	12
上　海	42121.61	1	0.7	17	17377.94	2	1.6	14
天　津	8004.74	9	－3.4	22	3631.70	11	－2.6	24
重　庆	7137.39	11	－10.7	29	4782.19	7	－6.1	26
大　连	4552.80	14	－5.0	23	2080.80	18	－0.3	21
青　岛	8759.70	7	4.6	12	4713.60	8	0.3	19
宁　波	12779.33	4	0.9	16	8287.82	3	0.7	18
深　圳	38710.70	2	5.9	11	24552.08	1	12.5	8
厦　门	9470.44	6	2.7	15	4474.49	10	－3.9	25

17－1 续表5

城 市	城镇居民人均可支配收入(元)				农村居民人均可支配收入(元)			
	2023年	位次	比上年±%	位次	2023年	位次	比上年±%	位次
长 沙	**67276**	**9**	**3.2**	**34**	**43200**	**3**	**6.2**	**31**
郑 州	48740	24	5.3	12	30383	13	7.6	14
太 原	45835	31	4.9	16	24488	21	7.3	16
合 肥	59609	13	6.1	4	31140	11	8.4	2
武 汉	61693	12	5.6	9	31560	10	7.7	13
南 昌	54911	19	4.3	24	25803	18	6.5	26
石家庄	47564	27	6.3	3	21242	27	7.1	20
南 宁	44469	34	4.3	24	20369	31	7.2	19
成 都	57477	15	4.7	18	33065	9	6.9	21
西 安	51178	22	5.7	8	19826	32	8.4	2
贵 阳	48364	25	4.6	19	23640	24	7.8	10
昆 明	55501	17	3.1	35	22144	26	6.9	21
兰 州	48039	26	6.1	4	18604	33	8.3	4
乌鲁木齐	49034	23	6.0	6	28290	16	8.3	4
西 宁	41917	35	4.3	24	17076	34	8.1	8
呼和浩特	57085	16	4.5	21	25518	20	6.6	24
银 川	46893	29	5.6	9	20859	28	7.8	10
沈 阳	53650	21	3.8	31	24197	22	8.3	4
长 春	45480	33	5.2	13	20443	30	8.1	8
哈尔滨	45784	32	4.1	30	23647	23	6.2	31
福 州	58009	14	4.3	24	28636	15	6.4	27
海 口	46321	30	6.4	2	22203	25	8.9	1
南 京	79858	6	4.2	28	36789	7	6.1	33
杭 州	80587	3	4.6	19	48180	2	6.6	24
广 州	80501	4	4.8	17	38607	5	6.4	27
济 南	62506	11	5.1	14	25587	19	7.3	16
北 京	88650	2	5.5	11	37358	6	7.5	15
上 海	89477	1	6.5	1	42988	4	8.2	7
天 津	55355	18	4.4	23	30851	12	6.3	29
重 庆	47435	28	4.2	28	20820	29	7.8	10
大 连	53689	20	3.4	32	26430	17	6.8	23
青 岛	65751	10	5.1	14	29736	14	7.3	16
宁 波	80144	5	4.5	21	48350	1	6.3	29
深 圳	76910	7	5.8	7				
厦 门	72880	8	3.4	32	34206	8	5.8	34

注：深圳无农村居民。

17－1 续表6

城市	住户存款余额(亿元)(本外币)				城市居民消费价格指数(上年=100)	
	2023年	位次	比上年±%	位次	2023年	位次
长　沙	**11200.40**	**19**	**14.6**	**14**	**100.4**	**13**
郑　州	12886.07	15	13.1	25	99.4	35
太　原	8825.19	24	13.7	23	99.7	32
合　肥	9387.14	23	18.0	3	100.0	29
武　汉	16344.52	10	16.2	6	100.4	13
南　昌	6681.36	26	15.4	11	100.6	6
石家庄	13594.76	14	16.0	7	100.7	4
南　宁	6140.18	27	11.2	35	99.7	32
成　都	25769.00	6	15.0	13	100.2	23
西　安	16568.71	9	14.2	17	100.0	29
贵　阳	5195.82	30	11.8	32	100.1	28
昆　明	8288.85	25	12.1	30	100.8	2
兰　州	5153.60	31	12.2	29	100.6	6
乌鲁木齐	5306.00	29	14.2	17	100.2	23
西　宁	2518.43	35	13.9	21	100.3	19
呼和浩特	3903.70	32	15.8	8	100.5	11
银　川	3114.73	33	15.6	9	100.6	6
沈　阳	13894.74	13	11.4	33	100.3	19
长　春	10057.06	22	13.8	22	99.8	31
哈尔滨	11088.60	20	14.0	20	100.7	4
福　州	10414.64	21	15.4	11	100.2	23
海　口	2896.93	34	12.9	27	100.3	19
南　京	15453.12	11	16.3	5	100.6	6
杭　州	23431.00	7	18.3	2	100.2	23
广　州	30117.66	3	12.1	31	101.0	1
济　南	11806.31	17	15.5	10	100.6	6
北　京	65809.32	1	12.3	28	100.4	13
上　海	60165.85	2	14.3	16	100.3	19
天　津	22216.08	8	14.4	15	100.4	13
重　庆	28899.16	4	13.5	24	99.7	32
大　连	11556.90	18	12.9	26	100.4	13
青　岛	12758.00	16	16.5	4	100.5	11
宁　波	14282.01	12	21.6	1	100.4	13
深　圳	27342.40	5	11.3	34	100.8	2
厦　门	6020.56	28	14.2	17	100.2	23

18 国民经济主要指标解释及计算方法

长沙统计年鉴

国民经济主要指标解释及计算方法

1. 地区生产总值 是指按市场价格计算的一个地区所有常住单位在一定时期内生产活动的最终成果。

2. 三次产业 我国国民经济三次产业的划分如下:

第一产业 农、林、牧、渔业(不含农、林、牧、渔服务业)。

第二产业 是指采矿业(不含开采辅助活动),制造业(不含金属制品、机械和设备修理业),电力、热力、燃气及水生产和供应业,建筑业。

第三产业 即服务业是指除第一产业、第二产业以外的其他行业。包括:批发和零售业,交通运输、仓储和邮政业,住宿和餐饮业,信息传输、软件和信息技术服务业,金融业,房地产业,租赁和商务服务业,科学研究和技术服务业,水利、环境和公共设施管理业,居民服务、修理和其他服务业,教育,卫生和社会工作,文化、体育和娱乐业,公共管理、社会保障和社会组织,国际组织,以及农、林、牧、渔业中的农、林、牧、渔服务业,采矿业中的开采辅助活动,制造业中的金属制品、机械和设备修理业。除上述第一、二产业外的其他行业。

3. 增加值 是指常住单位在生产过程中创造的新增价值和固定资产的转移价值。它反映本单位对社会所作的贡献,社会经济各部门(即第一、第二、第三产业)的增加值之和为地区生产总值。

4. 农林牧渔业总产值 是以货币表现的农林牧渔业的全部产品总量和对农林牧渔业生产活动进行的各种支持性服务活动的价值,它反映一定时期内农林牧渔业生产的总规模和总成果。

5. 农用化肥施用量 指报告期内实际用于农业生产的化肥数量,包括氮肥、磷肥、钾肥及复合肥。施用量要求按实物量和折纯量两种方法计算。

6. 工业总产值 是以货币表现的工业企业生产的产品总量,反映一定时期工业生产的总成果和总规模,1995 年第三次全国工业普查,对其计算方法和包括范围均进行了修订。

7. 能源消费总量 指一定时期内用于生产和生活的各种能源消费量的总和。包括原煤和原油及其制品、天然气、电力的消费量,可分为三部分,即终端能源消费量、能源加工转换量和损失量。它是观察能源消费水平、构成和增长速度的总量指标。

8. 货(客)运量 指运输业实际运送的货物(旅客)数量。货运按吨计算,客运按人计算。货物不论运输距离长短,货物类别,均按实际重量统计;旅客不论行程远近或票价多少,均按一人一次作为客运量统计。

9. 货物(旅客)周转量 指运输业运送的货物(旅客)数量与其相应运输距离的乘积之总和,通常以吨公里和人公里为计算单位。它是反映运输业生产总成果的重要指标。

10. 邮电业务总量 指以货币表现的邮电部门为用户传递信息和提供其他邮电服务的总量。它综合反映了一定时期邮电工作的总成果,是研究邮电业务量构成和发展趋势的重要指标。

11. 建筑业总产值 是以货币表现的建筑业企业在一定时期内生产的建筑业产品和服务的总和。建筑业总产值包括建筑工程产值、安装工程产值和其他产值三部分内容。

12. 固定资产投资额 是以货币表现的在一定期内建造和购置固定资产的工作量以及与此有关的费用的总和。它是反映固定资产投资规模、速度、比例关系的综合性指标。

13. 新增固定资产 是指已经完成建造和购置过程,并以交付生产或使用单位的固定资产价值。它是反映固定资产投资成果的价值量指标。

14. 房屋施工面积 指报告期内施工的全部房屋建筑面积。包括本期新开工的面积、上期跨入本期继续施工的房屋面积、上期停缓建在本期恢复施工的房屋面积、本期竣工的房屋面积以及本期施工后又停缓建的房屋面积。多层建筑应填各层建筑面积之和。

15. 房屋竣工面积 指在报告期内房屋建筑按照设计要求已全部完工,达到住人和使用条件,经验收鉴定合格或达到竣工验收标准,可正式移交使用的各栋房屋建筑面积的总和。

16. 社会消费品零售总额 指各种经济类型的批发零售贸易业、餐饮业和其他行业对城乡居民和社会集团的消费品零售额总和。这个指标反映通过各种商品流通渠道向居民和社会集团供应的生活消费品来满足他们生活需要,是研究人民生活、社会消费品购买力、货币流通等问题的重要指标。居民的消费品零售额:指销售给城乡居民用于生活消费的商品。社会集团的消费品零售额:指销售给机关、团体、部队、学校企业、事业单位和城市街道居民委员会、农村村民委员会用公款购买的用作非生产、非经营使用的消费品。

17. 商品交易市场成交总额 指市场所有摊位商品交易总额之和。

18. 旅游收入 游客(入境游客和国内游客)在旅游过程中(由游客或游客的代表为游客)支付的一切旅游支出就是国家(省、区、市)的旅游收入。旅游支出应包括(过夜)旅游者和一日游游客在整个游程中行、游、住、食、购、娱，以及为亲友、家人购买纪念品、礼品等方面的旅游支出，不包括为商业目的购物、购买房、地、车、船等资本性或交易性的投资、馈赠亲友的现金及给公共机构的捐赠。旅游收入包括国际旅游（外汇）收入和国内旅游收入。

19. 国际旅游（外汇）收入 入境游客在中国（大陆）境内旅行、游览过程中用于交通、参观游览、住宿、餐饮、购物、娱乐等全部花费。

20. 国内旅游收入 指国内游客在国内旅行、游览过程中用于交通、参观游览、住宿、餐饮、购物、娱乐等全部花费。

21. 利用外资 指我国各级政府、部门、企业和其他经济组织通过对外借款、吸收外商直接投资以及用其他方式筹措的境外现汇、设备、技术等。

22. 外商直接投资 指外国企业和经济组织或个人（包括华侨、港澳台胞以及我国在境外注册的企业）按我国有关政策、法规，用现汇、实物、技术等在我国境内开办外商独资企业、与我国境内的企业或经济组织共同举办中外合资经营企业、合作经营企业或合作开发资源的投资（包括外商投资收益的再投资），以及经政府有关部门批准的项目投资总额内企业从境外借入的资金。

23. 外商直接投资实际到位资金 外商直接投资指外国投资者在我国境内通过设立外商投资企业、与中方投资者共同进行合作开发以及设立外国公司分支机构等方式进行投资，包括外国投资者以现金、实物、技术等作为投资，外商投资收益的再投资，以及在批准的项目投资总额内，企业从境外借入的资金。

24. 进出口总额、海关进出口总额 指实际进出我国国境的货物总金额。包括对外贸易实际进出口货物，来料加工装配进出口货物，国家间、联合国及国际组织无偿援助物资和赠送品，华侨、港澳台同胞和外籍华人捐赠品，租赁期满归承租人所有的租赁货物，进料加工进出口货物，边境地方贸易及边境地区小额贸易进出口货物（边民互市贸易除外），中外合资企业、中外合作经营企业、外商独资经营企业进出口货物和公用物品，到、离岸价格在规定限额以上的进出口货样和广告品（无商业价值、无使用价值和免费提供出口的除外），从保税仓库提取在中国境内销售的进口货物，以及其他进出口货物。进出口总额用以观察一个国家在对外贸易方面的总规模。我国规定出口货物按离岸价格统计，进口货物按到岸价格统计。

25. 居民消费价格指数 是综合反映居民所购买各种消费品和生活服务项目价格变动程度的重要经济指标。通常简记为CPI。在居民消费价格指数中分为八大类，即食品、烟酒及用品、衣着、家庭设备用品及维修服务、医疗保健和个人用品、交通和通信、娱乐教育文化用品及服务、居住。

26. 年末自来水生产能力 指年末城建部门管理的自来水厂和社会单位自备水源的取水、净水、送水、出厂输水干管等环节的实际生产能力。

27. 年末实有铺装道路长度 指除土路外，路面经过铺装宽度在3.5米以上的道路，包括高级、次高级道路和普通道路。

28. 年末实有公共汽车（电车）辆 指年底可参加营运的全部车辆数，包括年底营运的车辆数和库存查封未参加营运的车辆，不包括非营运车辆，如架线车、油罐车、工程车、货车及其他专用车辆和借入的客运车辆。

29. 城市园林绿地面积 指城市专用绿地、生产绿地、防护绿地、郊区风景名胜区等的全部面积。

30. 城市人口 用自来水普及率、用气普及率指城市人口中的非农业人口用自来水，用煤气（包括人工煤气、液化石油气、天然气用气人口）的普及情况。

31. 工业废水排放总量 指经过企业厂区所有排放口排到企业外部的工业废水量。包括生产废水、外排的直接冷却水、超标排放的矿井地下水、与工业废水混排的厂区生活污水。

32. 工业废水排放达标量 指各项指标全部达到国家或地方排放标准的外排工业废水量，包括经过处理后外排达标的和未经处理外排达标的两部分。

33. 工业废气排放总量 指企业燃料燃烧和生产工艺过程中产生的各种排入空气的含有污染物的气体的总量，以标准状态下亿标立方米表示。

34. 工业粉尘排放量 指企业在生产工艺过程中排放的能在空气中悬浮一定时间的固体颗粒物重量。如钢铁企业的耐火材料粉尘、焦化企业的筛焦系统粉尘、烧结机的粉尘、石灰窑的粉尘、建材企业的水泥粉尘等。不包括电厂排入大气的烟尘。

35. 工业粉尘去除量 指企业在生产工艺过程中产生的废气，经过各种废气治理设施处理后，去除的粉尘重量。

36. 工业固体废物产生量 指企业在生产过程中产生的固体状、半固体状和高浓度液体状废弃物的总量，包括危险废物、冶炼废渣、粉煤灰、炉渣、煤矸石、尾矿、放射性废物和其他废物等；不包括矿山开采的剥离废石和掘进废石（煤矸石和呈酸性或碱性的废石除外）。

37. 文化事业机构 指从事专业文化工作和为专业文化工作服务的单独核算、独立建制的单位。不包括文化主管部门直属单位举办的其他行业和各部门的业务文化组织。

38. 艺术表演团体 指从事戏曲、音乐、舞蹈、杂技等专业艺术表演的,有独立账户,实行单独核算的团体。不包括半工半艺、半农半艺的业余剧团。

39. 等级裁判员人数 指经考核正式批准授予等级裁判员称号的人数。裁判员等级分为国际裁判、国家级裁判、一级裁判、二级裁判、三级裁判。

40. 医院 指名称为医院,设有固定床位能收容病人住院并能为病人提供医疗、护理服务的医疗机构。包括综合医院、中医医院、中西医结合医院、民族医院、各类专科医院和护理院,不包括专科疾病防治院、妇幼保健院和疗养院。

41. 卫生技术人员 指卫生事业机构支付工资的全部固定职工和合同制职工中现任职务为卫生技术工作人员。包括执业医师、执业助理医师、注册护士、药师(士)、检验技师、影像技师(士)、卫生监督员和见习医(药、护、技)师(士)等卫生专业人员。不包括从事管理工作的卫生技术人员(如院长、副院长、党委书记等)。

42. 执业医师和执业助理医师 指具有医师执业证书及其"级别"为"执业医师和执业助理医师"且实际从事医疗、预防保健工作的人员,不包括实际从事管理工作的执业医师和执业助理医师。执业医师类别分为临床、中医、口腔和公共卫生。

43. 劳动力资源总数 指在劳动年龄内,具有劳动能力,在正常情况下,可能或实际参加社会劳动的人口数。劳动力资源的范围为:劳动年龄内(16 周岁以上),有劳动能力,实际参加社会劳动和未参加社会劳动的人员。劳动力资源也可划分为:经济活动人口和非经济活动人口。

44. 经济活动人口 指在劳动年龄内,有劳动能力,参加或要求参加社会经济活动的人口,包括从业人员和失业人员。

45. 从业人员 指从事一定社会劳动并取得劳动报酬或经营收入的人员。

46. 失业人员 指在劳动年龄内,有劳动能力,在调查期间无工作并以某种方式正在寻找工作的人员。

47. 在岗职工 指在本单位工作并由单位支付工资的人员。以及有工作岗位,但由于学习、病伤、产假等原因暂未工作,仍由单位支付工资的人员。

48. 从业人员工资总额 指各单位在一定时期内直接支付给本单位全部从业人员的劳动报酬总额。包括计时工资、计件工资、奖金、津贴和补贴、加班加点工资、特殊情况下支付的工资,是在岗职工工资总额、劳务派遣人员工资总额和其他从业人员工资总额之和。

49. 可支配收入

老口径(2012 年及以前年份使用)

城市居民人均可支配收入是指居民家庭可用于最终消费支出和其他非义务性支出以及储蓄的总和,即居民家庭可以用来自由支配的收入。它是家庭总收入扣除交纳的所得税、个人交纳的社会保障支出以及调查户的记账补贴后的收入。

计算公式为:可支配收入 = 家庭总收入 - 交纳的所得税 - 个人交纳的社会保障支出 - 记账补贴

农村居民人均可支配收入指农村住户获得的经过初次分配与再分配后的收入。可支配收入可用于住户的最终消费、非义务性支出以及储蓄。

计算方法:

农村住户可支配收入 = 农村住户总收入 - 家庭经营费用支出 - 税费支出 - 生产性固定资产折旧 - 财产性支出 - 转移性支出

新口径(2013 年因报表制度改革,人均可支配收入按新口径计算)

可支配收入指调查户在调查期内获得的、可用于最终消费支出和储蓄的总和,即调查户可以用来自由支配的收入。可支配收入既包括现金,也包括实物收入。按照收入的来源,可支配收入包含五项,分别为:工资性收入、经营净收入、财产净收入、转移净收入和自有住房折算净租金。计算公式为:

可支配收入 = 工资性收入 + 经营净收入 + 财产净收入 + 转移净收入 + 自有住房折算净租金

其中:经营净收入 = 经营收入 - 经营费用 - 生产性固定资产折旧 - 生产税净额(生产税 - 生产补贴)

财产净收入 = 财产性收入 - 财产性支出

转移净收入 = 转移性收入 - 转移性支出

50. 消费支出 指住户用于满足家庭日常生活消费需要的全部支出,包括用于消费品的支出和用于服务性消费的支出。根据用途不同,消费支出可划分为食品烟酒、衣着、居住、生活用品及服务、交通通信、教育文化娱乐、医疗保健、其他用品及服务八大类。根据来源不同,消费支出可划分为现金消费支出、实物消费支出(含自产自用、来自单位、来自政府和其他社会组织)。

51. 城乡居民储蓄存款年末余额 包括城镇居民储蓄和农民个人储蓄两部分的年末余额。不包括工矿企业、部队、机关团体等集团存款。

52. 单位 GDP 能耗 指在一定时期内,某地区每创造一万元生产总值(GDP)所耗用的各种能源的总和。目前国家考核的指标是以包含生产和生活的各种能源消费量的总和和形成的 GDP 之间的总量对比。

53. 单位规模工业增加值能耗 指在一定时期内，某地区规模以上工业企业每创造一万元工业增加值所耗用的各种能源的总和。

54. 当年价格 指报告期的实际价格，如工厂的出厂价格，农产品的收购价格、商业的零售价格等。按当年价格计算，是指一些以货币表现的物量指标，如工农业总产值、国民生产总值等，按照当年的实际价格来计算总量。

55. 不变价格 用某一时期的同类产品的平均价格作为固定价格，来计算各个时期的产品价值。目的是消除各时期价格变动的影响，使产品价值在前后时期之间、地区之间、计划与实际之间具有可比性，中华人民共和国成立以来我国分别使用了 1952 年、1957 年、1970 年、1980 年、1990 年、2000 年、2010 年、2015 年、2020 年不变价格。

56. 可比价格 指在不同时期的价值指标对比时，扣除了价格变动的因素，以确切表示物量的变化。

57. 平均每年增长速度 在我国计算平均增长速度有两种方法，一种是习惯上经常使用的“水平法”，又称几何平均法，是以间隔期最后一年的水平同基期水平对比来计算平均每年增长（或下降）速度。另一种是“累计法”，又称代数平均法或方程法，是以间隔期内各年水平的总和同基期水平对比来计算平均每年增长（或下降）速度。

公式为：平均增长速度 = 期次最后一期水平/基期水平 ×100% －100%